Noor van Haaften

Durch euch
wird es heller
in der Welt

Nachfolge mit ganzem Herzen

R. BROCKHAUS VERLAG WUPPERTAL

ABCteam-Bücher erscheinen in folgenden Verlagen:

Aussaat Verlag Neukirchen-Vluyn
R. Brockhaus Verlag Wuppertal
Brunnen Verlag Gießen und Basel
Christliches Verlagshaus Stuttgart
Oncken Verlag Wuppertal und Kassel

Die niederländische Originalausgabe erschien
unter dem Titel *Sterren van de hemel*
bei Uitgeverij Novapres, Apeldoorn, Holland
© 2001 Noor van Haaften

Deutsch von Hermann J. Benning und Martina Merckel-Braun
Kap. 2-15 wurden von Hermann J. Benning übersetzt;
Vorwort, Einleitung und Kap. 1 von Martina Merckel-Braun

Die Bibelzitate S. 4 nach der Lutherbibel, revidierter Text 1984,
© 1985 Deutsche Bibelgesellschaft Stuttgart

© der deutschen Ausgabe: R. Brockhaus Verlag Wuppertal 2002
Umschlaggestaltung: Ursula Stephan, Wetzlar
Druck: Breklumer Druckerei Manfred Siegel KG
ISBN 3-417-11259-1
Bestell-Nr. 111 259

Inhalt

»Es ist dir gesagt, Mensch, was gut ist und was der Herr von dir fordert, nämlich Gottes Wort halten und Liebe üben und demütig sein vor deinem Gott.« (Micha 6,8)

»... damit ihr ohne Tadel und lauter seid, Gottes Kinder, ohne Makel mitten unter einem verdorbenen und verkehrten Geschlecht, unter dem ihr scheint als Lichter in der Welt.« (Philipper 2,15)

Vorwort

Der Titel dieses Buches bezieht sich auf ein Pauluswort aus dem Philipperbrief. In Philipper 2,15 äußert der Apostel den Wunsch, dass wir Christen Lichter in dieser Welt sein sollen. Ich musste an diesen Bibelvers denken, als ich mich mit dem Leben von Abraham und Sara beschäftigte und über das wunderbare Ereignis nachdachte, das in 1. Mose 15,5 geschildert wird: Nachdem Abram Gott seinen Kummer über seine Kinderlosigkeit geklagt hatte, führte Gott ihn hinaus ins Freie, zeigte ihm den funkelnden Sternenhimmel und versprach ihm eine große Nachkommenschaft: »Sieh doch zum Himmel hinauf und zähl die Sterne, wenn du sie zählen kannst. Und er sprach zu ihm: So zahlreich werden deine Nachkommen sein.«

Ich habe mich angesichts dieser beiden Bibelstellen oft gefragt, ob wir – die wir zu Abrahams (geistlicher) Nachkommenschaft gehören – wirklich so hell strahlen wie die Sterne, die Gott Abram damals zeigte. Ob wir diese dunkle Erde ebenso stark erleuchten wie die Sterne, die Abram sah, den dunklen Himmel erleuchteten. Denn das wünscht sich Gott: eine unzählbar große Schar von Menschen, die ihm gehören und sein Volk sind. Menschen, die auf dieser dunklen Erde im Licht wandeln und seine Zeugen sind.

Abraham und Sara waren Menschen wie wir. Als sie die Stimme Gottes hörten, waren sie bereits im fortgeschrittenen Alter, aber das hinderte sie nicht daran, sich auf den Weg zu machen und ihm nachzufolgen. Im ersten Teil dieses Buches beschäftigen wir uns mit dem Leben dieses Ehepaares – vor allem im Hinblick darauf, inwiefern sie der Stimme Gottes gehorchten und welche Folgen das für sie hatte. Es ist erstaunlich, wie mühelos wir uns mit diesen Menschen identifizieren können, die vor so langer Zeit gelebt haben; ihre Erlebnisse sind nachvollziehbar und das, was sie daraus gelernt haben, ist äußerst aktuell und kann ohne weiteres auf unsere heutige Situation übertragen werden. Das gilt auch für das, was Gott in 1. Mose 17,1 zu Abraham gesagt hat: »Geh deinen Weg vor mir (oder: wandle vor mir) und sei rechtschaffen.« Das ist die Berufung eines jeden Christen. (Und hier bekommen Abram und Sarai von Gott auch neue Namen: Abraham und Sara; vgl. Kap. 6.)

Im zweiten Teil dieses Buches begegnen wir einem ganz besonderen Nachkommen Abrahams – Jesus Christus. Anhand seines Lebens auf dieser Erde suchen wir die Antwort auf die Frage, die vor einigen Jahrzehnten von dem bekannten Philosophen und Theologen Francis Schaeffer gestellt wurde: Wie sollen wir leben? Wie können wir uns in der Nachfolge Jesu, des leuchtenden Morgensterns, positiv von der Gesellschaft abheben, in der wir leben? Wie können wir als seine Lichter in einer Welt leuchten, die praktisch nichts mehr mit Jesus anzufangen weiß? Wie sollen Christen leben in einer ehemals christlichen Kultur, in der der Gott der Bibel weithin zu einem großen Unbekannten geworden ist? In der das christliche Erbe weitgehend verloren gegangen ist? Wie sollen wir leben in einer Gesellschaft, die beunruhigend viele heidnische Züge trägt?

Als Jesus auf dieser Erde lebte, war er ein Mensch wie die Menschen seiner Zeit. Er war ein Nachkomme Abrahams wie sie – er sprach ihre Sprache, er kannte ihre Gefühle und trug ihre Kleidung. Und doch war er ganz anders, denn er war vor allem eins: der Sohn Gottes. Der Mensch Jesus lebte inmitten seiner Zeitgenossen ein Leben, das auf seine königliche Herkunft hinwies. Er war heilig. Er war aufgeschlossen. Er war authentisch. Er war transparent. Er war vertrauenswürdig. Er war ausgeglichen. Er war barmherzig. Er war sympathisch. Er war ein anziehender Mensch, der die Herrlichkeit Gottes widerspiegelte und seine Wahrheit und seine Liebe ausstrahlte. Er verblüffte die Menschen und sie folgten ihm nach.

Das 21. Jahrhundert braucht Menschen, die wie Lichter in dieser Welt leuchten (Philipper 2,15). Menschen, die unter ihren Zeitgenossen auffallen, weil Gott in ihrem Leben das Sagen hat. Anziehende Menschen mit einem kraftvollen Leben, das neugierig macht und das Verlangen weckt, die Quelle dieser Kraft kennen zu lernen. Menschen, die nicht darin aufgehen, ihre eigene kleine Welt zu bauen, sondern die radikal und kompromisslos nach den Plänen Gottes für ihr Leben fragen. Unsere Zeit braucht Königskinder – Menschen, denen der vertraute Umgang mit Gott mehr bedeutet als die Jagd nach immer mehr Geld und Genuss. Menschen, die durch das Wirken des Heiligen Geistes Jesus immer ähnlicher werden. Darum geht es in diesem Buch: über das Vorrecht, Gott kennen zu dürfen. Und darüber, was es bedeutet, ihm kompromisslos nachzufolgen. Und über das Wunder, seine Kraft und sein Wirken in einem Menschenleben zu spüren.

Das Thema dieses Buches beschäftigt mich schon seit Jahren. Abraham und Sara, die Hauptpersonen der ersten zehn Kapitel, sind Menschen, die mich lange Zeit begleitet haben – mit denen ich buchstäblich »umhergezogen« bin und die ich lieben gelernt habe. Ihr Leben ist faszinierend und auch im Alltäglichen außergewöhnlich, weil diese Menschen mit dem Gott des Himmels und der Erde unterwegs sind. Ebenso faszinierend ist der Bogen, den die Bibel schlägt von 1. Mose 15,5 (eine Nachkommenschaft, so zahlreich wie die Sterne) zu Philipper 2,15 (die Gläubigen als Lichter in der Welt). Die Brücke ist Jesus, der leuchtende Morgenstern (vgl. Offenbarung 22,16). Er ist derjenige, der Gottes Verheißung erfüllt, weil sich durch ihn nicht nur Juden, sondern auch Heiden zu Gottes Volk zählen dürfen. Nur durch ihn werden wir zu Kindern Gottes. Er gibt uns den Auftrag, Licht der Welt zu sein, und hilft uns, in tiefer Verbundenheit mit ihm diesen Auftrag zu erfüllen.

Soest, Mai 2001   Noor van Haaften

I. Teil

Wenn Gott
uns ruft

Einführung

Sie sind fünfunddreißig und haben schon ziemlich viel erreicht. Sie haben einen Arbeitsplatz, der Ihrer Karriereplanung entspricht, eine schöne Wohnung, die mit allem Komfort ausgestattet ist, und einen Firmenwagen. Ihre Frau hat ein eigenes Geschäft eröffnet, das offensichtlich eine Marktlücke füllt. Sie haben genau miteinander abgesprochen, wer im Haushalt was zu erledigen hat, und abgesehen davon, dass Sie ständig in Zeitnot sind, läuft alles prima. Gerade haben Sie Ihren Urlaub in der Toscana gebucht, und nächstes Jahr soll dann das erste Kind kommen. Kurz, alles verläuft nach Plan. Und dann ist da plötzlich die Stimme Gottes: »Folge mir nach!«

Sie sind Mitte zwanzig und haben eine gute Stelle. Ihr Freund macht gerade ein Praktikum in Australien, und wenn er zurückkommt, erwartet ihn eine feste Anstellung bei einer großen internationalen Firma. Sie haben Heiratspläne und sind auf der Suche nach einer Eigentumswohnung. Gerade hat der Makler angerufen und Ihnen eine angeboten, die Ihren Vorstellungen entsprechen könnte. Sie haben Ihrem Freund gleich in einer E-Mail davon berichtet und ihn gebeten, sich so schnell wie möglich dazu zu äußern. Und dann ist da plötzlich die Stimme Gottes: »Ich habe Pläne mit euch ... oder liegt schon alles fest?«

Sie sind Anfang fünfzig. Die Kinder sind aus dem Haus und stehen mehr oder weniger auf eigenen Beinen. Ihr Mann muss noch sechs Jahre arbeiten, dann wird er pensioniert. Sie haben das Gefühl, jetzt ist endlich Schluss damit, dass die Bedürfnisse anderer Menschen Ihr Leben regieren. Kein Kind mehr, dem Sie stundenlang bei den Hausaufgaben helfen müssen. Kein Theater mehr wegen Tonleitern, die für die nächste Klavierstunde geübt werden müssen. Keine Nachmittage mehr, die voll und ganz damit ausgefüllt sind, Ihre Kinder von A nach B zu kutschieren. Keine große Tasche mit Schmutzwäsche mehr, die Ihr studierender Junior jeden Freitag in Ihrem Korridor abstellt. Endlich Zeit für Sie selbst! Sie haben sich bei einem Kurs angemeldet und denken daran, sich eine Halbtagsstelle zu suchen. Sie haben vor, einen Verwandtenbesuch in Kanada zu machen und mit einer Freundin einfach mal ein paar Tage wegzufahren. Sie genießen den bis dahin ungekannten Luxus, selbst über Ihre Zeit verfügen zu können. Endlich ist es so weit – Sie haben es sich verdient! Auch mit Ihrem Mann verstehen Sie sich prima. Ein neuer, wunderbarer Lebensabschnitt voll ungeahnter Möglichkeiten und Herausforderungen ist angebrochen.

Und dann ...

Dann kommt Ihr Mann nach Hause und verkündet freudestrahlend: »Ich kündige, Liebling. Wir ziehen um und fangen noch mal was ganz Neues an.« Sie sind wie vom Donner gerührt. Das kann doch nicht wahr sein – ausgerechnet jetzt, wo alles so gut läuft!

Ehe Sie sich's recht versehen, platzen Sie los: »Sag mal, bist du noch ganz bei Trost? Du kannst doch nicht alles kaputtmachen, was wir miteinander aufgebaut haben! Ausgerechnet jetzt, wo wir es endlich ein bisschen ruhiger haben und wo ich mal Zeit für mich selber habe! Willst du auf einmal alle unsere Pläne über den Haufen werfen? Du brauchst nur noch sechs Jahre zu arbeiten – was soll denn jetzt mit deiner Rente werden? Und wieso umziehen? Wohin? Und für wie lange? Und unsere Verwandten und Freunde? Was ist denn bloß in dich gefahren?« Vor lauter Aufregung beginnen Sie sich zu verhaspeln. Und dann, als Sie einen Moment Luft holen, kommt seine Antwort: »Gott hat zu mir gesprochen.«

Genau das ist Abram und Sarai passiert. Abram war damals fünfundsiebzig und Sarai fünfundsechzig Jahre alt. Sie wohnten in Ur in Chaldäa, einem fruchtbaren Gebiet, das von den Strömen Euphrat und Tigris bewässert wurde. Ur war eine blühende Handelsmetropole und ein bedeutendes kulturelles Zentrum in Mesopotamien, dem heutigen Süd-Irak. Die Großfamilie, an deren Spitze Abrams Vater Terach stand (ein Nachkomme von Noahs Sohn Sem), lebte von Rinder- und Schafzucht. Sie hatten sich außerhalb der Stadt in einem Zeltlager niedergelassen, das sicher so groß war wie ein ganzes Dorf.

Dann durchbricht plötzlich die Stimme Gottes den Alltagstrott: »Zieh weg aus deinem Land, von deiner Verwandtschaft und aus deinem Vaterhaus in das Land, das ich dir zeigen werde« (1. Mose 12,1). Abram, kehre deiner geschützten kleinen Welt den Rücken, lass los, was vertraut und sicher ist, und folge mir nach! Hast du den Mut, deinen vertrauten Familienverband zu verlassen und mich deinen Halt und deine Sicherheit sein zu lassen? Bist du bereit, deine eigenen Vorstellungen und Ziele aufzugeben und nach meinem Plan zu leben? Abram, ich will mit dir und durch dich etwas Neues beginnen. Mach dich auf und folge mir nach: »Ich werde dich zu einem großen Volk machen, dich segnen und deinen Namen groß machen. Ein Segen sollst du sein« (1. Mose 12,2).[1]

Was Abram da erlebt hat, war keine Kleinigkeit. Er war immerhin 75. Er hatte ein langes, arbeitsreiches Leben hinter sich und er war mit seinem Metier und seinen Arbeitern bestens vertraut. Er hatte einiges aufgebaut und führte, geborgen im großen Familienverband, ein angenehmes, zufriedenes Leben. Kurz gesagt, ihm fehlte nichts zu seinem Glück.

In unserer Zeit und Kultur wäre Abram pensioniert gewesen. Er hätte vielleicht, weil es ihm Freude gemacht hätte, noch ein bisschen im Familienbetrieb mitgearbeitet und wäre Mitglied in ein paar Vereinen gewesen. Aber im Großen und Ganzen hätte er die Hände frei gehabt für »eigene Dinge« wie Hobbys, kleine Arbeiten im Umkreis seines Zeltes und Bridge-Abende in der Herrengesellschaft von Ur. Mit 75 hat man das Recht, die Früchte dessen zu ernten, was man in seinem Leben aufgebaut hat, und seine wohlverdiente Ruhe zu genießen. Finden wir! Bei Abram jedoch läuft das ganz anders. Die Stimme Gottes bricht in sein Leben ein und plötzlich ist nichts mehr so, wie es war. Nichts ist mehr vorhersehbar! Dieser Augenblick ist ein Wendepunkt in Abrams Leben, der Anfang eines großen Abenteuers.

Kannte Abram den Gott Israels, kannte er seine Stimme? Das erfahren wir nicht. Wir wissen jedoch, dass Abram in einer heidnischen Kultur lebte. Sowohl Ur als auch Haran (der spätere

Wohnort Abrams) waren Zentren der Mondanbetung. Abrams Vater Terach, der nach Josua 24,12 ein Götzendiener war, verehrte wahrscheinlich den Mondgott Sin.

Als der Herr Abram ruft, verlangt er von ihm, einen Schlussstrich unter sein bisheriges Leben zu ziehen und sich auf Gottes Plan für sein Leben einzulassen. Es ist ein großartiger Plan, denn Gott will mit Abram einen neuen Anfang machen – und zwar nicht nur mit Abrams persönlichem Leben, sondern mit der ganzen Welt. Es ist, als ob eine himmlische Hand Abram aus seiner Umgebung herausnimmt und auf einen neuen Weg bringt. In Josua 24,2-3 lesen wir: »So spricht der Herr, der Gott Israels: Jenseits des Stroms wohnten eure Väter von Urzeiten an, Terach, der Vater Abrahams und der Vater Nahors, und dienten anderen Göttern. *Da holte ich euren Vater,* Abraham, von jenseits des Stroms und ließ ihn durch das ganze Land Kanaan ziehen.« Vergleichbare Worte lesen wir im Zusammenhang mit der Berufung Davids viele Jahre später: »So spricht der Herr der Heere: *Ich habe dich von der Weide und von der Herde weggeholt* ...« (2. Samuel 7,8; siehe auch Psalm 78,70)

Es ist bewegend, wie Gott den Einzelnen sieht und ihn beruft, ihm nachzufolgen und der Mensch zu werden, den er vor Augen hat, und die Aufgabe zu verrichten, die er für ihn vorbereitet hat. Paulus drückt das in Epheser 2,10 so aus: »Seine Geschöpfe sind wir, in Christus Jesus dazu geschaffen, in unserem Leben die guten Werke zu tun, die Gott für uns im Voraus bereitet hat.«

Es muss eine Stimme mit großer Überzeugungskraft und vor allem Autorität gewesen sein, die Abram da gehört hat. Eine Stimme, die anders war als alle Stimmen, die er kannte. Sonst hätte er sich sicher nicht auf den Weg gemacht. Denn es war ein ziemlicher Schritt, der da von ihm verlangt wurde. Und was er Sarai erzählen musste, war auch nicht gerade eine Kleinigkeit. Sie hatte von Geburt an zu demselben großen Familienverband gehört wie er; sie war nicht nur Abrams Ehefrau, sondern auch seine Halbschwester. Sie hatten gemeinsame Wurzeln und die Menschen, die sie umgaben, waren ihnen seit langem vertraut. Sie kannten einander von Kind an und hatten ihr ganzes Leben miteinander verbracht. Aus einer so engen Bindung löst man sich nicht so mir nichts, dir nichts. Und erst recht nicht, wenn man nicht weiß, wohin die Reise gehen soll!

Und doch tun sie es. Abram und Sarai machen sich miteinander auf den Weg. Sie gehorchen dem Auftrag, den Gott ihnen gegeben hat: »Geht hin in das Land, das ich euch zeigen werde.« In Hebräer 11,8 wird an ihren Glaubensschritt erinnert: »Aufgrund des Glaubens gehorchte Abraham dem Ruf, wegzuziehen in ein Land, das er zum Erbe erhalten sollte; und er zog weg, ohne zu wissen, wohin er kommen würde.«

Wenn Gott uns ruft

»Folge mir nach!« – dieser Ruf ist untrennbar mit dem Evangelium verbunden. Es sind Worte, die mit Macht in ein Menschenleben hereinbrechen und weit reichende Folgen haben. Sie sind nicht einfach so dahergesagt. Es sind Worte, die Gott selber spricht. Man kommt nicht um sie herum. Auch nicht um die Fragen, die sie mit sich bringen: »Kannst und willst du mir die Verantwortung für dein Leben und deinen Lebensweg übergeben? Darf ich in Zukunft den Kurs bestimmen und dein Leben mit Inhalt füllen?« Darauf kann man keine halbherzige Antwort geben – es kann nur ja oder nein sein. Wenn wir Gott Auge in Auge gegenüberstehen und er uns dazu einlädt, ihm unser Leben anzuvertrauen, dann müssen wir eine Entscheidung treffen. Wir stehen buchstäblich an einer Weggabelung.

Im Neuen Testament hören wir denselben Ruf aus dem Mund unseres Herrn Jesus Christus. Er ruft zwei Fischer in einem Moment, als sie mit ihrer normalen täglichen Arbeit vollauf beschäftigt sind. Petrus (damals noch Simon) und sein Bruder Andreas lassen ihre Netze liegen und folgen ihm nach (Markus 1,18). Jakobus und Johannes passiert dasselbe. Als Jesus vorbeikommt und ihnen winkt, kehren die beiden Brüder dem Fischereibetrieb ihres Vaters den Rücken: »... sie ließen ihren Vater Zebedäus mit seinen Tagelöhnern im Boot zurück und folgten Jesus nach« (Markus 1,19-20).

In Apostelgeschichte 9 lesen wir von Saulus' unerwarteter Begegnung mit dem auferstandenen Herrn. Saulus befand sich ebenso wie Abraham damals in einer sicheren, gefestigten Position. Er war ein anerkannter Schriftgelehrter – ehrgeizig und erfolgreich. Er war unterwegs nach Damaskus, als die Stimme und der Ruf Jesu in sein Leben hereinbrachen. Es traf ihn wie ein Blitz aus heiterem Himmel. Saulus wurde buchstäblich der Boden unter den Füßen weggezogen. Sein Leben und alles, woran er bis dahin geglaubt und wofür er gekämpft hatte, war innerhalb weniger Sekunden zusammengestürzt wie ein Kartenhaus.

Ein paar Tage, nachdem Saulus Jesus begegnet war, ließ dieser berüchtigte jüdische Christenverfolger sich taufen. Er erhielt einen neuen Namen, schlug einen völlig neuen Weg ein und kehrte nie mehr um. Vor seiner Bekehrung war er stolz auf seine Herkunft, seine Ausbildung und seinen Ruf gewesen, und seine Karriere war ihm über alles gegangen. Nun verfolgte er mit demselben Einsatz völlig neue Ziele: Er wollte Jesus Christus besser kennen lernen und seinem Ruf gehorsam sein. Alles, was ihm dabei im Weg stand, ließ er los. Achten Sie auf das, was er sagt:

»Seinetwegen habe ich alles aufgegeben und halte es für Unrat, um Christus zu gewinnen und in ihm zu sein.« Seit dem Augenblick seiner Begegnung mit Jesus hat Paulus vor allem den einen Wunsch, seinen Herrn besser kennen zu lernen. »Ich vergesse, was hinter mir liegt, und strecke mich nach dem aus, was vor mir ist. Das Ziel vor Augen, jage ich nach dem Siegespreis: der himmlischen Berufung ...« (vergleiche Philipper 3,8-14).

Paulus konnte das sagen, weil er Christus nach jener ersten einschneidenden Begegnung auf dem Weg nach Damaskus immer besser kennen gelernt und eine immer tiefere Beziehung zu ihm bekommen hatte. Das war Gnade, aber es war auch die Frucht seines Gehorsams und seiner Bereitschaft, einen persönlichen Preis für die Nachfolge zu bezahlen. Paulus war nicht nur bereit, alte Sicherheiten loszulassen. Er war auch dazu bereit, Unsicherheit und Risiken in Kauf zu nehmen und um seiner Liebe zu Jesus und seiner persönlichen Berufung willen Entbehrungen zu ertragen. Er, der daran gewöhnt war, seinen Mitmenschen Respekt abzunötigen, war nun dazu bereit, sich für Dinge einzusetzen, die ihm ihre Ablehnung und Verachtung eintrugen. Er verlor seine Macht, sein Ansehen und seine Autorität. Und doch spricht er von »Gewinn«!

Paulus hatte seine Religiosität eingetauscht gegen eine persönliche Beziehung zu Jesus, und das hatte zunächst sein Herz, dann sein ganzes Leben von Grund auf erneuert. Er wurde ein neuer Mensch mit völlig anderen Zielen und Prioritäten. Er gewann Jesus so lieb, dass alles andere dagegen bedeutungslos wurde. Paulus wurde ein hingebungsvoller Diener Christi und ein leidenschaftlicher Evangelist. »Ich kann nicht anders«, sagt er selbst dazu, »die Liebe Christi drängt mich« (bzw. »uns«, siehe 2. Korinther 5,14).

Unsere vierfache Berufung

Was hat Gott mit uns Menschen vor? Was bedeutet es, ihm nachzufolgen, was erwartet er von uns? Nun, Abram und Sarai (und mit ihnen alle Gläubigen) haben eine vierfache Berufung: Sie werden zu *Nachfolgern* Gottes und dadurch auch zu *Fremden*, da sie als Gläubige anders sind als die Menschen um sie herum. Sie werden zu *Freunden* Gottes, die auf vertrautem Fuße mit ihm stehen. Und schließlich werden sie dadurch zu *Vorbildern* für Gläubige und Ungläubige – auch im 21. Jahrhundert.

Nicht nur Abram und Sarai, sondern alle, die dem Herrn nachfolgen wollen, müssen viel lernen (und sich vieles abgewöhnen), um ihrer Berufung gerecht zu werden. *Nachfolge* verlangt völlige Hingabe und kompromisslose Unterordnung unter Gottes Autorität. Es geht darum, dass wir unser Leben nicht nach unserem eigenen Gutdünken führen, sondern nach seinem Willen. Das *Fremdsein* erfordert ein bewusstes Abstandnehmen von allem in unserer Kultur und Umwelt, was nicht mit den Absichten Gottes übereinstimmt. Hier geht es um Anpassung – nicht an die Welt, sondern an das Reich Gottes.

Freundschaft mit Gott bedeutet, dass wir uns nach einer persönlichen Beziehung mit ihm ausstrecken und dass wir dieser Vorrang geben gegenüber allen anderen Beziehungen, die wir haben. Worauf es ankommt, ist die bewusste Entscheidung, den Herrn mehr zu lieben als alles andere – ob es sich nun um andere Menschen oder um Dinge handelt, an denen unser Herz hängt. *Vorbild* sein schließlich erfordert ein aktives (und wiederum: gehorsames) Bleiben in Christus, damit er durch seinen Geist in unserem Leben und durch unser Leben sichtbar werden kann. Hier geht es um das Streben nach Heiligung.

Was willst du, das ich tun soll?

Vielleicht sind Sie ein viel beschäftigter Mensch Mitte 30, der sich mit dem Mann oder der Frau identifizieren kann, die ich zu Beginn dieser Einleitung beschrieben habe. Vielleicht sind Sie der junge Mann oder die junge Frau mit Heiratsplänen und der Aussicht auf eine gute Stelle. Vielleicht sind Sie der Mann oder die Frau in den Fünfzigern, der (die) froh ist, endlich etwas Zeit für sich selbst zu haben, oder Sie sind, ebenso wie Abram und Sarai, schon im Rentenalter.

Wer wir auch sind – diese Frage gilt uns allen: Wer hat in unserem Leben das Sagen? Hören wir auf die Stimme unserer Kultur, unserer Generation, unserer eigenen Wünsche und Sehnsüchte ... oder auf die Stimme Gottes? Regiert uns der Wunsch nach Wohlstand und Bequemlichkeit ... oder das Verlangen, Gott zu gehorchen? Brauchen wir das Gefühl »dazuzugehören« ... oder wollen wir zu ihm gehören? Welche Folgen hätte es, wenn wir ihm die Herrschaft über unser Leben einräumten?

Die Worte »Folge mir nach« haben nichts an Kraft und Aktualität eingebüßt. Der Gott der Bibel hat sich nicht verändert. Noch immer fordert er Menschen heraus, sich mit ihm auf den Weg zu machen. Wir brauchen nicht alle buchstäblich unsere Koffer zu packen und allem, was bis dahin unser Leben ausmachte, den Rücken zu kehren.

Aber wenn man Jesus nachzufolgen beginnt, dann hat das immer ein gewisses Aufbrechen, ein Loslassen und Sich-auf-den-Weg-Machen zur Folge. Wer ja sagt zu dem Gott der Bibel und seinem Sohn Jesus Christus, stellt ihm, was sein Leben und seine Zukunft betrifft, eine Blanko-Vollmacht aus. Wer hat den Mut dazu?

1. Unsere vierfache Berufung

In der Einleitung habe ich es schon angedeutet: Abram und Sarai (und mit ihnen alle Gläubigen) haben eine vierfache Berufung: Als Nachfolger Gottes sind sie Fremde in der Welt. Sie sind außerdem (und vor allem) dazu berufen, Freunde Gottes zu sein. Wenn sie das leben, dann wird es Frucht bringen: Sie werden zu Vorbildern.

Nachfolger

Wer auf Reisen geht, informiert sich vorher – soweit es ihm möglich ist – über sein Reiseziel, seine Reiseroute und mögliche Gefahren, die unterwegs lauern. Bei Abram kann von all dem keine Rede sein – er macht sich auf den Weg, ohne irgendwelche Fragen zu stellen.

Wie konnte dieser Mann, der es zweifellos gewöhnt war, selbst die Zügel in der Hand zu halten, sich so völlig ausliefern? Dass Gott zu ihm gesprochen hatte, war Abram anscheinend genug. In Hebräer 11,6 lesen wir: »... wer zu Gott kommen will, muss glauben, dass er ist und dass er denen, die ihn suchen, ihren Lohn geben wird.« Hier liegt das Geheimnis Abrams und vieler anderer Glaubenshelden. Sie waren überzeugt davon, dass es Gott gibt und dass er vertrauenswürdig ist. Mit diesem Gott wagte Abram sich ohne Karte und Wegbeschreibung auf den Weg zu machen. Er brauchte diese Dinge nicht, denn er hatte einen Führer, der selbst mitging. Wenn er dicht bei ihm blieb und ihm vorbehaltlos folgte, würde er an seinem Bestimmungsort ankommen.

Kürzlich beobachtete ich ein etwa vierjähriges Bürschchen in der Abflughalle eines Flughafens. Seine Eltern waren vollauf mit ihrem Gepäck und einem Baby beschäftigt; der Kleine musste selbst sehen, dass er hinter ihnen herkam. Das war nicht leicht, vor allem, weil er durch alles Mögliche abgelenkt wurde und in dem Gedränge ständig von seinen Eltern getrennt zu werden drohte. Immer wieder hielt er nach ihnen Ausschau und rannte ihnen nach, sobald er sie wieder erspäht hatte. Für mich waren diese Menschen eines der vielen Ehepaare, die sich einen Weg zum Schalter bahnten. Für ihren kleinen Sohn jedoch waren sie unverwechselbar und vertraut und er tat, was er konnte, um sie nicht zu verlieren. Und seine Eltern schienen hinten Augen zu haben, denn wenn er nicht mehr in ihrer Nähe war, merkten sie das sofort. Dann blieben sie kurz stehen und hielten nach ihm Ausschau; manchmal riefen sie seinen Namen. Schließlich beschloss der Kleine, dass es ruhiger und sicherer war, wenn er dicht neben seinem Vater herlief und sich an ihm festhielt. So kam er zuerst zum Schalter, dann durch lange Gänge bis zum Flugsteig und schließlich auf seinen reservierten Platz im Flugzeug. Allmählich kam er seinem Ziel näher – nicht allein, sondern an der Hand seines Vaters.

Das ist es, was unser himmlischer Vater mit uns vorhat: Er geht voraus und wir folgen ihm. Seine Augen und sein Herz halten fortwährend nach uns Ausschau, aber auch wir müssen ihn suchen und dafür sorgen, dass wir nahe bei ihm bleiben und ihn nicht aus den Augen verlieren. »Lasst uns aufsehen auf Jesus, den Anfänger und Vollender des Glaubens« und »denkt an ihn, der ... solchen Widerstand ... gegen sich erduldet hat, dann werdet ihr nicht ermatten«, lesen wir in Hebräer 12,2-3. David drückt in Psalm 25,15 das Gleiche aus: »Meine Augen schauen stets auf den Herrn.« Nur in dieser Haltung können wir uns unbesorgt auf den Weg machen; so werden wir das Ziel erreichen, das Gott von Anfang an kennt und das für uns erst nach und nach sichtbar wird.

Leider ist all das leichter gesagt als getan. Wir Menschen möchten alle am liebsten selbst bestimmen, wo es langgeht. Es ist schon ein ziemlicher Schritt, die Zügel aus der Hand zu geben und unser Leben einem anderen anzuvertrauen. Selbst wenn dieser andere Gott ist, ist es nicht leicht, ihm vorbehaltlos zu vertrauen. Ist es die Angst vor dem Unbekannten, die uns bedrückt, oder befürchten wir, dass Gott etwas von uns verlangen könnte, das schwierig ist oder das uns nicht gefällt? Unsere Lebensübergabe geht oft einher mit gewissen Vorbehalten. Wir sind bereit, Jesus nachzufolgen, solange wir bestimmte Dinge selbst in der Hand behalten und nichts von uns verlangt wird, was zu schwierig ist.

Auch Abram hatte damit zu kämpfen. Er eilte manchmal Gott voraus, statt ihm nachzufolgen, und dann bekam er Probleme. Das war kein böser Wille – es war (und ist) einfach so, dass manche Schritte so auf der Hand zu liegen scheinen, dass man sie einfach tut. Ohne vorher abzuwägen, ob dies wirklich das ist, was Gott von uns will, und ohne dafür zu beten. Abram musste lernen, dass er sich bei seinen Entscheidungen nicht länger an den kulturellen Traditionen orientieren konnte, mit denen er aufgewachsen war, und auch nicht an seinen eigenen Erfahrungen. Er musste lernen, auf Gottes Stimme zu hören – nicht auf seine eigene innere Stimme oder die seines irdischen Vaters oder wohlmeinender Freunde. Er musste lernen, die Stimme Gottes zu erkennen, eine Antenne für die Führung von oben zu entwickeln und bewusst in der Spur zu laufen, die Gott für ihn zog.

Christ und Jünger

Gott zu gehorchen ist ein wesentlicher Bestandteil des Christseins, daran lässt die Bibel keinen Zweifel. In der Praxis zeigt sich jedoch, dass es eine wachsende Zahl von Christen mit diesem Gehorsam nicht mehr so genau nimmt. Viele leben nach eigenen Vorstellungen und eigenem Gutdünken, ohne bewusst und aktiv den Willen Gottes zu suchen. Anders ausgedrückt: Man lebt, als seien Christsein und Jüngerschaft zwei voneinander getrennte Dinge. Auch das geschieht nicht aus Böswilligkeit, es ist eher eine Frage der Gewohnheit. Auch Christen stehen unter dem Einfluss der »ismen« unserer Gesellschaft: Individualismus, Egoismus, Materialismus. Wir meinen, wir hätten das Recht, selbst über unser Leben zu bestimmen. Wir haben gelernt, dass wir unsere Unabhängigkeit bewahren und selbst das Ruder in der Hand behalten sollten. Wir glauben nicht nur, dass wir ein Recht auf Gesundheit, Glück und Wohlstand haben, sondern auch, dass wir selbst dafür sorgen müssen, dies alles zu bekommen. Bei all dem bekommt das Gefühl ein immer stärkeres Gewicht: Was sich gut anfühlt, ist gut. Fast unmerklich richten wir unser Leben so ein, wie es dem Erwartungshorizont eines Menschen im 21. Jahrhundert entspricht. Und so hetzen wir weiter, arbeiten hart ... und ziehen oft unsere eigene Spur, ohne innezuhalten und die wichtige Frage zu stellen: »Herr, was willst du, das ich tun soll?«

Wir verhalten uns im Grunde zwiespältig: Wir erkennen Jesus als Heiland an, oft aber nicht als Herrn und Meister. Wir freuen uns über die Segnungen, die ein Leben mit ihm für uns bereithält: Vergebung der Sünden und Versöhnung mit Gott, seine Nähe und Kraft, seine Heilung und Hilfe. Aber wir freuen uns weniger über den Preis, den wir dafür bezahlen müssen. Dennoch geht das eine nicht ohne das andere. Es gibt kein Christsein ohne Jüngersein. Gott nachfolgen und seinen eigenen Weg gehen, das passt nicht zusammen. Konsumieren (empfangen) allein genügt nicht, Gott verlangt auch eine Antwort (ein Opfer) von seinen Kindern: einen Wandel in kompromisslosem Gehorsam – in einem Gehorsam, wie Jesus ihn vorgelebt hat. Wenn wir diesen Gehorsam nicht lernen, laufen wir Gefahr, Freunde der Welt zu werden und uns innerlich von Gott zu entfernen.

Im Römerbrief fordert Paulus die Christen dazu auf, sich in ihrem Denken erneuern zu lassen und zu erkennen, »was der Wille Gottes ist: was ihm gefällt, was gut und vollkommen ist« (Römer 12,2). Somit steht ein Christ vor der Herausforderung, nicht zu tun, was sich gut anfühlt, sondern was gut ist. Und dafür einzustehen, auch wenn es uns etwas kostet – selbst wenn es uns viel oder sogar alles kostet.

Wer nachfolgt, ist unterwegs

Ein Nachfolger ist immer auch ein Reisender oder Pilger: Ein Christ ist unterwegs, und zwar in zweierlei Hinsicht. Er ist auf dem Weg zu einem Ziel, das in der Zukunft liegt. Das macht ihn zu einem Menschen, der in *Erwartung* lebt. Aber er ist auch in dem Sinne unterwegs, dass er im Laufe seiner Lebensreise innerlich wächst und sich verändert. Er wird morgen ein anderer sein als er heute ist. Das macht ihn zu einem Menschen, der sich in der *Entwicklung* befindet.

Ein Mensch, der in Erwartung lebt (Stichwort: Perspektive)

Abram musste wegen der wichtigen, einzigartigen Stellung, die er im Heilsplan Gottes einnahm, seiner Vergangenheit radikal den Rücken kehren. Nach seinem Aufbruch war er jahrelang unterwegs. Sein Endziel war das »Gelobte Land«, in das Gott ihn bringen wollte. In Hebräer 11,10 lesen wir, dass er in einer festen Erwartung lebte: »... er erwartete die Stadt mit den festen Grundmauern, die Gott selbst geplant und gebaut hat«. Dieselbe Haltung sehen wir bei Paulus, der sagt: »Das Ziel vor Augen, jage ich nach dem Siegespreis: der himmlischen Berufung, die Gott uns in Christus Jesus schenkt« (Philipper 3,14). Nicht, dass diese Menschen vor lauter Gedanken an die Zukunft die Gegenwart vergessen hätten. Nein, sie lebten bewusst und intensiv! Aber sie wussten, dass es mehr gab als das Hier und Jetzt, und das ließ sie ihr Leben in einer anderen Haltung leben.

Auffällig ist, dass Abram immer Nomade geblieben ist. Er hat sein Leben lang in Zelten gewohnt. Das ist sicherlich symbolisch für seine ganze Lebenshaltung: Wenn man in einem Zelt lebt, dann bleibt man flexibel und aufgeschlossen für Neues. Man steht weniger in der Gefahr, sich irgendwo einzuwurzeln oder festzusetzen und im Alltagstrott aufzugehen. Man lebt ständig in der Bereitschaft, wieder aufzubrechen und weiterzuziehen.

Ein Zelt ist ein *bewegliches* Zuhause – es lässt sich mit Leichtigkeit zusammenrollen und einpacken. Und es ist ein *flexibles* Zuhause – sein Umfang lässt sich ohne Schwierigkeiten verändern. Man kann die Zeltpflöcke aus dem Boden ziehen und neu einschlagen, je nachdem, ob man den Innenraum vergrößern oder verkleinern möchte. In Jesaja 54,2-3 heißt es: »Mach den Raum deines Zeltes weit, spann deine Zelttücher aus, ohne zu sparen. Mach die Stricke lang und die Pflöcke fest! Denn nach rechts und links breitest du dich aus ...«

Abrams Lebensstil spiegelt eine geistliche Realität wider: Wir Christen haben auf Erden keine bleibende Heimat, wir wissen von einer anderen, besseren Welt. Dieses Wissen lässt uns in einer anderen Haltung leben, es gibt uns einen weiteren Blickwinkel. Es erhebt uns über das Alltägliche. Nicht, dass Christen in einer Traumwelt leben sollten – ganz im Gegenteil! Wir stehen mit beiden Beinen auf der Erde, aber wir wissen gleichzeitig, dass es mehr gibt als das Hier und Jetzt. Darum hatte Abram den Mut, seine sichere kleine Welt zu verlassen und sich mit unbekanntem Ziel auf den Weg zu machen. Die Stimme Gottes war ihm zu einer neuen Realität geworden und hatte ihm den Blick für eine (noch) unsichtbare Welt geöffnet. Das hatte in ihm eine Erwartung geweckt, die fortan sein Leben und seinen Lebensstil bestimmen sollte. Aus einem Menschen mit einem festen Platz auf der Welt wurde ein Mensch auf der Durchreise. Ein Mensch, der wusste: Solange er auf dieser Erde lebte, war er noch nicht angekommen.

Wer sich an Gott und sein ewiges Königreich binden will, der muss auf Erden in gewisser Hinsicht »losgelöst« sein. Darüber hat der holländische Theologe Henry Nouwen viel nachgedacht, und damit hatte er auch sehr zu kämpfen. Nouwen betrachtete dieses Losgelöstsein als eine notwendige Voraussetzung für wirkliche Freiheit. Jurjen Beumer sagt über ihn: »... die geistliche Einsicht, die Nouwen seinen Lesern vor Augen halten möchte, ist, dass man sich nicht mit Haut und Haaren an seine Umwelt, an seine Mitmenschen oder an sich selbst verlieren darf.« Beumer weist auch darauf hin, welche Folgen eine solche Haltung hat. Dieses »Verlassen« der Welt »führt bei Nouwen nicht dazu, dass er seiner Umwelt den Rücken kehrt und sich isoliert. Im Gegenteil, nur derjenige, der von den weltlichen Dingen gelöst ist, ist wirklich frei und dazu imstande, in Freiheit zu handeln. In diesem Prozess der Loslösung von der Welt besteht die eigentliche geistliche Reise des Menschen.«[2]

Auch Jesus war ein Reisender. Er hatte keinen festen Wohnort, kein Dach über dem Kopf. Interessant ist, dass es in Johannes 1,14 (»Und das Wort ward Fleisch und wohnte unter uns«) wörtlich heißt: »... hat unter uns gezeltet«. Jesus ist von seinem 30. Lebensjahr an umhergezogen. Er hat sein »Zelt« unter den Menschen aufgeschlagen, aber er hat sich nirgendwo endgültig niedergelassen, er ist immer wieder weitergezogen. »Die Füchse haben ihre Höhlen und die Vögel ihre Nester; der Menschensohn aber hat keinen Ort, wo er sein Haupt hinlegen kann«, sagt er in Lukas 9,58.

Sein ganzes Leben lang hat Jesus sich seine Bestimmung vor Augen gehalten. Mit gerade mal zwölf Jahren waren ihm seine Prioritäten schon klar: »Wusstet ihr nicht, dass ich in dem sein muss, was meinem Vater gehört?«, fragt er in Lukas 2,49. Als er erwachsen geworden war und sein Elternhaus verließ, hatte sich seine Einstellung nicht verändert: Er folgte dem Weg, den Gott ihm bestimmt hatte. Es fiel ihm nicht leicht, er hatte mit Widerstand und zahllosen Enttäuschungen zu kämpfen. Menschlich gesprochen hätte Jesus allen Grund gehabt aufzugeben, und es wäre mehr als verständlich gewesen, wenn er einen leichteren Weg gewählt hätte. Er hätte ein führender Politiker werden können, mit allen dazugehörigen (und überaus attraktiven) Sicherheiten wie einem festen Einkommen, einer schönen Dienstwohnung und einer Schar von Untergebenen. Er hätte bei Freunden einziehen können – es gab sicher einige, die ihn auf Dauer bei sich hätten aufnehmen können. Aber er entschied sich dafür, ständig unterwegs zu sein. Er entschied sich für Bewegung statt Stillstand. Er ließ sich von nichts und niemandem aufhalten. Er folgte dem Weg Gottes. Dieser führte ihn nach Jerusalem, wo er zunächst festlich empfangen und dann getötet wurde. Damit hatte er seinen irdischen Wettkampf (Hebräer 12,1) beendet und den Willen Gottes vollbracht.

Ein Mensch in der Entwicklung (Stichwort: Reifen)

Der große Klassiker *Die Pilgerreise* von John Bunyan steht sicher bei vielen Christen zu Hause im Bücherregal. Das Buch beschreibt den Lebensweg eines Christen mit allen dazugehörigen Höhen und Tiefen. Der Ausdruck »Reise« im Titel ist gut gewählt. Er macht deutlich, dass es dabei vorwärts geht, dass Fortschritte gemacht werden: Christsein ist eine Vorwärtsbewegung.

In den hundert Jahren, in denen Abram mit Gott unterwegs war, wurde er nach und nach ein anderer Mensch. Nicht weil das Älterwerden das nun mal mit sich bringt, sondern weil Gott in seinem Leben wirkte. Der Viehzüchter aus Ur wurde zu einem starken Gottesmann, durch den der Herr große Dinge tun konnte.

Es dauerte lange Zeit, bis es so weit war, und Gott ließ Abraham diese Zeit. Er kennt seine Kinder ganz genau und geht mit jedem von uns einen persönlichen Weg. Wenn ich auf mein eigenes Leben blicke, dann bin ich erstaunt über seine Geduld und enttäuscht von meiner eigenen Starrköpfigkeit. Wir sind manchmal einfach nicht von der Stelle zu bewegen, oder wir machen einen Schritt nach vorn und zwei zurück. Wir machen immer wieder Fehler. Und jedes Mal aber streckt Gott seine Hand nach uns aus und ermutigt uns, trotzdem weiterzugehen. In Wahrheit ist er derjenige, der mit uns weitergeht, und er wird das Werk, das er bei uns begonnen hat, »vollenden ... bis zum Tag Christi Jesu« (Philipper 1,6).

Freund

Abram war 75, als er sich mit dem Herrn auf den Weg machte, und 175, als er starb (1. Mose 12,4 und 25,7). Im Laufe dieser 100 Jahre ist er immer abhängiger von Gott geworden und hat sich immer fester an ihn gebunden. In der Bibel wird er dreimal Gottes Freund genannt; einmal in einem Gebet von König Joschafat (2. Chronik 20,7), einmal von Jakobus am Ende seiner

Ausführungen über Glauben und Werke (Jakobus 2,23) und einmal vom Herrn selbst in Jesaja: »Nachkomme meines Freundes Abraham« nennt er Jakob dort (Jesaja 41,8).

Als Gott Abram rief, tat er das nicht, weil er ein Freund Gottes war. Nein, Abram wurde zur Freundschaft mit Gott berufen, weil Gott ihn lieb hatte. Die Stimme Gottes, die für Abram vielleicht zunächst fremd war und ihn überrumpelt hatte, wurde ihm nach und nach bekannt und vertraut. Gott bekam für Abram gewissermaßen ein Gesicht; es entstand eine persönliche Beziehung, die im Laufe vieler Jahre tiefer und tiefer wurde, wuchs und reifte.

Kommunikation ist etwas, was man lernen muss; das gilt in besonderem Maße für die Kommunikation mit Gott. Die Worte »Und Gott sagte zu ...« können den Eindruck erwecken, dass das Reden mit Gott eine einfache Sache sei. Beim Lesen von Abrams Lebensgeschichte könnte man den Eindruck bekommen, dass der Herr sich ihm mit großer Regelmäßigkeit offenbarte und deutlich hörbar zu ihm sprach. Soweit wir wissen, lässt es sich jedoch an zehn Fingern abzählen, wie oft das tatsächlich geschah. Im Laufe der 100 Jahre, während derer Abram mit Gott wandelte, musste er sich offensichtlich damit abfinden, dass Gott sich manchmal jahrelang weder sichtbar noch hörbar zu erkennen gab. Das darf uns trösten und ermutigen.

Wer würde es nicht herrlich finden, regelmäßig Gottes Stimme zu hören, und zwar schön laut und deutlich. Aber so funktioniert das normalerweise nicht! Der Herr scheint vor allem in die Stille eines empfänglichen Herzens hineinzusprechen. Nicht mit einer deutlich hörbaren Stimme vom Himmel herab, nicht mit Blitz und Donner, sondern eher in dem leisen Säuseln einer sanften Brise, die beinah unbemerkt vorüberweht (1. Könige 19,11-13). Wir sind mit der Herausforderung konfrontiert, dieses sanfte, leise Säuseln zu bemerken. In unserer Welt voll dröhnender Dezibel ist das wirklich eine Kunst. Es erfordert unter anderem, dass wir lernen, innerlich still zu werden.

In Psalm 25,14 steht, dass Menschen, die Gott fürchten,

gleichzeitig auch seine Vertrauten sein dürfen. Etwas von diesem vertraulichen Umgang sehen wir im Leben Abrams – vielleicht am deutlichsten in 1. Mose 17 und 18. Dort lesen wir, wie der ewige Gott mit dem Mann sprach, der sein Freund genannt wurde. Ich denke beispielsweise daran, wie Gott Abram offenbart, was er mit Sodom und Gomorra vorhat – Städten, die von der Sünde verdorben sind. 1. Mose 18,17 gewährt einen seltenen Einblick in Gottes Gedanken: »Soll ich Abraham verheimlichen, was ich vorhabe?« Das ist ein beeindruckender Moment – der allmächtige Gott offenbart einem Menschen seine Gedanken! Das ist eine Parallele zu der Stelle im Neuen Testament, wo Jesus zu seinen Jüngern sagt: »Euch aber habe ich gesagt, dass ihr Freunde seid; denn alles, was ich von meinem Vater gehört habe, habe ich euch kundgetan« (Johannes 15,15).

Als Gott Abraham erzählt, wie er über Sodom und Gomorra denkt, offenbart er ihm nicht nur seine Gedanken, er erlaubt ihm auch mitzudenken. So entwickelt sich ein Gespräch, in dem Abraham ein feuriges Plädoyer für die Gerechten in Sodom hält. Eigentlich bittet er Gott, seine Entscheidung zu überdenken und rückgängig zu machen. Abraham tut das behutsam und ehrerbietig und gleichzeitig freimütig und offen. Er wagt es! Offenbar ist zwischen diesem Mann und seinem himmlischen Vater eine tiefe, innige Verbundenheit gewachsen, die ein so offenes Gespräch überhaupt erst ermöglicht. Eine wichtige Rolle spielt dabei auch, dass Abrahams Gedanken und Fragen auf einer Linie mit denen seines himmlischen Vaters liegen. Er ist auf Gott zugewachsen wie ein Baum dem Licht entgegenwächst, er hat das Herz Gottes kennen gelernt und in seinem eigenen Herzen Raum für ihn geschaffen.

Sind wir solche Freunde Gottes? Menschen, die sich danach ausstrecken, sein Herz besser kennen zu lernen und seine Stimme zu hören? Verlangen wir wirklich aufrichtig danach, Gott und seine Gedanken besser kennen zu lernen? Ist seine Freundschaft für uns wirklich das Allerwichtigste, sehnen wir uns von ganzem Herzen danach, mit ihm Gemeinschaft zu haben?

Wir sind so viel beschäftigte Menschen, dass wir dazu neigen, gerade diese Dinge zu vernachlässigen. Das liegt nicht nur an unserem vollen Terminkalender – wir sind oft einfach zu bequem. Es ist einfacher, den Fernseher anzuschalten oder eine anspruchslose Zeitschrift aufzuschlagen, als uns wirklich in die Bibel zu vertiefen. Es fällt uns leichter, mit Menschen zu sprechen als mit Gott. Aber Freundschaft wächst nicht von selbst, man muss in sie investieren. Genau danach sehnt sich Gott, dass wir ihn beständig suchen, dass wir ihm nahe kommen in Ehrfurcht und mit Vertrauen. Er ist nicht wie andere Götter darauf bedacht, dass der Abstand zwischen ihm und seinen Geschöpfen gewahrt bleibt. Der Gott der Bibel wünscht sich einen persönlichen Umgang mit seinen Kindern – er wünscht sich nichts so sehr wie dies! Er sehnt sich nach uns wie ein Bräutigam nach seiner Braut. »Kommet zu mir« – diese Worte begegnen uns in der Bibel wieder und wieder.

Fremder

Von dem Moment an, als Abram auf die Stimme Gottes hörte und sich aufmachte, um ihm nachzufolgen, wurde er zu einem Fremden innerhalb seiner Kultur. Die Menschen um ihn herum praktizierten Götzendienst, sie trieben Unzucht und andere Dinge, die Gott nicht gutheißt. So war es immer gewesen und so würde es weitergehen. Aber Abram, der seit 75 Jahren einer von ihnen gewesen war, konnte sich von dem Moment an, da Gott zu ihm sprach, nicht mehr an diesen Dingen beteiligen. Er warf das Ruder radikal herum und brach mit allem, was bis dahin sein Leben ausgemacht hatte, um dem Gott nachzufolgen, der ihn berufen hatte.

Es wird ganz sicher Menschen gegeben haben, die an Abrams Verstand zweifelten. Die Geschichte von seiner Begegnung mit Gott und seinem bevorstehenden Umzug war bestimmt in aller Munde. Vielleicht haben sich einige über diesen närrischen Kerl lustig gemacht, der Dinge sagte, die eher auf einen Sonnenstich als auf gesunden Menschenverstand schließen ließen. Für Abram sah die Sache jedoch völlig anders aus. Er hatte die Stimme Gottes gehört und in ihr etwas von einer Realität erfahren, die viel bedeutsamer war als alles, was er bisher in Ur und Haran erlebt hatte. Das war in seinen Augen einen Sprung in die Tiefe (und den Spott seiner Freunde) mehr als wert.

Als Abram ja zu Gott sagte, wurde er nicht nur zu einem Fremdling unter seinen eigenen Leuten, er wurde außerdem zu einem Mann, der als Fremder inmitten anderer Völker leben würde. Er musste fortwährend darüber wachen, sich nicht unbemerkt den Normen und Werten anzupassen, die in den Gebieten herrschten, in denen er sich niederließ. Als Mann Gottes musste er sich fernhalten von der Gottlosigkeit und Abgötterei, die bei den Menschen, unter denen er lebte, an der Tagesordnung waren. Als Nachfolger und Freund Gottes war er ein Außenseiter.

Später sollte Abram den Auftrag bekommen, die Männer, die zu ihm gehörten, zu beschneiden; dadurch sollten sie sich als Gottes Bundesvolk von anderen Völkern unterscheiden. Bei dieser Gelegenheit sagte Gott: »Dir und deinen Nachkommen gebe ich ganz Kanaan, das Land, in dem du als *Fremder* weilst, für immer zu Eigen und ich will ihnen Gott sein« (1. Mose 17,8-11).

Dieses Fremdsein zieht sich wie ein roter Faden durch die ganze Bibel. Wir begegnen ihm im Alten Testament beim Volk Gottes, das auserwählt und darum anders ist als andere Völker. Als Abrams Nachkommen (Jakob und seine Söhne) wegen einer schweren Hungersnot nach Ägypten ziehen, wird ihnen dort ein eigenes Wohngebiet in Gosen zugewiesen. So wird verhindert, dass sie sich mit anderen Völkern vermischen. Als die Israeliten viele Jahre später unter Moses Führung aus Ägypten fortziehen, gibt Gott ihnen durch die Zehn Gebote einen verbindlichen Maßstab an die Hand, an dem sie ihr Leben ausrichten sollen. Auch das unterscheidet sie von den Menschen um sie her.

Psalm 137 beschreibt die Situation der Kinder Gottes in der Verbannung in Babylon. Voller Heimweh nach Jerusalem und voller Kummer über ihren erzwungenen Aufenthalt in einem fremden Land fragen sie sich: »Wie könnten wir singen die Lieder des Herrn, fern, auf fremder Erde?« (Psalm 137,4). Mit anderen Worten, wie können Kinder Gottes in einer gottlosen Welt leben? Und wie können sie dort ihrer Berufung treu bleiben, Gott gehorchen und ihn ehren?

Das Alte Testament ist voller Geschichten von Gottesmännern und -frauen, die ihrer Berufung treu blieben und als Fremde in dieser Welt lebten. Ich denke an Josef und Daniel, gläubige junge Männer, die an einem heidnischen Hof dienten und dort mit denselben Problemen konfrontiert waren, die wir auch heute kennen: Vielgötterei, Verschwendungssucht, Dekadenz, sexueller Unreinheit, Korruption und vielem anderen. Sie waren gegen diese Dinge nicht von sich aus immun, aber ihre Beziehung zu Gott bedeutete ihnen so viel, dass sie sich auf nichts einlassen wollten, was diese Beziehung beeinträchtigen könnte. Sie gaben Gott in ihrem Herzen die Ehre und ließen sich nicht vom Weg abbringen.

Dem Gedanken des Fremdseins begegnen wir auch im Neuen Testament. Die Christen waren Fremde in der Welt, ebenso wie ihr Meister Jesus. Sie fielen durch ihr Anderssein auf, sie wurden bewundert wie schon die allererste Gemeinde, die beim ganzen Volk hoch angesehen war. Aber sie wurden wegen ihres Andersseins auch ausgestoßen, verfolgt und getötet. Ihr Gehorsam Gott gegenüber war ihrer Umwelt unbequem, so wie das auch heutzutage der Fall sein kann. Und ... er war auch für sie selber unbequem!

Der Apostel Petrus schreibt ausführlich über Fremdsein. »... führt auch, solange ihr in der Fremde seid, ein Leben in Gottesfurcht«, heißt es in 1. Petrus 1,17, und im nächsten Kapitel: »Liebe Brüder, da ihr Fremde und Gäste seid in dieser Welt, ermahne ich euch: ... führt unter den Heiden ein rechtschaffenes Leben, damit sie ... durch eure guten Taten zur Einsicht kommen und Gott preisen ...« (1. Petrus 2,11-12)

Unser Fremdsein bedeutet, dass wir als Europäer und Weltbürger vor allem Bürger des Reiches Gottes sind, unseres neuen Vaterlandes. Die Gesetze, die in unserer Welt gelten, stimmen allzu oft nicht mit dem überein, was Gott von uns verlangt. Das macht die Entscheidung dafür, den Weg Gottes zu gehen, nicht leicht. Es kostet Mut, Gottes Normen und Werten treu zu bleiben, wenn diese im krassen Widerspruch zu dem stehen, was heutzutage als normal gilt. Es kostet Kraft, sich nicht stillschweigend den geschriebenen und ungeschriebenen Gesetzen unserer Gesellschaft anzupassen. Es kostet Mut, Dinge infrage zu stellen, die heutzutage selbstverständlich sind. Kurz gesagt: Fremd zu sein fällt uns nicht einfach in den Schoß – wir müssen mit aller Kraft darum kämpfen. Nur so können wir verhindern, dass wir unser Anderssein allmählich preisgeben (und oft verläuft dieser Prozess so schleichend, dass wir uns dessen kaum bewusst sind).

Wir sind Bürger des himmlischen Königreichs und nur Gäste auf dieser Erde, aber wir benehmen uns oft so, als ob es wichtiger und anziehender für uns wäre, Bürger dieser Welt zu sein.

Manchmal bekennen wir in aller Offenheit, dass wir Christen sind, und in anderen Situationen fällt es uns viel leichter, ein Mensch dieser Welt zu sein. Wir ähneln dann Menschen, die zwei Nationalitäten besitzen und sich von Fall zu Fall abwechselnd für eine von beiden entscheiden, je nachdem, wie es gerade besser passt. Aber so dürfte es nicht sein. Christen haben sich für das himmlische Bürgerrecht entschieden und dafür, den Regeln und Gesetzen zu gehorchen, die im Reich Gottes gelten.

Das Schwierige dabei ist, dass dieses Reich noch nicht völlig sichtbar ist, während die Realität der Welt, in der wir leben, uns ständig vor Augen steht. Hinzu kommt, dass die Gesetze, die hier gelten, oft anziehender scheinen, da sie uns mehr Freiheiten gewähren. Wie wichtig ist es dann, dass wir mit David sagen: »Erforsche mich, Gott, und erkenne mein Herz, prüfe mich und erkenne mein Denken! Sieh her, ob ich auf dem Weg bin, der dich kränkt, und leite mich auf dem altbewährten Weg!« (Psalm 139,23-24)

Paulus fordert uns dazu auf, als Nachfolger Gottes fortwährend zu prüfen, »was dem Herrn gefällt« (siehe Epheser

5,1-21). Wir sind dazu herausgefordert, unsere persönlichen Überzeugungen und unseren Lebensstil ehrlich und kritisch unter die Lupe zu nehmen. Vielleicht entdecken wir, dass wir keine Fremden mehr sind, sondern uns der Welt in einem schleichenden Prozess angepasst haben. Dass wir Verhaltensweisen, die uns zu Außenseitern machen, nach und nach ersetzt haben durch Verhaltensweisen, die bewirken, dass wir »dazugehören«. Christen dürfen nie vergessen, dass sie von ihrer »sinnlosen, von den Vätern ererbten Lebensweise ... losgekauft« wurden (1. Petrus 1,18). Die »sinnlose Lebensweise« ist Vergangenheit; dennoch bleibt sie eine fortwährend auf uns lauernde Gefahr: Christen müssen darüber wachen, dass sie sich nicht dem Lebenswandel ihrer ungläubigen Mitmenschen anpassen und so in ihrer Umwelt aufgehen, dass sie sich ihrem Gott und seinem Reich entfremden.

Auch Jesus war während seines irdischen Lebens ein Fremder in seiner Welt. Er war ein Jude unter Juden, aber als Sohn Gottes war er einzigartig ... und fremd. Er war fremd, weil er auf ganz andere Dinge ausgerichtet war als seine Zeitgenossen. Weil er das Reich Gottes für wertvoller achtete als die Welt, in der er lebte. Weil glauben für ihn mehr war als religiös sein. Weil er Gott mehr gehorchen wollte als den Menschen. Er war unbequem, weil er heilig war. Er orientierte sich an einem anderen Lebenstil als die Menschen um ihn herum. Er durchschaute die Scheinheiligkeit der religiösen Führer und lehnte ihre doppelte Moral und ihre Bestechlichkeit rigoros ab. Er war unbequem, weil er barmherzig war und dadurch regelmäßig gegen die sozialen und religiösen Verhaltensregeln verstieß. Das Problem mit Jesus war, dass er in kein Schema hineinpasste. Er war ein Mann Gottes und als solcher ein Fremdling auf Erden. Ein Sonderling, den seine Mitmenschen gelegentlich als Querkopf empfanden, häufiger jedoch als einen aufrichtigen, anziehenden Menschen, der ihnen Respekt abnötigte. Ein »heiler« Mensch inmitten einer kranken Welt. In Kapitel 13 werden wir uns eingehender mit seinem Leben auf Erden beschäftigen.

Zum Glück brauchen wir dieses Fremdsein in der Welt nicht

aus eigener Kraft in die Tat umzusetzen. Gott selbst will das Gute in uns bewirken, sowohl das Wollen als auch das Vollbringen (Philipper 2,13). Wir brauchen uns nicht allein abzumühen – er hat uns als Ermutigung und als Kraftquelle seinen Geist gegeben. Und außerdem sind wir ja nicht allein. Die Bibel betont immer wieder, wie wichtig die Gemeinschaft der Heiligen ist – dass wir lebendigen Kontakt zu anderen Christen haben, dass wir uns miteinander auf den Weg machen, einander ermutigen, trösten und ermahnen. Wir sind das Volk Gottes auf dieser Erde, der Leib Christi; wir gehören zusammen und brauchen einander.

Vorbild

Was bedeutet es eigentlich, Vorbild zu sein? Nun, wir Christen sollten uns in positivem Sinne von unseren Mitmenschen unterscheiden – nicht, weil wir bessere Menschen sind, sondern weil wir Jesus nachfolgen. »Lebt nicht mehr wie die Heiden in ihrem nichtigen Denken«, schreibt Paulus im Epheserbrief. »Das ... entspricht nicht dem, was ihr von Christus gelernt habt« (Epheser 4,17+20). Und wie soll das sichtbar werden? Dadurch, wie wir sind, wie wir leben und wie wir mit anderen Menschen umgehen. An dieser Stelle lädt Paulus uns dazu ein, seinem Beispiel zu folgen: »Nehmt mich zum Vorbild, *wie ich Christus zum Vorbild nehme*« (1. Korinther 11,1).

Paulus will damit nicht sagen, dass er selber vollkommen wäre – er weiß, was es heißt, von sich selbst enttäuscht zu sein und sich als Versager zu fühlen. Nein, er lenkt unseren Blick auf den Vollkommenen, dem er nachfolgt und der in ihm und durch ihn wirkt. Er möchte, dass wir uns ebenso wie er dafür entscheiden, Jesus ganz persönlich nachzufolgen. »Nehmt mich zum Vorbild, wie ich Christus zum Vorbild nehme.«

Auch Abraham war ein Vorbild, obwohl er wirklich kein Heiliger war in dem Sinne, dass er keine Fehler gemacht hätte. Aber er war ein Mensch, der sich bewusst dafür entschieden hatte, Gott zu folgen, und nun nach und nach lernte, aus der Gnade zu leben. Das, woran wir uns ein Beispiel nehmen sollen, ist sein Glaube. Durch diesen (nicht durch seine Taten oder seinen Lebenswandel) wurde er in Gottes Augen gerecht. Das ist auch das einzige Kriterium, wenn wir selber Vorbild sein wollen: dass wir an den lebendigen Gott glauben und mit ihm »wandeln«. Die Frucht ist ein verändertes Leben, das sich in einem lebendigen Prozess ständig weiterverändert. Gott selbst wird sichtbar durch diejenigen, die mit ihm wandeln.

In einer orientierungslosen Welt, in der es keine festen Maßstäbe mehr gibt und jede(r) nach eigenem Gutdünken handeln kann, besteht ein großer Bedarf an »Ankern« – Menschen, die vorleben, dass das Glück nicht von den Umständen abhängt. Menschen, die spüren lassen, dass es jemanden gibt, der wertvoller ist als Reichtum, Gesundheit, Erfolg, Status und all die anderen irdischen »Sicherheiten«. Menschen, die zeigen, dass Jesus die Antwort auf die Lebensfragen ist, die uns alle beschäftigen, und auf die Ängste, die uns bedrücken. Die Welt braucht Wegweiser, die auf die Quelle hinweisen, die niemals versiegt. Hirten, die einer haltlosen, aufgewühlten Welt den Weg zeigen, der zum Frieden führt.

In Philipper 2,13-15 drückt Paulus das so aus: »Denn Gott ist es, der in euch das Wollen und das Vollbringen bewirkt, noch über euren guten Willen hinaus. Tut alles ohne Murren und Bedenken, damit ihr rein und ohne Tadel seid, Kinder Gottes ohne Makel mitten in einer verdorbenen und verwirrten Generation, unter der ihr als Lichter in der Welt leuchtet.« Was das in der Praxis bedeutet, werden wir im 14. Kapitel sehen.

Dass wir Vorbilder sind, ist eine logische Folge davon, dass wir Nachfolger Gottes, Freunde Gottes und Fremde in der Welt sind. Wir brauchen nicht erst eine Prüfung darüber abzulegen, ob wir als Vorbilder geeignet sind. Die Vorbildfunktion ist die Berufung jedes Menschen, der Christus kennen gelernt hat. Im 2. Kapitel des Titusbriefes lesen wir, dass Männer und Frauen, Alte und Junge in ihrer Haltung und ihrem Benehmen Vorbilder sein sollen – zu Hause, am Arbeitsplatz und in der Gemeinde.

Jeder Christ hat den königlichen Auftrag, durch seinen Wandel Gott Ehre zu machen (Titus 2,10). Das ist eine große Verantwortung, der wir nur dann gewachsen sind, wenn wir in völliger innerer Abhängigkeit von unserem himmlischen Vater leben. Diese Abhängigkeit befreit uns von dem Druck und der Anspannung, es alles allein schaffen zu müssen.

2. Vom Loslassen

Als der Herr Abram ruft, verlangt er von ihm, nicht nur sein Land, sondern auch seine Verwandtschaft (wörtlich: alle Bluts- und Anverwandten) und sein Vaterhaus zu verlassen. Von Menschen und Dingen soll Abram Abschied nehmen, um sich radikal auf den Weg mit Gott einlassen zu können. Vor allem das Erstere ist ein tiefer Schnitt, denn es geht um Menschen, die ihm lieb und vertraut sind, um seine eigene Familie und die ganze Lebenssituation, in der er mittendrin steht. Dennoch soll er sich auf den Weg machen, auch weg vom eigenen Elternhaus, besonders von seinem Vater Terach, der als Haupt der Sippe auch über das Leben seiner erwachsenen Söhne das Sagen hatte. Wörtlich übersetzt lautet der hebräische Text in 1. Mose 12,1: »Mach dich auf deinen eigenen Weg«, das heißt: »Geh du« (also ganz ausdrücklich).

Abschied nehmen und loslassen sind Aspekte, die unbedingt zum Christsein gehören. Manchmal kann man aufgrund einer besonderen Berufung von einer buchstäblichen Trennung sprechen, wie das bei Abram der Fall war. Nicht selten aber kommt es zu einer anderen Art der Ablösung: Wer als Christ leben will, kann auf Unverständnis oder sogar Widerstand ihm nahe stehender Menschen stoßen; möglicherweise führt das zu Konflikten in der Familie, oder Freundschaften gehen zu Bruch. Das ist eine sehr schwierige Situation, wenn der Gehorsam gegenüber Jesus zum Bruch in Beziehungen führt, an denen einem viel liegt. Dann kann die Versuchung groß sein, sozusagen die Flinte ins Korn zu werfen bzw. seinen Glauben zu relativieren, damit es nicht mehr zu solchen Konfrontationen kommt. So legt man etwas weniger Wert auf die Tatsache, dass Jesus die Wahrheit ist, und sieht das nicht so eng mit dem Gehorsam, so dass man nicht ganz entschieden anders ist und niemandem zum Ärgernis wird. Sobald man sich jedoch darauf einlässt, gibt man klar zu erkennen, dass man Menschen mehr liebt als Gott und dass einem mehr daran gelegen ist, sie nicht zu verlieren, als ihn zu gewinnen.

Gott verlangt von seinen Kindern die Bereitschaft, ihm den ersten Platz einzuräumen vor wem oder was auch immer. Er will, dass wir ihm mehr gehorchen als Menschen und dass wir daran festhalten, auch wenn es sich als schwieriger erweist, als wir erwartet hatten. Auch wenn es Opfer kostet. Er will in unserem Leben die Nummer eins sein unter allen, einschließlich der Menschen, die uns ganz nahe stehen. Er will, dass wir unser Lebensglück nicht von unserem Partner abhängig machen und dass unsere Eltern, der beste Freund, die beste Freundin oder der Geschäftspartner in unserem Leben keine gewichtigere Stimme haben als er. »Wer Vater oder Mutter mehr liebt als mich, ist meiner nicht würdig, und wer Sohn oder Tochter mehr liebt als mich, ist meiner nicht würdig«, so Jesu Worte nach Matthäus 10,37. In Lukas 14,26 finden wir eine ähnliche Äußerung, in der Jesus noch etwas krasser formuliert: »Wenn jemand zu mir kommt und nicht Vater und Mutter, Frau und Kinder, Brüder und Schwestern, ja sogar sein Leben gering achtet (oder: hasst), dann kann er nicht mein Jünger sein.«[3]

Dieses Loslassen fiel Abram gewiss nicht leicht, zumindest soweit das ersichtlich ist. Er übersiedelte zunächst mit seinem Vater Terach und seinem Neffen Lot – dem Sohn seines verstorbenen Bruders – von Ur nach Haran, einem Marktort im Osten Syriens. Dort wohnten sie einige Jahre, bevor Abram aufbrach und in Richtung Kanaan zog. Diesmal blieb sein Vater zurück. Es ist nicht klar, ob Terach zu alt war, um weiter mitzuziehen (zu dem Zeitpunkt müsste er 145 Jahre alt gewesen sein), oder ob Abram im Gehorsam gegenüber Gottes Auftrag, sein »Vaterhaus« zu verlassen, von ihm Abschied nahm. Wie dem auch gewesen sein mag – in jedem Fall war die Trennung sowohl für Terach wie für Abram schwer. Abram zog los mit unbekanntem Ziel, und das bedeutete, soweit abzusehen war, ein Abschied für immer. Zu jener Zeit konnte man nicht mal schnell eine SMS oder eine E-Mail versenden; regelmäßigen Kontakt miteinander pflegen war nicht möglich; und da sein Ziel unbekannt war, konnte Abram auch keine künftige Anschrift hinterlassen.

Diese Umstände sagen etwas über die Radikalität seines Abschieds, aber trotzdem war es auch von Haran ab noch kein totaler Abschied, denn mit seinem Neffen Lot zog noch immer jemand aus Abrams Vaterhaus mit. Jahre später, nachdem sie lange umhergezogen waren, trennten sich auch ihre Wege: Lot zog in das Gebiet von Sodom und Gomorra (und begab sich damit außerhalb des Gelobten Landes); Abram hingegen blieb in Kanaan und ließ sich bei Hebron nieder (vgl. 1. Mose 13).

Wird der Herr auf diesen Moment gewartet haben, in dem Abram sich ganz von seinem Vaterhaus gelöst hat? Mussten erst die letzten Familienbande (mit seinem Neffen Lot) gekappt werden, bevor ein weiterer wichtiger Schritt getan werden konnte? Dafür spricht sehr viel. Es fällt auf, dass sich der Herr nach diesem letzten Abschied dem Abram erneut offenbart. In den Jahren zuvor war es, von einer Ausnahme abgesehen, auffallend ruhig gewesen. Aber jetzt, in 1. Mose 13,14, spricht Gott wieder. Er bekräftigt seine frühere Verheißung und fügt ihr Einzelheiten hinzu: »Nachdem sich Lot von Abram getrennt hatte, sprach der Herr zu Abram: Blick auf und schau von der Stelle, wo du stehst, nach Norden ... Mach dich auf, durchzieh das Land in seiner Länge und Breite, denn dir werde ich es geben.«

Abram hat jetzt die Hände frei, er wird von niemandem mehr aufgehalten. Er kann gehen und stehen, wo Gott möchte. Damit bricht eine neue Phase in seinem Leben an. Abschied nehmen ist ein wenig wie sterben, aber es kann Leben bringen, denn dadurch wird »aufgeräumt« und es entsteht Raum für Neues. Das gilt ganz allgemein, aber sicher auch auf geistlicher Ebene.

Gott an erster Stelle

Wichtig ist, vor Augen zu haben, dass Abram eine außergewöhnliche Berufung und einen besonderen Platz in der Heilsgeschichte Gottes hatte, was ein radikales Verlassen seiner Familie erforderte. Es wäre falsch, anhand seiner Geschichte zu meinen, jeder Christ müsste in der gleichen Weise seine Koffer packen. Dennoch setzt Nachfolge Christi eine gewisse Loslösung voraus. Ein Loslassen, das übrigens nicht bedeutet, dass wir mit anderen keine intensiven Beziehungen haben dürfen. Menschliche Verbundenheit und füreinander einstehen – das ist ja gerade ein Hauptanliegen der Bibel. Ich denke da an den starken Begriff »sich binden«, der im Zusammenhang verschiedener Beziehungen genannt wird. Wir kennen ihn vor allem aus 1. Mose 2,24, wo er die feste Beziehung zwischen Ehepartnern zum Ausdruck bringt (ein Mann soll sich an seine Frau binden). Er wird aber auch im Blick auf andere Beziehungen verwendet. So klammerte sich Rut an ihre Schwiegermutter (im Urtext steht da »sich festhalten« oder »sich binden«) und sagte ihr, sie denke gar nicht daran, sie zu verlassen (Rut 1,14+16-17). Hier bezieht sich das auf familiäre Bande. In Sprüche 18,24 finden wir den Begriff »festhalten« im Zusammenhang mit Freundschaft. Klar ist, dass Treue in menschlichen Beziehungen weit geht und jede Form von Untreue oder Unverbindlichkeit ausschließt. Von daher gesehen ist Loslassen etwas, womit wir nie leichtsinnig umgehen dürfen.

Die Bibel rückt zwischenmenschliche Verbundenheit in den Vordergrund, warnt jedoch vor einer zu großen Abhängigkeit oder gar Verehrung von Menschen. Kein Mensch darf in unserem Leben einen solchen Platz bekommen, dass er oder sie wichtiger wird als Gott. Wir müssen ferner aufmerksam sein, wenn gute Beziehungen sich falsch entwickeln, und hellwach, wenn wir von anderen beherrscht, manipuliert oder vereinnahmt werden (bzw. wenn wir das mit anderen machen). Wenn menschliche Verbundenheit zur Gebundenheit führt, wenn das Sich-Binden zum Gefängnis wird, kann man mit Recht von einer ungesunden Situation sprechen. Wer in einer solchen Beziehung lebt, sitzt fest. Darüber hinaus lebt er in einem Zwiespalt, denn die Liebe und Aufmerksamkeit, die Gott an erster Stelle gebühren, werden von anderen in Beschlag genommen.

Das Buch Rut zeigt uns, dass zwischenmenschliche Verbundenheit durchaus nicht im Widerspruch zur Verbundenheit mit Gott stehen muss. Ruts Treue zu Noomi stand ihrer Entscheidung, Gott zu folgen, nicht im Wege. In ihm hatte sie ihren Halt gefunden, er war und blieb ihre erste Zuflucht (Rut 2,12). Die beiden Frauen hatten eine sehr enge Beziehung zueinander, die Grundlage ihrer Freundschaft jedoch war Gottes Weg mit jeder von ihnen und ihre Sensibilität dafür. Man könnte hier von einer horizontalen Bindung sprechen, die einer vertikalen Bindung untergeordnet ist. Letztere beugte einer ungesunden Entwicklung vor: diesem erdrückenden Klammern. Die beiden Frauen blieben im gleichen Haushalt wohnen, aber ließen einander frei. Die Bindung aneinander stand der jeweiligen persönlichen Bindung an Gott nicht im Wege. Eine Zeit lang hat sich Noomi sehr stark auf ihre Schwiegertochter gestützt, aber das war nur eine Phase. Als Noomi allmählich ihre Depressionen überwunden hatte und wieder selbst Initiativen ergreifen konnte, kehrte die rechte Balance in ihrer Beziehung wieder zurück. Im Buch Rut sieht man die Entwicklung zweier erwachsener Frauen, die zwar einen gemeinsamen Haushalt haben, aber selbständige eigene Persönlichkeiten bleiben. Hätte Noomi Rut vereinnahmt, so wäre es für Rut schwer gewesen, Gottes Weg zu gehen; da wäre dann kein Raum gewesen für ihre Beziehung und Heirat mit Boas. Das Gleiche gilt für die Freundschaft zwischen Jonatan und David, zwei Männern, die einen Bund miteinander schlossen, aber aus ihrer größeren persönlichen Verbundenheit mit Gott in einer gesunden Beziehung miteinander leben konnten.

Das oben genannte Wort »sich festhalten« wird auch im Zusammenhang unserer Beziehung mit Gott verwendet. Texte wie 5. Mose 10,20 und 30,20 (»Du sollst den Herrn, deinen Gott, fürchten. Ihm sollst du dienen, an ihm sollst du dich festhalten ...« und: »Wähle also das Leben, ... indem du den Herrn, deinen Gott liebst, auf seine Stimme hörst und an ihm festhältst«) weisen darauf hin, dass Treue Menschen gegenüber, wie wichtig sie auch sein mag, immer der Treue und dem Gehorsam gegen Gott untergeordnet sein muss.

An Gott »festhalten« heißt vollständige Hingabe, sich ihm ganz anvertrauen. Er bekommt in meinem Leben das Sagen. Mich an einen Menschen »binden« bedeutet eine gewisse Hingabe; nie aber darf es dabei zu einer Auslieferung der eigenen Persönlichkeit und des eigenen Willens kommen (das verlangt übrigens nicht einmal Gott von uns!). Diese Bindung steht der eigenen Entwicklung und Reifung nicht im Weg. Festhalten und freilassen. Das gilt für alle menschlichen Beziehungen, für die zwischen Eltern und Kindern, für Freundschaften und selbst für die engste menschliche Verbindung, die Ehe. Für einen Christen ist die Freiheit nicht nur für seine persönliche Reifung, sondern auch für sein geistliches Wachsen wichtig! Gott will mit jedem Menschen einen ganz persönlichen und einzigartigen Weg gehen.

Die Jünger waren die besten Freunde Jesu, wussten aber, dass die Beziehung mit Gott im Leben ihres Meisters Vorrang hatte. Sie standen im Mittelpunkt des Lebens Jesu, dennoch hatte Gott den ersten Platz. Jesus war hundertprozentig für sie da, aber sein Leben für Gott ging darüber hinaus. Dasselbe gilt für seine Beziehung zu seinen Eltern: Jesus ehrte sie, aber Gottes Ehre ging darüber hinaus.

Jesus ließ sich von niemandem aufhalten oder ablenken, auch nicht von denen, die ihm sehr lieb waren. Seine Verbundenheit mit Gott und sein Gehorsam ihm gegenüber erforderten, dass er bisweilen einen gewissen Abstand schaffen musste, sowohl von seinen Freunden als auch von seinen Eltern. Da gab es Momente, wo er sich ganz bewusst von ihnen lösen musste, damit sie nicht zu einem Hindernis auf dem Weg Gottes mit ihm wurden oder ihn davon abhielten, Gottes Pläne mit ihm zu verwirklichen.

Eltern und Kinder

Die Trennung zwischen Eltern und Kind ist ein Thema, das in der Heiligen Schrift vor allem in 1. Mose beleuchtet wird. Es beginnt mit den bekannten Worten über einen Mann, der seinen Vater und seine Mutter verlassen soll, um sich an seine Frau zu binden (1. Mose 2,24). Es kehrt wieder in 1. Mose 22,2, wo Gott von Abraham verlangt, seinen Sohn zu opfern. In Kap. 27,41-45 verlässt Jakob sein Elternhaus, um zu seinem Onkel Laban zu ziehen; in Kap. 37 sehen wir, wie Josef durch die Machenschaften seiner Brüder von seinem Elternhaus getrennt wird. Verlassen und loslassen ist ein häufig wiederkehrendes Thema; es ist nicht nur ein pädagogisches oder psychologisches, sondern auch ein geistliches Prinzip. Im Blick auf das Erste: Die Nabelschnur muss durchtrennt werden, damit ein Kind keine Verlängerung seiner Eltern bleibt und nicht in seiner persönlichen Entwicklung beeinträchtigt wird, für die nun mal Bewegungsfreiheit nötig ist. Im Blick auf das Zweite: Wir sollen Männer und Frauen Gottes werden, Menschen, die in einem persönlichen Vertrauensverhältnis zu unserem himmlischen Vater wachsen.

Was wäre mit Jakob geschehen, wäre er nicht durch einen Konflikt mit seinem Bruder gezwungen gewesen, sein Elternhaus zu verlassen? Er war ein Familienmensch, der Liebling seiner Mutter (vgl. 1. Mose 25,27-28). Wenn sich die Umstände nicht gegen ihn gerichtet hätten (durch seine eigene Sünde übrigens), wäre er vielleicht immer zu Hause wohnen geblieben und hätte bis ins hohe Alter auf dem Feld Kräuter für die Gemüsesuppe seiner Mutter gesammelt. Schön sicher unter der Obhut seiner Mutter, wie man das heute zum Beispiel noch in Italien sieht, wo nicht wenige Männer bis Ende 30 zu Hause wohnen und sich versorgen lassen, bis dann in Gestalt einer liebenden Ehefrau eine neue Mama auf den Plan tritt.

Was wäre aus Josef geworden, wäre er nicht von seinen Eltern getrennt worden, die in ihn vernarrt waren? Er wäre sehr wahrscheinlich bis ins hohe Alter auf Händen getragen worden, so behütet, dass er verweichlicht oder ... daran erstickt wäre.

Eigentlich lag auf diesen beiden Männern ein Anspruch. Durch die (erzwungene) Trennung von ihrem Elternhaus lernten sie, selbständig zu werden und Verantwortung für ihr eigenes Leben zu übernehmen. Aber was noch wichtiger ist: Gott hatte einen ganz persönlichen Plan sowohl mit Jakob als auch mit Josef. Er wollte sich mit jedem von ihnen auf den Weg machen. Er wollte sie lehren und sie seinen Schutz und seine Treue am eigenen Leibe erfahren lassen. Nur ... er kam nicht so recht an sie heran. Solange diese jungen Männer zu Hause behütet und verwöhnt wurden, waren sie von ihren Eltern abhängig und nicht von Gott. Die Trennung war für alle Beteiligten schwierig, aber sie öffnete das Tor für Gottes Weg mit ihnen. Sie mussten gehen, ihr Nest verlassen und Flügel entwickeln, um selbst zu fliegen. Und ... ihre Eltern mussten sie ziehen lassen, um dies zu ermöglichen. Später musste Jakob sich übrigens erneut lösen, diesmal vom Haus seiner Schwiegereltern, um allein seinen Kampf mit dem Herrn aufzunehmen und ein Mann Gottes zu werden (vgl. 1. Mose 32,22-32).

Wie wir als Eltern unsere Kinder loslassen können, zeigen uns die Adler. Es ist bekannt, dass diese Vogelart besonders gut für ihre Brut sorgt. Aber wenn die Zeit gekommen ist, dass die Jungvögel fliegen lernen müssen, sind sie rigoros. Die Jungen sind nicht ohne weiteres bereit, das warme Nest zu verlassen. Sie schauen vorsichtig über den Rand und ... bekommen einen Riesenschreck. So tief, so unheimlich! Nein, dann doch lieber im Nest bleiben. Vater und Mutter Adler schauen sich das eine Weile an, treffen dann aber eine gewichtige Entscheidung. Wenn es nicht im Guten geht, dann muss eben ein bisschen nachgeholfen werden.

Unsere Jungen müssen selbständig werden. Also? Also bremsen wir die Versorgung, schränken das Herbeibringen der Nahrung ein und lassen unsere Jungen ein bisschen hungern, dann werden sie an einem bestimmten Punkt den Sprung wohl wagen müssen. Und so geschieht das in der Praxis auch. Vom Hunger getrieben hüpfen die jungen Adler aus dem Nest und lernen notgedrungen das Fliegen. Ihre Eltern schauen nicht nur zu, sie sind dabei, solange das nötig ist. In der Reifung zum Erwachsenen sind sie Supertrainer. Sie lassen ihre Jungen allein fliegen, bleiben aber in der Nähe. Sie tauchen unter ihnen auf, um sie aufzufangen, wenn sie nicht mehr können. Sie lassen sie in dem Aufwind treiben, den ihr Flügelschlag verursacht. Sie behalten ihre Jungen ständig im Auge, bis sie stark genug sind, aus eigener Kraft zu einem neuen, eigenen Revier zu fliegen. Und dann ... lassen sie sie frei.

Wohin »fliegt« ein Menschenkind? Auch wenn es Christ geworden ist, kann es ganz andere Wege gehen, als man als Eltern erwartet oder erhofft hat. Wir sagen oft ehrlich: »Ob Hänschen nun Straßenkehrer oder Universitätsprofessor wird, ist egal, wenn er nur glücklich ist.« Wir beten: »Herr, zeige du der kleinen Maria den Weg.« Aber wehe, wenn Hänschen tatsächlich Straßenkehrer wird oder die kleine Maria unverheiratet bleibt oder in die Mission gehen will oder mit einem jungen Mann ankommt, der nicht unseren Erwartungen entspricht oder ...!

Auch christliche Eltern erträumen für ihre Kinder oft »eigene« Träume bzw. die Träume der Welt: eine gute Ausbildung, eine schöne Karriere, ein stattliches Einkommen. Manchmal sind ihre Träume persönliche Wünsche, die sich nicht erfüllt haben, aber vielleicht jetzt dann doch noch in ihrem Kind Wirklichkeit werden können. All diese Dinge machen es den Eltern schwer loszulassen; nicht selten bleiben sie zu lange und zu dominierend anwesend, sie lenken, sie fangen weiter auf und ... hoffen, dass alles ihren Vorstellungen und ihrem Willen entsprechend in die Bahnen gelenkt wird.

Auch die Brüder Jakobus und Johannes werden ihre Eltern enttäuscht haben, als sie einen ganz anderen Weg gingen als erwartet. Sie zögerten keinen Moment, als Jesus sie rief, ihm zu folgen (vgl. Markus 1,19-20). Sie ließen den Fischereibetrieb ihrer Eltern zurück, sie ließen ihre Eltern zurück. Aber ... ihre Eltern ließen sie nicht gehen, sie hielten fest an *ihren* Ambitionen für ihre Söhne.

Johannes und Jakobus waren starke Männer, die im Familienbetrieb ihren Mann gestanden hatten. Vermutlich sollten sie in Zukunft das Ruder von ihrem Vater übernehmen. Das muss ein größerer Betrieb gewesen sein, denn es ist die Rede von Tagelöhnern. Es muss ein tiefer Einschnitt gewesen sein, dass sich diese kräftigen Söhne von einem Moment auf den anderen aufmachten, um irgendeinem Rabbi – einem ehemaligen Zimmermann aus Nazareth! – zu folgen. Die Eltern von Jakobus und Johannes hatten andere Pläne für ihre Jungen als diese Jüngerschaft. Eines Tages steht dann ihre Mutter vor Jesus und fordert für ihre beiden Jungen eine hohe Würde: »Versprich, dass meine beiden Söhne in deinem Reich rechts und links neben dir sitzen dürfen.« Sie wird wieder nach Hause geschickt ... (Matthäus 20,21).

Manchmal sind Eltern aufrichtig davon überzeugt, sie wüssten am besten, was für ihr Kind gut ist. Aber hin und wieder sehen sie darin nicht ganz scharf, weil sie zu dicht dran sind und beschützen möchten; manchmal spielen auch ihre eigenen Motive oder persönliche Ambitionen eine Rolle. Ungewollt und unbewusst kann dadurch Druck auf ihr Kind ausgeübt werden. Auch unausgesprochene Dinge können eine Belastung sein, wenn sie fast greifbar in der Luft liegen.

Der Vater eines bekannten niederländischen Evangelisten und Predigers hatte eine Spedition, die der Sohn übernehmen sollte. Die Erwartungen waren ganz klar, die Pläne gemacht. Doch dann wuchs in diesem Sohn die Gewissheit, dass Gott etwas anderes mit ihm vorhatte. Er musste seinem Vater mitteilen, dass er das Unternehmen verlassen würde. Das bedeutete Abschied nehmen von lang gehegten Träumen, Plänen und Ambitionen. Das bedeutete ein gewisses Verlassen und Zurücklassen. Für Vater und Sohn war das unglaublich schmerzlich. Doch der Sohn wollte seinem Vater im Himmel gehorchen, da lagen seine Priorität und Loyalität. Er sprang ebenso wie Abram ins Ungewisse. Gott hat nachher durch ihn sehr stark wirken können. Der Sohn erreichte über Radio, Fernsehen, Bibelseminare, Vorträge, Jugendreisen und Bücher Tausende mit dem Evangelium. Er wurde für zahllose Menschen zu einem wirklichen Seelsorger. Vor Zehntausenden von Jugendlichen sprach er in einem Fußballstadion. Und das alles, weil er bereit war, die vorgezeichneten Pfade zu verlassen und Gottes Weg zu gehen. Das erforderte ein Opfer, von ihm selbst und auch von seinem Vater. Es verlangte ein … Zurücklassen, ein Loslassen. Ein gewisses Verleugnen seines irdischen Vaters, um seinem himmlischen Vater zu folgen.

Ich denke an Maria, die Mutter Jesu. Sie hat von Anfang an gewusst, dass ihr ältester Sohn einen besonderen Weg gehen würde. Gott hatte ihr das durch seinen Engel Gabriel mitgeteilt. In den ersten Lebensjahren Jesu geschieht, soweit wir wissen, nicht viel Aufsehen Erregendes. Er wächst in Nazareth auf und lernt den Beruf eines Zimmermanns, wahrscheinlich von seinem Vater Josef. Doch als er zwölf Jahre alt ist, passiert etwas, wodurch Josef und Maria ganz klar an die Bestimmung ihres ältesten Sohnes erinnert werden. Nach dem Passa-Fest in Jerusalem wird Jesus vermisst. Nach ein paar Tagen finden sie ihn im Tempel, wo er im Kreise einiger Schriftgelehrter mit der

Auslegung der Heiligen Schrift beschäftigt ist. Als Maria leicht empört zu erkennen gibt, dass sie doch sehr unruhig waren und viel darum gegeben hätten, wenn Jesus bei ihnen geblieben wäre, antwortet er: »Wusstet ihr nicht, dass ich in dem sein muss, was meinem Vater gehört?« Maria versteht das nicht ganz, aber bewahrt seine Worte in ihrem Herzen (Lukas 2,50-51). So kehren sie zurück nach Nazareth, wo 18 Jahre vergehen werden, bis Jesus die vertraute Umgebung seiner Familie im Gehorsam gegenüber seiner Berufung endgültig verlässt.

Vielleicht hat Maria in den Jahren nach diesem Jerusalemer Ereignis im Stillen gehofft, dass alles so bleiben würde, wie es war, dass Jesus einfach Zimmermann bleiben und das Leben so seinen Lauf nehmen würde. Aber sie musste ihn loslassen. Und er seinerseits musste sie »zurücklassen«, um den Weg Gottes zu gehen.

Als Jesus sein Elternhaus verlässt, bewahrt Maria ihn in ihrem Herzen, und ihr ist bange ums Herz. Sie ist oft mit dabei, wenn er predigt und Wunder tut. Auch beim ersten Wunder auf der Hochzeit zu Kana ist sie anwesend. Es sieht so aus, als sei sie ihrem Sohn eine Zeit lang gefolgt (siehe beispielsweise Johannes 2,12). Als Jesus einmal irgendwo lehrt, steht sie unerwartet vor der Tür mit den Brüdern und Schwestern Jesu. Maria erwartet, dass Jesus seine Beschäftigung ihretwegen unterbrechen soll. Hat sie nicht als Mutter ein gewisses Recht auf Vorrang? Als ihre Botschaft Jesus erreicht, schenkt er jedoch ihrer Bitte, nach draußen zu kommen, kein Gehör. Er sagt zu den Leuten drinnen: »Wer ist meine Mutter, und wer sind meine Brüder? Und er blickte auf die Menschen, die im Kreis um ihn herum saßen, und sagte: Das hier sind meine Mutter und meine Brüder« (Markus 3,31-35).

Wie wird sich Maria bloßgestellt und abgewiesen gefühlt haben! Wie peinlich für sie, dass Jesus so deutlich zeigte: Sie hatte keine Sonderrechte! Seine Botschaft war eindeutig: Der Einzige, der (ein exklusives) Vorrangsrecht hat, ist Gott. Das wird Betroffenheit ausgelöst haben und hat diejenigen, die dabei waren, vielleicht auch befremdet, weil es unfreundlich und eher »gering achtend« als liebevoll anmutete. Hier sehen wir ein

Beispiel für das Wort: »Wer Vater und Mutter nicht gering achtet ...« Jesus musste Maria in dem Moment »abweisen«, um Gott zu gehorchen. In seinem Herzen jedoch war er ihr keineswegs abgeneigt.

Später wiederum sehen wir Maria beim Kreuz. Sie hat den Tod ihres Sohnes kommen sehen, hat deswegen nicht schlafen können; so muss es gewesen sein. Sie hat Gott vielleicht angefleht, einzugreifen und ihren Sohn zu verschonen. Sie hat Gott vielleicht alles Mögliche versprochen, um in den dramatischen Entwicklungen um ihren Sohn eine Wende zu schaffen. Und dann hängt er da unwiderruflich am Kreuz, ihr Jesus. Da steht sie als Mutter, bestürzt, voller Schmerz, allein. Es ist anzunehmen, dass ihr Mann inzwischen verstorben ist; von Josef hören wir nichts mehr. Und jetzt verlässt sie auch ihr ältester Sohn, im Gehorsam gegenüber Gott.

Wie sie dort steht, ist sie mutterseelenallein. Und dann wendet sich, vom Kreuz herab, Jesu Sorge ihr zu. Am Ende seines Lebens, als er vor Schmerzen verzehrt wird und auf sein Sterben eingestellt ist, hat er ein Auge und Aufmerksamkeit für die Situation seiner Mutter, seine letzte Sorge auf Erden gilt ihr. Er schaut auf Maria, deutet auf seinen Lieblingsjünger Johannes und sagt: »Frau, siehe, dein Sohn!« Darauf schaut er auf Johannes, deutet auf Maria und sagt: »Siehe, deine Mutter!« Johannes versteht die Botschaft, er nimmt Maria wie selbstverständlich in sein Haus auf (Johannes 19,26-27).

Jesus musste seine Mutter in gewissem Sinne loslassen und verleugnen, um seinen Weg mit Gott gehen zu können. Zweifellos wird Maria sich gelegentlich von ihm im Stich gelassen gefühlt haben. Und sicher wird es ihr sehr schwer gefallen sein, ihn loszulassen. Zweifellos hat er oft an sie gedacht und hatte nie so einen inneren Abstand von ihr, dass es ihn unberührt gelassen hätte, wie es ihr ging. Doch in seinem radikalen Gehorsam gegenüber Gott musste Jesus aufbrechen und Abschied nehmen. Er ließ sich nicht von ihr oder sonst jemandem davon abhalten, Gottes Weg zu gehen. Aber obwohl eine Loslösung und ein gewisser Abschied erforderlich war, hat sich Jesus keinesfalls seiner Verantwortung gegenüber seiner Mutter entzogen. In diesem Sinne hat er sie sowohl geehrt als auch »gering geachtet«.

Das Geringachten der Eltern bedeutet nie, dass man sie beiseite schiebt oder vernachlässigt oder grob und egoistisch über sie hinweggeht. Es heißt auch nicht, dass man jeden Kontakt mit seinen Eltern radikal abbricht, wie manche Sektenführer das fordern. Es kann jedoch bedeuten, dass man seine Eltern enttäuschen muss, weil Gott Vorrang hat. Am Respekt vor den Eltern (»Ehre Vater und Mutter«, siehe zum Beispiel Matthäus 19,19) wird jedoch nicht gerührt. Gott lieben und Vater und Mutter ehren gehört für einen Christen zusammen, obwohl es nicht immer einfach ist, in der Praxis unseres Lebens diesem Doppelauftrag gerecht zu werden. Jesus hat jedoch bewiesen, dass es möglich ist. Er ehrte seine Eltern im Rahmen seiner ersten Liebe oder, wenn man so will, seiner ersten »Verpflichtung« gegenüber Gott. Seinetwegen musste er Maria in gewissem Sinne verleugnen. Und ebenfalls seinetwegen musste Maria ihren Sohn fortgehen lassen.

Worum bitten wir als christliche Eltern für unser Kind? Ist unser Gebet offen in dem Sinne, dass wir dem Herrn eine Blankovollmacht geben? Oder schwingen da Forderungen mit: »Herr, würdest du bitte Johanna einen guten Partner geben? Du kannst doch nicht zulassen, dass sie allein durchs Leben geht! Herr, sie braucht jemanden, der für sie sorgt!« Oder: »Herr, zeige du Kornelius den Weg und schenk ihm die Einsicht, dass er zu Hause in der Gärtnerei gebraucht wird.« Oder: »Herr, bitte bringe unseren Schwiegersohn zur Einsicht, dass es für seine Familie nicht gut ist, wenn er diese Stelle im Ausland annimmt.«

Wenn wir ehrlich auf unsere Gebete schauen, sind wir oft egozentrisch. Wir brauchen Kornelius im Betrieb und hätten so gern, dass unsere Tochter mit ihren Kindern und dem Mann in unserer Nähe bleibt. Unsere Gebete sind manchmal auch leicht überheblich: »Herr, bitte hol Hans aus dieser Situation heraus, weil sie nicht gut für ihn ist.« Wer sagt denn, dass es Hans irgendwo anders besser geht? Wer sagt denn, dass Johanna nur glücklich wird, wenn sie heiratet? Wie befreiend wäre es, wenn ihre Eltern Gott darum bitten würden, sie zu segnen und zu leiten), ohne damit eine persönliche Forderung zu verbinden.

Unbefangen und vertrauensvoll mit einer offenen Planung beten, das ist eine Kunst. Es hängt alles mit dem Loslassen zusammen. Wenn wir als Eltern Gott mehr lieben als unsere eigenen Kinder, dann bedeutet das, dass wir seine Wege suchen und uns ganz auf die Erwartungen Gottes hin orientieren, statt zu versuchen, unsere eigenen Pläne eigenständig durchzusetzen. Diese Haltung befreit unsere Kinder vom Druck unserer eigenen Erwartungen und gibt ihnen die Freiheit, Gottes Pläne für sich zu suchen. Man muss manchmal (oft) schlucken, und vielleicht bringt der Weg, den ihr Kind schließlich geht, eine persönliche Enttäuschung für die Eltern. So kämpfen Freunde von mir derzeit mit der Entscheidung ihres Sohnes, ihres einzigen Kindes, in die Mission zu gehen. Sie hatten sich das so anders vorgestellt, aber wollen es aus Gottes Hand annehmen. Und sie bitten Gott um Kraft, ihren Sohn zu unterstützen und auf seinem Weg zu ermutigen. Ich habe vor ihnen einen tiefen Respekt. Und ebenso für diesen Sohn, der aufgrund seiner Liebe zu Jesus bereit ist, seine Eltern zu enttäuschen. Er zeigt, dass seine Liebe zu Jesus noch größer ist als die zu seinen Eltern, dass Gott das Sagen hat.

Andere Beziehungen

Was wir über die Eltern-Kind-Beziehung gesagt haben, gilt ebenso für andere Beziehungen. Es darf nicht so sein, dass andere in unserem Leben total das Sagen haben. Natürlich beeinflussen Menschen einander, das lässt sich gerade in nahen Beziehungen nicht vermeiden. Falsch ist das nicht, vorausgesetzt, dass wir den Mut und die Reife haben, unsere Entscheidungen immer wieder neu am Willen Gottes zu messen, statt uns unbedacht einem anderen anzuschließen und seinen Erwartungen oder Forderungen entgegenzukommen. Das gilt für die Ehe, für Freundschaften, ja praktisch für alle sozialen Beziehungen.

Manchmal müssen wir eine Beziehung mit Menschen abbrechen, wie der verlorene Sohn von seinen falschen Freunden lassen musste. Manchmal müssen wir in einer Beziehung wegen unseres persönlichen Gehorsams gegenüber Gott ein gewisses Risiko eingehen, den andern zu verlieren.

Aus Angst vor Einsamkeit halten nicht wenige in zerstörerischen Beziehungen aus. Nicht immer schätzen wir die Auswirkungen bestimmter Freundschaften oder anderer Beziehungen auf unser (geistliches) Leben richtig ein. Oft haben wir nicht den Mut und die Kraft, uns von den Ansprüchen oder Manipulationen eines anderen zu befreien. Aber es ist nicht gut, wenn Menschen von anderen beherrscht werden. Wenn mein Leben im Leben eines anderen aufgeht, bin ich eine Gefangene. Mir fehlt der Raum, der für das persönliche, aber auch für das geistliche Reifen notwendig ist.

Gott hat uns mit einzigartigen Gaben und Talenten erschaffen und mit der Möglichkeit, eine Beziehung zu ihm zu haben. Lassen wir nicht zu, dass ein anderer diese Dinge blockiert oder erstickt. Oder dass uns jemand auf falsche Wege mitzieht. Haben wir den Mut, deutlich auszusprechen, wenn er oder sie einen Anspruch auf uns erhebt oder Dinge von uns möchte, die dem Leben mit Gott abträglich sind oder es in Gefahr bringen. Eine gesunde Beziehung erfordert das gegenseitige Respektieren von Grenzen. Ein gesundes geistliches Reifen setzt eine innere Freiheit voraus, um sich dem Herrn zu schenken. Es ist eine Kunst, das zu verwirklichen und in all diesen Dingen auch die Liebe zum anderen Menschen zu wahren.

3. Schwierigkeiten und Rückschläge

Wenn der Herr Menschen in seine Nachfolge ruft, verspricht er ihnen keinen Rosengarten, wohl aber seine Gegenwart und Führung. Wir müssen seinen Spuren folgen, damit wir nicht den Weg verlieren, und uns an ihn »binden«, damit wir nicht straucheln und fallen.

Jeder Christ kennt Momente, in denen Gottes Weg nicht so deutlich ist. An einer Kreuzung kann man verschiedene Richtungen wählen, und für jede Richtung sprechen möglicherweise bestimmte Dinge. Wenn man eine Entscheidung treffen muss, geschieht das nach bestem Wissen und Gewissen. Im Nachhinein müssen wir jedoch gelegentlich feststellen, dass ein Beschluss zwar logisch und gut schien, aber damit nicht auch die beste Entscheidung war, die wir hätten treffen können. Manchmal bringen wir uns auf diese Weise selbst in die Bredouille und wird unser eigenmächtiges Verhalten zur Ursache, dass es nicht weitergeht. Diese Erfahrung machten Abram und Sarai, als sie am Beginn ihrer Reise mit einer Hungersnot konfrontiert wurden.

Wenn Schwierigkeiten auftreten

Ich vermute, dass ein Missgeschick wie eine Hungersnot das Letzte war, was Abram und Sarai erwartet hatten. Wie muss man einen solch massiven Rückschlag im Lichte der Verheißungen Gottes – im Blick auf seine Gegenwart, seine Führung und Allmacht sehen? Hatte er die Hungersnot übersehen? Hatte er seine Zusagen, die er Abram gemacht hatte, vergessen? Solche Fragen können in uns aufkommen, wenn wir durch Schwierigkeiten auf unserem Lebensweg unangenehm überrascht werden.

Wenn wir vor einem Hindernis (oder Problem) stehen, dann scheinen zwei Wege möglich: kämpfen oder fliehen. Nun gibt es gegen eine Hungersnot nicht wirklich etwas zu kämpfen und es ist deshalb auch nicht verwunderlich, dass Abram sich für die zweite Option entschied: Er beschloss, das Problem in weitem Bogen zu umgehen, indem er sich zeitweise in Ägypten niederließ. In 1. Mose 12,10 lesen wir, dass er beabsichtigte, dort als Fremder zu bleiben. Im gleichen Vers wird auch gesagt, dass die Hungersnot in Kanaan schwer war; dem ist zu entnehmen, dass Abram nicht sofort aufbrach, sondern sich die Situation eine Weile anschaute, bevor er sich entschloss, sein Heil irgendwo anders zu suchen. Ob er den Herrn deswegen um Rat gefragt hat, wird nicht berichtet. Die Entwicklungen oder besser gesagt: die Schwierigkeiten, die sich aus seinem Entschluss ergeben, erwecken jedoch den Eindruck, dass Abram und Sarai sich auf einen Seitenweg begeben hatten.

Wie reagieren wir in vergleichbaren Situationen? Wie gehen wir mit Rückschlägen um? Wie groß ist unser Gottvertrauen, wenn Krisen im Leben auftauchen? Eines ist klar: Wir haben – verglichen mit Abram – einen gewissen »Vorsprung«, weil Gottes Umgang mit seinem Volk für uns aufgezeichnet ist. Abram hingegen kannte keine Berichte aus der Geschichte, er selbst schrieb Geschichte! Wir jedoch können zurückblicken und anhand der biblischen Geschichte (sowie durch Zeugnisse von Menschen) feststellen, dass Gott durchaus dazu fähig ist, in allen Situationen für seine Kinder zu sorgen. Denken wir nur mal an die 40 Jahre, in denen das Volk Israel später durch die dürre Wüste zog. Es ist fast unglaublich, aber dort litten sie keinerlei Mangel. In Psalm 105,39-42 ist von einer schützenden Wolke die Rede, von Feuer, das die Nacht erleuchtete, von Brot vom Himmel, von Wasser aus den Felsen, und zwar mit folgendem Kommentar: »Denn er (der Herr) dachte an sein heiliges Wort und an Abraham, seinen Knecht.« In 5. Mose 29,4 heißt es ausdrücklich, dass der Herr in jenen Jahren sogar für die Kleidung und Schuhe seines Volkes sorgte: »Ich habe euch 40 Jahre lang durch die Wüste geführt. Eure Kleider sind euch nicht in Lumpen vom Leib gefallen, deine Schuhe sind dir nicht an den

Füßen zerrissen.« Hier ist der himmlische Vater. Er kümmert sich um alles, was gebraucht wird, und zwar nicht nur in guten Zeiten, sondern auch in den Wüsten und Hungersnöten des Lebens. Der Herr wird nie von Situationen überwältigt, er ist nie ratlos. Warum aber wir? Warum steckt unser Gottvertrauen, trotz allem, was wir von Gott wissen, oft noch in den Kinderschuhen? Warum suchen wir ebenso wie Abram in schwierigen Situationen fast automatisch eigene Lösungen, mit allen Folgen, die das mit sich bringt?

Es hätte für Abram eine dritte Option gegeben: Er hätte sich dafür entscheiden können, das Problem anzugehen, statt ihm auszuweichen. Trotz der Hungersnot hätte er bleiben können, wo er war, nicht resigniert und ängstlich, sondern im Vertrauen, dass der Gott, der ihm Führung und Segen versprochen hatte, auch dort für ihn sorgen würde.

In Sprüche 3,5-7 lesen wir: »Mit ganzem Herzen vertrau auf den Herrn, bau nicht auf eigene Klugheit; such ihn zu erkennen auf all deinen Wegen, dann ebnet er selbst deine Pfade. Halte dich nicht selbst für weise, fürchte den Herrn ...« Die Worte »vertrauen« und »bauen auf« weisen auf ein tatsächliches Suchen von Unterstützung, weil man erkennt, dass man darauf angewiesen ist und es ohne diese Hilfe nicht schafft. Bauen auf eigener Klugheit deutet auf Stolz und Dünkel hin; man ist von sich selbst und seinen Einsichten überzeugt, so dass man nicht (so) auf Gott angewiesen ist. Das geschieht nicht immer bewusst, Eigensinn und Selbstgefälligkeit gehören zu unserer Natur. Schon als kleines Kind riefen wir: »Selber machen!«, und jetzt, da wir erwachsen sind, hat sich diese Einstellung eher noch verstärkt; wir haben gelernt, auf eigenen Füßen zu stehen. Als Kinder Gottes müssen wir das ablegen und aufs Neue vertrauensvolle Hingabe lernen, indem wir Gott immer wieder fragen: »Was willst du? Was soll ich tun?«

Es kann sein, dass der Herr im Falle einer Hungersnot oder einer anderen »Wüstenerfahrung« zu Ihnen sagt: »Bleib und geh da mit mir durch. Kämpfe nicht, fliehe nicht, sondern vertraue auf mich. Halte durch in dieser schmerzlichen Situation, ich werde dir Kraft geben.« Diese Herausforderung zu bleiben mag keine angenehme Botschaft sein, doch wenn Gott Ihnen so etwas abverlangt, ist es gut.

Entscheidung für (eigene) Sicherheit

Der Entschluss, nach Ägypten zu ziehen, mag Abram logisch oder ratsam erschienen sein, aber dieser Schritt brachte neue Probleme und Gefahren mit sich. Abram wusste sehr wohl, dass der Pharao einen Harem hatte, für den ständig neue Frauen rekrutiert wurden. Abrams eigene Frau, Sarai, war bereits über 65 Jahre alt, aber konnte sich noch sehen lassen: In 1. Mose 12,14 erfahren wir, dass sie »sehr schön« war. Abrams Furcht, dass sie von denen entdeckt würde, die im Auftrag des Pharao Ausschau nach den Schönheiten hielten, war somit nicht unbegründet. Allerdings betraf seine unterschwellige Angst ihn selbst, denn sollte man Sarai für den königlichen Harem für geeignet halten, könnte das sein Leben kosten (siehe 1. Mose 12,11-13).

Wie verhalten Sie sich, wenn Sie gefährdet sind? Wenn Ihr Leben auf dem Spiel steht? Wenn Sie Gefahr laufen, Ihre Stelle zu verlieren? Oder Ihre Ehe? Oder Ihren Betrieb? Oder Ihr Gesicht? Was würden Sie tun, wenn eine Lüge Sie retten könnte? Wenn Sie eine persönliche Katastrophe abwenden könnten, indem Sie die Wahrheit verschweigen oder verschleiern? Ich vermute, dass es wenig Menschen gibt, die sich nie einer kleinen Notlüge bedienen. Auch Abram tat das. Er bat Sarai darum, sie möge sich als seine Halbschwester ausgeben. Das war nicht ganz unwahr, denn sie war ja tatsächlich seine Halbschwester. Dennoch bediente er sich mit dieser Halbwahrheit einer Lüge, denn Sarai war in erster Linie seine Frau und damit obendrein diejenige, die er als Ehemann in Schutz zu nehmen hatte.

Hier zeigt sich, wie schwach unsere Treue ist und wie stark die Neigung ist, uns vor allem und an erster Stelle selbst zu behaupten. Abrams Flunkerei war eine Notlüge. Die Gefahr, der seine Frau ausgesetzt wurde, zählte für ihn weniger als die Gefahr, in die er sich selbst begab.

Auch Männer und Frauen Gottes sind nicht frei vom Hang, ihrem Eigeninteresse (bzw. ihrer Sicherheit) den Vorrang zu geben. Abram hatte, so ist 1. Mose 20,13 zu entnehmen, bereits beim Aufbruch zu ihrer Reise gewissermaßen eine Lebensversicherung auf seine Frau abgeschlossen. Die Vereinbarung lautete: »Als mich Gott aus dem Haus meines Vaters ins Ungewisse ziehen ließ, schlug ich ihr (Sarai) vor: Tu mir den Gefallen und sag von mir überall, wohin wir kommen: Er ist mein Bruder.«

Abram nennt das einen »Gefallen«, aber es gleicht, ehrlich gesagt, eher einer Manipulation! Achten wir einmal darauf, wie Abram es anstellt, seine Frau zu einer Notlüge zu überreden. Er beginnt mit einem Kompliment: »Ich weiß, du bist eine schöne Frau ...« Daraufhin trägt er seine Bitte vor: »Sag doch, du seiest meine Schwester, damit es mir deinetwegen gut geht« (1. Mose 12,11-13).

Dieses Verhalten ist ganz einsichtig und sehr menschlich. In unserem Bestreben, den anderen für unsere Ziele zu nutzen, verpacken wir unsere Botschaft in wunderschönes Geschenkpapier: »Sarai, was bist du für eine schöne Frau!«, »Sarai, wenn du mich liebst, dann ...«

Ich versetze mich kurz in Sarai hinein und empfinde ihre Enttäuschung. Sie war mit einem Mann verheiratet, der Gott Gehorsam leisten wollte. Sie hatte Abram in seinem Entschluss unterstützt, dem Herrn zu folgen. Sie hatten für ein neues, unbekanntes Ziel Haus und Hof verlassen. Sie gingen ihre Wege gemeinsam, miteinander folgten sie Gott. Und dann kommt es zu dieser schweren Enttäuschung. Abram steht nicht für sie ein, er steht für sich selbst ein. Wenn's darauf ankommt, hat sein Eigeninteresse ein größeres Gewicht als ihr Wohlergehen.

Wir machen uns gelegentlich alle eines manipulierenden Verhaltens schuldig, um selbst davon zu profitieren. Wir versprechen einander aufrichtig große Dinge und enttäuschen einander später. Nicht einmal, sondern immer wieder. Wenn sich Schwierigkeiten ergeben oder wir unter Druck stehen, ist unsere Treue relativ und wir lassen den anderen – auch denjenigen, der uns lieb ist – fallen, um uns selbst zu behaupten. Dann verraten wir unsere Freunde, manchmal sogar den Herrn selbst. Wie sehr kann man vom anderen, aber auch von sich selbst enttäuscht sein!

Ich denke an Petrus, der so aufrichtig war in seinem Wunsch, seinen Herrn zu beschützen. Es bedurfte nur ein paar Stunden der Spannung, seine Treue derart zu erschüttern, dass er seinen Herrn verriet. Sein dreimaliges »Ich kenne ihn nicht« waren drei Lügen, mit denen Petrus seinen eigenen Kopf rettete. Jesus hatte das übrigens erwartet, mit der Schwäche seines guten Freundes hatte er gerechnet. Das wird seinen Schmerz nicht gelindert haben, aber es verhinderte, dass er durch den Verrat des Petrus völlig überrumpelt wurde. Er hatte die Kraft, an Petrus trotz dessen Untreue festzuhalten. Da liegt der große Unterschied zwischen Gott und uns: Er ist und bleibt uns immer treu. Und er ist bereit, unsere Untreue zu vergeben, und ist sogar so gnädig, dass er uns aus unseren selbst verursachten Problemen rettet. Er sah Abram und er sah Sarai, die tatsächlich innerhalb kürzester Zeit in den Harem des Pharao aufgenommen wurde.

Wie es Sarai am Hofe erging, wissen wir nicht; ebenso wenig wissen wir, wie lange sie dort wohnte. Wahrscheinlich hat sie sich, obwohl sie eine attraktive Frau war, in erster Linie der üblichen Schönheitspflege unterziehen müssen. Dem Buch Ester ist zu entnehmen, dass dies keine mühelose Angelegenheit war; ein Mädchen im Harem von König Artaxerxes wurde immerhin zwölf Monate lang mit Myrrhenöl, Balsam und anderen Schönheitsmitteln behandelt, bevor sie das Bett mit dem König teilen durfte (Ester 2,12-13)! Vielleicht galten derartige Vorschriften auch in Ägypten. Vielleicht wurde Sarai zuerst mit den nötigen Feuchtigkeits- und Antifaltencremes behandelt und betete vollkommen genervt mit den Zähnen klappernd unter ihrer Gesichtsmaske immer wieder darum, Gott möge eingreifen und verhüten, dass die Reihe an sie käme, das Bett mit dem Pharao zu teilen. Möglicherweise bat sie auch für die Sicherheit ihres Mannes und dass er eine Möglichkeit fände, sie zu befreien.

Ob Abram sich in der Zwischenzeit wegen des Leides seiner Frau und der peinlichen Situation, in der sie sich befand, arge Sorgen machte, wissen wir nicht. Er scheint vor allem mit dem, beschäftigt gewesen zu sein, was ihm geschah. Während Sarai im Palast blieb, hatte er alle Hände voll zu tun, die vielen Geschenke des Pharao entgegenzunehmen. In 1. Mose 12,16 werden Schafe, Rinder, Esel, Knechte und Mägde, Eselinnen und Kamele genannt, die er Sarai wegen empfing. Wahrscheinlich gehörte das alles zu einer Mitgift, die ihm ausgezahlt wurde. Eine Mitgift für seine eigene Frau! Und das ließ er zu, er, ihr eigener Ehemann!

Wie schmerzlich ist das, wenn man von geliebten, nahe stehenden Menschen im Stich gelassen wird! Das geschieht nicht immer mutwillig; es ist auch nicht immer so, dass der andere versteht und durchblickt, was er Ihnen antut. Aber es gibt Situationen, in denen sich jemand wie Abfall an die Straße gestellt fühlt. Wie sehr kann man von einem anderen beschämt und verletzt werden, und wie schwierig ist es, mit der Tatsache zu leben, dass der andere weiterlebt, als wäre nichts geschehen! Wie sehr können Enttäuschung und Rachegefühle an einem nagen!

In einer solchen Situation ist es wichtig, sich vor Augen zu halten, dass Gott sowohl Sie sieht als auch das Unrecht, das Ihnen angetan wurde. Es ist entscheidend, weiter darauf zu vertrauen, dass er es nicht dabei belassen wird. Das mag vielleicht so aussehen, weil Gott nicht immer so handelt, wie wir das erwarten. Und dennoch!

David sagt in Psalm 138,7-8: »Gehe ich auch mitten durch große Not: Du erhältst mich am Leben. ... Herr, deine Huld währt ewig. Lass nicht ab vom Werk deiner Hände!« David, der Bedrängnis und Verrat kannte, lebte aus der inneren Überzeugung, dass Gott auch in widrigen Situationen seinen Weg mit ihm ging. »Lass nicht ab vom Werk deiner Hände!«, das ist keine Bitte, sondern ein Bekenntnis seines Glaubens. David wusste, dass Gottes Wege mit uns feststehen und dass kein Mensch dazwischenkommen kann. Er wusste, obwohl er vor Saul flüchtete und von anderen Feinden (darunter später selbst seinen eigenen Kindern!) umzingelt war, dass Gott seine Pläne mit ihm verwirklichen würde und dass er deshalb sicher war. Das Einzige, was er zu tun hatte, war, ganz an seinem Gott festzuhalten.

Auch Sarai war sicher. Zwar war ihr Mann der große Abwesende, als sie in Not war, ihr himmlischer Vater aber war nicht untätig. Er schlug den Pharao und sein Haus »wegen Sarai« mit schweren Plagen (1. Mose 12,17). Hier in 1. Mose 12,17 gedenkt der Herr seiner Zusage an Abram aus 1. Mose 12,3: »Wer dich verwünscht, den will ich verfluchen.« Der Pharao von Ägypten (und später der Philister-König Abimelech) nahmen Sarai zur Frau und wurden hierfür bestraft. Mit anderen Worten: Gott lässt nicht zu, dass seine Pläne zunichte gemacht werden. Er hat ebenso wenig zugelassen, dass Sarai die Taten ihres Mannes ausbaden musste. Abram schien mit anderen Dingen beschäftigt, aber der Herr sah Sarais Not und griff ihretwegen ein.

Es ist übrigens nicht unmöglich, dass Ägypten der erste Ort war, wo Sarai eine erste persönliche Erfahrung mit dem Eingreifen Gottes hatte. Damals, bei Abrams Berufung, hatte sie sich mit seinem Bericht über die Stimme Gottes begnügen müssen, die er gehört hatte. Sie war aufgrund der Begegnung Abrams mit Gott mit ihrem Mann aus Ur weggezogen. Und jetzt, ganz ohne ihren Mann, wird sie zur Zeugin der Allmacht Gottes und spürt, dass er sich persönlich um sie sorgt. Sarai war nicht unwichtig für ihn, sie hatte in den Plänen Gottes ihren Platz, es ging um Abram und Sarai. Er befreite sie beide und führte sie wieder auf die rechte Bahn. Und er tat das sehr großzügig. Als sie vom Pharao aus dem Land gewiesen wurden, durften sie alle Geschenke, die sie vom Königshaus empfangen hatten, behalten. Wahrscheinlich war mit diesen Sachen ein wichtiges Fundament für den späteren großen Reichtum Abrahams gelegt.

Sie werden viel miteinander zu bereden gehabt haben, Abram und Sarai. Vielleicht überdeckte die gemeinsame Erleichterung den schlimmen Beigeschmack, den Sarai an das missliche Abenteuer in jedem Fall zurückbehalten haben dürfte. Ihr Vertrauen auf Abram wird beschädigt gewesen sein. Ihr Vertrauen auf Gott hingegen war gewachsen. Letzteres wird bei Abram nicht anders gewesen sein. Vielleicht war das auch der Grund, dass sie überhaupt noch gemeinsam weiterziehen konnten.

Das Ägypten-Abenteuer ging gut aus, hatte allerdings Folgen. Sehr wahrscheinlich kam zu dieser Zeit die Ägypterin

Hagar zur Sippe Abrams als persönliche Magd Sarais. Sie war sozusagen ein »Souvenir« aus dieser Zeit, mitgegeben mit allen anderen königlichen Geschenken. Ihre Anwesenheit in Abrams Haushalt hinterließ unauslöschliche Spuren. Hagar wurde später für Sarai eine Art frühe »Leihmutter«; das war erneut eine Situation, in der Abram und Sarai selbst die Regie führten, und aufs Neue ein Entschluss, der äußerst gravierende Konsequenzen hatte. So kann unser eigenmächtiges Verhalten nicht nur uns selbst so manches einbrocken, sondern auch viel weit reichendere Folgen haben.

Lektionen im Leiden

Es ist eine sehr menschliche Reaktion, Problemen möglichst aus dem Weg zu gehen. Aber Zeiten von Hungersnot, in welcher Form sie sich präsentieren mag, sind nicht grundsätzlich Dinge, die wir versuchen müssen zu vermeiden. Gott kann sie gebrauchen, um uns näher zu ihm zu bringen, um uns Standhaftigkeit zu lehren, wodurch wir fürs Leben stärker werden. Wenn wir schwierigen Situationen automatisch aus dem Weg gehen oder zu entfliehen suchen, versagen wir uns vielleicht selbst Hilfsmittel zur geistlichen Reifung. Außerdem kann unser Vermeidungsverhalten ein lästiges Erbe hinterlassen, das unser Leben unnötig erschwert.

Warum lassen Eltern manchmal ihr Kind hinfallen, auch wenn es sich dabei eine Schramme holt? Warum lassen sich Menschen irgendwo in einer unbekannten Gegend absetzen und beteiligen sich an Überlebensmärschen? Weil sie durch derartige Erfahrungen etwas klüger und stärker werden. Wenn wir durch Probleme hindurchgehen, mit aller Mühe, die dazugehört, entdecken wir Dinge in uns selbst, die sonst vielleicht nur latent oder schlummernd präsent geblieben wären. Schwierigkeiten rufen das, was potentiell in uns vorhanden ist, wach. Wir werden dazu angeregt (oder gezwungen), Quellen anzuzapfen, die überdeckt waren. All diese Dinge tragen zu unserer Reifung bei. Außerdem entdecken wir in Situationen, in denen wir mit mehreren anderen ein Abenteuer erleben, dass wir aufeinander angewiesen sind. Wir lernen Lektionen im Blick auf Zusammenarbeit und Aufbau eines Teams.

Der Adler, der sein Junges im Nest hungern lässt, tut das instinktiv, das Prinzip ist jedoch gleich: Das Leid, das ein leerer Magen verursacht, ist ein wirksames Mittel im Prozess des Flüggewerdens des Adlerjungen. Vom Hunger getrieben wird der junge Vogel in einem bestimmten Moment über den Rand springen müssen und fliegen lernen. Wenn seine Eltern ihn weiterhin gefüttert hätten, wäre er bis ins hohe Alter faul und träge im Nest hocken geblieben und hätte nie die Chance gehabt, seine Flügel zu entwickeln und ein kräftiger Adler zu werden. Er hätte sich nicht entwickelt, hätte nie entdeckt, was es heißt, seine eigenen Flügel auszubreiten, wodurch ihm das volle Leben, so wie es für ihn bestimmt war, versagt geblieben wäre.

Für Christen steckt im Leiden weit mehr als das Entwickeln eigener Kräfte und Möglichkeiten und Lernen, gemeinsam mit anderen Gläubigen etwas zu unternehmen. Leiden lehrt uns eine größere vertrauensvolle Hingabe an Gott. Darin liegt das Geheimnis unserer Entwicklung als Mensch. Erst in der Beziehung mit unserem Schöpfer gelangen wir zu unserer Bestimmung, lernen wir wirklich zu »fliegen« und entdecken das »Leben in Fülle«, das der Herr uns in Johannes 10,10 versprochen hat. Gott ist alles daran gelegen, dass wir so weit kommen, dass wir nicht in unserer Entwicklung stecken bleiben, sondern starke Männer und Frauen Gottes werden. Menschen, die eine Beziehung mit ihm haben.

Paulus bezeugt, dass ihn die Entbehrungen, die er durchgemacht hat, gestärkt haben. Er sagt, dass Bedrängnis einige Dinge bewirkt: Geduld, Bewährung und »Hoffnung, die nicht zugrunde gehen lässt« (Römer 5,3-5). Jakobus geht sogar so weit, dass er Versuchungen als etwas Freudvolles betrachtet. Nicht weil die Erfahrung des Leidens so schön wäre, sondern weil er es in der Perspektive möglicher Früchte sieht. Die Prüfungen, auf die er im Kontext seines Briefes zu sprechen kommt, waren Dinge wie Ablehnung und wirtschaftliche Boykottaktionen, mit denen die Christen in der damaligen Zeit konfrontiert waren. Er rief sie auf, den Blick über ihre momentane negative Situation hinaus zu richten und darauf zu achten, was dieses Leiden in ihnen bewirken könnte. Zum Beispiel: »Ihr wisst, dass die Prüfung eures Glaubens Ausdauer bewirkt« (Jakobus 1,3).

Ausdauer ist etwas, was jeder Christ auf seinem Lebensweg dringend braucht. Davon ist im 12. Kapitel des Hebräerbriefes die Rede. Wollen wir den Wettkampf bis zum Ende durchhalten und das Ziel erreichen, so brauchen wir Ausdauer und müssen darauf achten, dass wir nicht durch Müdigkeit der Seele erschlaffen.

Bewährung bedeutet, dass man eine bestimmte Prüfung bestanden hat. Abraham hat später in seinem Leben seinen Glauben und sein Vertrauen unter Beweis gestellt. Der Prüfer war Gott: In 1. Mose 22,1 ist wörtlich zu lesen, dass »Gott Abraham auf die Probe stellte«. Tatsächlich ist er der erste Mensch in der Bibel, der eingehend von Gott auf die Probe gestellt wurde. Und was geschieht daraufhin? Derselbe Mann, der Jahre zuvor einer Hungersnot entfloh und sich einer Lüge bediente, um sein Leben nicht zu gefährden, besteht in Morija eine viel schwerere Prüfung. Im Auftrag Gottes ist er bereit, seinen geliebten Sohn Isaak zu opfern. Diesmal versucht er nicht zu fliehen, sondern nimmt die Herausforderung an und begibt sich in die Prüfung. Schweren Herzens, davon bin ich überzeugt, denn er ist der Vater des Jungen, der sterben soll. Aber auch mit einem Herzen, in dem in der Zwischenzeit stark gewordener Glaube und Vertrauen wurzeln, die ihm Ruhe und Frieden geben: Gott wird für die Rettung sorgen. Und das tut er.

Der kanadische Theologe Peter Davids schreibt im IVP New Bible Commentary[4]: »Ausdauer hat eine Auswirkung, sie bewirkt etwas. Man kann es mit einem stählernen Schwert vergleichen, das ins Feuer gehalten wird, bis es ganz erhitzt ist bzw. die gewünschte Struktur erreicht hat, wodurch das Metall die richtige Härte und Spannkraft erhält. In Jakobus 1,3-4 ist das ... Feuer die Versuchung. Das ›Erhitzen‹ bewirkt, dass der Gläubige ›vollendet und untadelig‹ wird und ihm nichts mehr fehlen wird.«

Bei all diesen Dingen geht es darum, dass wir zu Männern und Frauen Gottes heranwachsen. Das Feuer des Leidens hat zur Folge, dass die falschen und scharfen Ecken abgehen. Wir werden geläutert bzw. uns wird unsere Rechthaberei und Eigensinnigkeit genommen und wir werden schrittweise das Wesen Gottes widerspiegeln. Das geht nicht ohne Schläge und Blessuren, es ist keineswegs bequem. In der Beziehung ist Jakobus auch realistisch und ermutigt uns, Gott um seine Weisheit in diesen Dingen zu bitten. Die einzige Bedingung, die er an dieses Gebet knüpft, besteht darin, dass wir das aus Glauben und ungeteilter Liebe zu Gott tun (vgl. Jakobus 1,5-8).

»Hungersnöte« in unserem Leben

Eine Hungersnot kann man als Nahrungsmangel definieren. Aber das ist nicht die einzige Hungersnot, die Menschen erfahren; es gibt mehr Mängel, die an unseren Kräften zehren. Ich denke an mangelnde Liebe oder Bestätigung, mangelnde Freundschaft oder Gesundheit oder einen Mangel an Geld oder ...

Eine der schlimmsten menschlichen »Hungersnöte« ist zweifellos ein Mangel an Liebe oder die Untreue von Menschen, die uns lieb sind. Es enttäuscht so tief, betrogen oder beschämt zu werden von einem Menschen, dem man Vertrauen geschenkt hat. Gedemütigt oder übersehen zu werden. Ein Mensch kann in einer solchen Notsituation buchstäblich nach Liebe, nach einem freundlichen Wort lechzen. Auch länger dauernde Probleme mit einem Kind, eine Zeit der Arbeitslosigkeit, eine schleichende Krankheit, Unverständnis seitens der Umgebung im Blick auf Dinge, die einem wehtun, Einsamkeit oder Mangel an Wertschätzung können uns unserer Kraft und Freude berauben und für uns zu einer Wüstenerfahrung werden, einem erschöpfenden Weg durch eine dürre Ebene ohne Wasser, ohne Nahrung, zu einer aussichtslosen Situation.

Was bedeutet es, dass Gott in jeder Situation Rat weiß, die nötige Kraft gibt und für das sorgt, was wir brauchen? Nun, es gibt Grenzen, was ein Mensch bewältigen kann, das ist klar;

aber diese Grenzen sollten nicht wir nach unserem eigenen Empfinden (oder dem von wohlwollenden Nahestehenden) ziehen. Gott selbst soll sie ziehen. Bitten Sie ihn um Rat und seien Sie bereit, in einer Zeit der Hungersnot durchzuhalten. Haben Sie den Mut, dies aufgrund der sicheren Erwartung zu tun, dass Gott die Macht hat, Ihnen die nötige Kraft zu geben, und dass er »unendlich viel mehr tun kann, als wir erbitten oder uns ausdenken können« (Epheser 3,20).

Bisweilen haben wir das Gefühl, dass uns Dinge abverlangt werden, die einfach unsere Kräfte übersteigen. Manchmal sind wir am Ende unserer Kräfte und haben Angst, dass wir es nicht mehr schaffen. Als die Jünger mit ihrem Boot in einen schweren Sturm gerieten, waren sie gefangen in Angst und Erschöpfung. Sie konnten nicht weiter sehen als bis zu den turmhohen Wellen, die über sie hinwegzugehen drohten. Ihnen fehlte es an menschlicher Kraft, an Mut und Perspektive. Sie fühlten sich vollkommen allein: Jesus war nicht da. Und deshalb schrien sie. Vielleicht überrascht es uns, dass sie so reagierten, denn sie hatten gerade Gottes Fürsorge in Fülle erlebt (bei der wunderbaren Brotvermehrung)! Trotzdem wurde es ihnen auf diesem ungestümen See zu viel.

Sehr schön ist, wie Jesus ihnen *in* dieser Situation entgegenkam und Petrus aufforderte, sich auf die aufgepeitschten Wellen zu stellen und auf ihn zuzugehen. Er wollte ihnen beibringen, auf ihn zu schauen und nicht auf die Wellen, und er reichte Petrus die Hand *im* Sturm. Danach stieg er zu seinen Jüngern ins Boot, und der Wind legte sich.

Zwei Äußerungen in dieser Geschichte aus Matthäus 14,24-31 fallen auf: »Habt Vertrauen!« und »Fürchtet euch nicht!« Es sind unendlich zärtliche und starke Worte, die niemand Geringeres als der Sohn Gottes (»Ich bin es«) ausspricht. Und es bleibt nicht nur bei den Worten: Er reicht uns die Hand und geht mit uns durch Sturm und Hunger.

Wir haben einen Gott, der uns hört und sieht, auch wenn wir uns manchmal verzweifelt oder hadernd fragen, wo er ist. Wir werden an seine Treue erinnert durch einen scheinbar nebensächlichen kleinen Satz in einer großen, dramatischen

Geschichte. So lesen wir ein paar Mal in der Josefsgeschichte: »Der Herr war mit Josef« (zum Beispiel 1. Mose 39,2). Man hätte die Gegenwart Gottes nicht unmittelbar aus den Umständen erkennen können, aber er war da; und ich denke, das war der einzige Grund, weshalb Josef 13 Jahre der Not nicht nur überlebte, sondern dadurch gestärkt und bereichert wurde. In der Geschichte von Lea, die einen einsamen Weg in einer lieblosen Ehe ging, findet sich auch ein kleiner Satz: »Als der Herr sah, dass Lea zurückgesetzt wurde ...« (oder sogar: »dass Lea gehasst wurde«, 1. Mose 29,31). Lea ist für mich ein ganz starkes Beispiel von jemandem, der in einer dürren Zeit durchhält und darin von Gott gesegnet wird. Vielleicht wäre sie heute fortgegangen, weil Ehescheidung in unserer Kultur »normaler« ist als in ihrer Zeit, aber auch weil sie als allein stehende Frau im 21. Jahrhundert besser zurechtkäme als damals. Hätte ich bei ihr am Küchentisch gesessen und mir ihre Geschichte angehört, so hätte ich Verständnis dafür aufgebracht, wenn sie eine Scheidung in Erwägung gezogen hätte. Es war immerhin die Rede von einer enormen emotionalen Verwahrlosung in ihrer Ehe. Tatsache ist, dass Lea blieb. Auch wenn das nicht ausdrücklich in 1. Mose steht, denke ich doch: Ihre Kraft lag darin, dass sie erkannte – Gott ist da und er genügt.[5]

Das Gleiche gilt für Hagar, Sarais Magd. Wir werden in einem späteren Kapitel sehen, wie sie sich in der Wüste verirrte und dort vom Herrn gesehen und aufgesucht wurde. In einer Konfliktsituation mit Sarai hatte sie ihren Gefühlen nachgegeben und war davongelaufen. Sie wird sich zutiefst verloren und verlassen gefühlt haben. Der Herr aber kam ihr entgegen und ließ sie wissen, dass er »auf dich gehört hat in deinem Leid« (1. Mose 16,11). Wohlgemerkt: Er hat *in* ihr Leid hineingehört. Das bedeutet mehr als: »Er hat ihr Leid gehört.«

Wenn unser Gott uns sieht und hört, dann lässt ihn das nicht unberührt. Er ist ein Gott des Erbarmens, ja noch mehr: ein Gott, der durch Erbarmen bewegt wird. Das Wahrnehmen unserer Not, das Hören unserer Stimme bewegt ihn. Unsere Gebete bewirken etwas. Vielleicht hören oder spüren wir es nicht, aber das heißt nicht, dass der Himmel sich nicht rührt oder dass Gott abwesend ist. »Kein Spatz fällt zur Erde ohne den Willen des Vaters« (Matthäus 10,29), das heißt: Nichts geschieht, ohne dass er es sieht. Auch wenn wir uns vollkommen allein und verlassen fühlen – er ist da, gegenwärtig. Von ihm wird gesagt, dass er die ganze Erde im Auge behält, »dass er stärke, die mit ganzem Herzen bei ihm sind« (2. Chronik 16,9).

Immer wieder neu und sicherlich in einer geistlich dürren Zeit müssen wir lernen, weiter zu sehen als auf das, was wir vor Augen haben. Glauben und Vertrauen bedeutet, festzuhalten an dem, was wir wissen, auch wenn es nicht sichtbar ist. Wir müssen lernen, dass unser Empfinden nicht ausschlaggebend ist. Denn auch wenn wir uns verlassen fühlen – wir sind es nicht.

Ein Säugling, der gleich zu schreien anfängt, wenn seine Mutter den Raum verlässt, hat noch nicht gelernt, dass sie da ist, auch wenn die Tür sie für eine Weile seinen Blicken entzieht. Vielleicht ist sie gerade in die Küche gegangen oder holt etwas aus dem Flur. Vielleicht kocht sie gerade einen Brei. Das Kind muss lernen, gleichsam durch die Tür zu schauen. In derselben Weise müssen wir »Augen« entwickeln für (und Vertrauen auf) Gottes Gegenwart, auch wenn wir ihn nicht sehen (oder spüren) können. Die Herausforderung liegt darin, auch dann unsere Augen auf Jesus gerichtet zu halten, wenn wir nach unserem Empfinden allein im Raum sind bzw. allein in einer Hungersnot oder allein auf der Welt. Wir sind eingeladen, Schritte des Glaubens zu tun und uns ohne Furcht aus diesem »Zimmer« in andere Räume zu begeben, es zu wagen, nach draußen zu gehen, sogar dorthin, wo wir die Wege nicht kennen. Uns ist verheißen, dass Gott uns nicht fallen lassen und verlassen wird. Ja mehr noch: Er wird uns beistehen und führen, selbst in finsterem Tal (vgl. Psalm 23,4).

Du führst uns hinaus in die Freiheit ...

Psalm 66 blickt zurück auf einen Moment extremer Prüfung des Volkes Israel: seine Flucht aus Ägypten und den Marsch durch das Rote Meer. Menschlich gesprochen waren sie mit knapper

Not entkommen. Mit dem ägyptischen Heer hinter ihnen und dem Roten Meer vor ihnen schien die Chance, dem Feind zu entkommen, gleich null. Es war eine verzweifelte Situation, ein Moment akuter Not und tiefer Erschöpfung, so dass sie kaum die Kraft aufbringen konnten, weiterzumarschieren. Aber selbst vor diesem Hintergrund ist der Psalm ein Danklied und Zeugnis der Allmacht, Stärke und Treue Gottes. Seine Allmacht, Stärke und Treue wurden sichtbar und greifbar in der Not, im Leiden!

Gott lässt vieles zu, manchmal zu viel nach unserer Vorstellung; aber er wird nicht zulassen, dass wir etwas tun müssen, was über unsere Kräfte geht. Er ist selbst dabei und wird uns kräftig beistehen. Der Psalmist ruft uns auf, uns dessen bewusst zu werden. In Vers 5 sagt er mit Nachdruck: »Kommt und seht die Taten Gottes!« Danach erläutert er seine Sicht der Ereignisse. Vers 12: »... Wir gingen durch Feuer und Wasser. Doch du hast uns in die Freiheit hinausgeführt!« Rückblickend erkennt er Gottes Stärke und Güte in dem, was zweifellos ein tiefes Leid war. Er erkennt darüber hinaus, dass das Leiden nicht sinnlos war und etwas bewirkt hat: »Du hast, o Gott, uns geprüft und uns geläutert, wie man Silber läutert« (Vers 10).

Wenn Probleme und Leid bewirken, dass wir in unserem Glauben und Vertrauen wachsen und stärkere Männer und Frauen Gottes werden, dann »lohnen« sie sich. Das erkennt der Psalmist und er ruft die Völker auf zum Zeugnis. Sie sollen Gott preisen für seinen Schutz, die Läuterung, tiefe Not und letztendliche Rettung der Seinen (Verse 8-12).

In all diesen Dingen hat unser Gebet einen wichtigen Platz. Gottes vorausschauendes Handeln an den Seinen entspringt seinem eigenen Willen und seinen Taten (achten Sie auf das viermalige »Du« in den Versen 10-12), aber der Segen ist nicht losgelöst vom Gebet (Verse 17, 19 und 20) und unserer Heiligkeit bzw. einem reinen Herzen (vgl. Vers 18). Zu beachten ist auch Vers 20: »Gepriesen sei Gott; denn er hat mein Gebet nicht verworfen und mir seine Huld nicht entzogen.«

Der ganze Psalm 66 atmet Gottes Güte. Er hat das Gute mit uns im Sinn, unser Leben und nicht unseren Tod. Er möchte nicht, dass wir wanken oder untergehen (vgl. Vers 9), sondern dass wir stark werden. Dafür sind Prüfungen und Läuterung nötig. Bei den Prüfungen geht es um Wachstum, Beständigkeit und Reinheit. Die Mittel, die Gott dabei verwendet, sind schwierige und schmerzliche Erfahrungen. Das Leben kann uns übel mitspielen oder in schwere Bedrängnis bringen (Vers 11); Menschen können uns verletzen oder grausam behandeln (Vers 12); Situationen können uns bedrohen (Vers 12), doch wer sein Leben in Gottes Hände gelegt hat, ist sicher und ... reift. »Darum werden wir nicht müde«, sagt Paulus in 2. Korinther 4,16, »... wenn auch unser äußerer Mensch aufgerieben wird, der innere wird Tag für Tag erneuert«.

Vertrauen schenkt Mut

Bislang haben wir vor allem über unsere Bereitschaft nachgedacht, durch Leiden zu gehen, im Vertrauen, dass Gott uns trägt und unser Reifen im Sinn hat. Durchzuhalten, statt uns zu wehren oder zu fliehen. Manchmal aber *entscheiden* sich Menschen wegen eines größeren Ziels bewusst für ein bestimmtes Leiden. Ich denke an etwas, was sich vor einigen Jahren in Bulgarien zutrug. Nach dem Fall des Kommunismus 1989 verschlechterte sich die Situation im Land anfangs eher noch. Die Armut war groß und in den ersten Jahren ging es eigentlich nur ums Überleben. In jener Zeit zogen Tausende vom Land in die Stadt, in der Hoffnung, dort Arbeit und Nahrung zu finden. Es gab auch jene, die die Chance der offenen Grenzen nutzten, um der Not im eigenen Land zu entfliehen. In den letzten Jahren sind über 700.000 Bulgaren endgültig fortgezogen, etwa 300.000 arbeiten (legal oder illegal) im Ausland und kommen hin und wieder zurück. Das bedeutet konkret, dass eine Million Menschen fortgezogen ist.

Andere jedoch haben sich ganz bewusst dafür entschieden zu bleiben. Sie bleiben nicht, weil sie keine anderen Möglichkeiten hätten, und auch nicht, weil sie mit einer gewissen Art von Gelassenheit denken: »Es ist nun mal so. Ich muss schauen, dass ich überlebe.« Nein, diese Menschen trafen die bewusste

Entscheidung, nicht fortzugehen, vielmehr trotz Not und Hunger am Wiederaufbau ihres Landes mitzuarbeiten. Es gab sogar Bulgaren, die ins Ausland gegangen waren, aber beschlossen zurückzukehren. Eine von ihnen war eine junge bulgarische Christin, die sich zum Studium in Kanada aufhielt. Sie sagte: »Die Menschen sind schwer enttäuscht und haben ihre Hoffnung verloren. Da wir uns jetzt nach dem Kommunismus wieder in einer schwierigen Situation befinden, braucht es Menschen, die sehen und hören lassen, dass es einen Gott gibt, der befreit und Leben schenkt.« Diese Frau ist eine von vielen Christen, die sich für den Einsatz zur Bekämpfung der Not im eigenen Land entschied. Sie – und mit ihr viele andere Christen – geht davon aus, dass Gott für sie selbst genügt und dass er sie in einer schwierigen Situation zu einem Segen für andere werden lassen kann. Und das tut er! Ich bin mehrere Male in ehemaligen Ostblockländern gewesen und habe gesehen, wie die Christen dort Gottes Licht verbreiten; sie sind wie helle Lichter in einer Welt, wo noch immer viel gelitten wird.

Das Leben ist vielschichtig und Entscheidungen wirken sich nicht immer eindeutig aus. Unverändert wahr bleibt aber, dass Gott uns selbst in der Wüste (Not) sättigen und zum Aufblühen bringen kann. Im Buch Jesaja 58,11 heißt es: »Der Herr wird dich immer führen, auch im dürren Land macht er dich satt und stärkt deine Glieder. Du gleichst einem bewässerten Garten, einer Quelle, deren Wasser niemals versiegt.«

Die Lektion der Geschichte

Wer an Gottes Allmacht und persönlicher Sorge für seine Kinder zweifelt, wer nicht auf seine Wunder vertraut, der sollte zurückblicken und anhand der Geschichte entdecken, wer und wie Gott ist. Die Jahrhunderte hindurch hat Gott gerettet, geführt, beschützt und gegeben. Er hat gesegnet.

Der Psalmdichter Asaf hat Psalm 78 aufgezeichnet, um die Kinder Gottes daran zu erinnern. Er nimmt uns zuerst mit nach Ägypten, einen Ort der Unterdrückung und Sklaverei, aus dem der Herr sein Volk auf eine wunderbare Weise rettete und von wo er es durchs Rote Meer führte. Daraufhin nimmt er uns mit in die Wüste, wo wir sehen, wie Gott für seine Kinder sorgte. Und schließlich lesen wir, wie sie in das Gelobte Land einzogen und eine eigene Heimat bekamen. Immer wieder ist davon die Rede, dass Gott seine Kinder wie ein liebevoller Vater führt und beschützt. Vers 14: »Er leitete sie ...«; Vers 15: »Er gab ... reichlich zu trinken«; Verse 52-53: »Dann führte er sein Volk hinaus wie Schafe, leitcte sie wie eine Herde durch die Wüste. Er führte sie sicher, sie mussten nichts fürchten ...«

Zweimal wird in diesem Psalm ausgesprochen, dass Israel Gott vergaß. Asaf berichtet zuerst, dass das Volk (Efraims Söhne, Vers 9) in der Schlacht eine Niederlage erlitt, weil sie *die Taten und Wunder des Herrn vergaßen* (Vers 11), und nachher, dass sie *nicht mehr an seine mächtige Hand dachten* (Vers 42). Zum Ersteren verweist der Psalmist auf den Untergang des Hauses Saul, zu dem der Stamm Ephraim gehörte. Die Leute von Ephraim wurden besiegt, weil sie nicht mehr mit der Macht Gottes rechneten, sondern auf ihre eigenen Kräfte setzten (sie waren vortreffliche Bogenschützen). Beim Zweiten verweist er auf die misstrauische, rebellierende Haltung der Israeliten in der Wüste. Hätten sie sich Gottes Macht vergegenwärtigt, wären sie gehorsam geblieben, statt zu murren und zu klagen. Jetzt bereiteten sie ihm noch größeren Schmerz, stellten ihn auf die Probe und kränkten ihn (Verse 40-41).

Wir kennen das alle – den Druck von außen (Feinde, die uns umringen) und den Druck von innen (unser Unglaube und Misstrauen, unsere Neigung zu klagen, unsere Auflehnung). Der Druck von innen wird in diesem Psalm besonders ausgesprochen. Gottes Volk hat unter seiner eigenen Sünde und Rebellion gelitten und auch unter der Tatsache, dass sie aus diesem oder jenem Grund nicht davon ablassen konnten, Gott in Frage zu stellen. Denn das war der Hintergrund ihrer Einstellung! Die Fragen waren: Bist du treu? Bist du wohl in der Lage, für uns zu sorgen? Kannst du in der Wüste unseres Lebens Wasser und Brot »liefern«?

Die Israeliten gingen noch einen Schritt weiter. Sie baten nicht aus einer gläubigen Haltung um die Nahrung, die sie brauchten. Ihre Forderungen waren voll unverschämter Gier, sie schrien nach diesen Dingen aus einer Haltung des Unglaubens. Es ging ihnen schon längst nicht mehr um Gott, sie waren mit sich selbst beschäftigt. Durch ihren Ungehorsam (Vers 57 – sie fielen treulos von Gott ab) machten sie Gottes Heiligkeit praktisch zum Gespött, sie reizten ihn durch ihre Haltung und durch Götzenbilder. Dadurch zogen sie sich Gottes Zorn und Urteil zu.

In der Mitte dieses Psalms steht Folgendes: »Sie dachten daran, dass Gott ihr Fels ist, Gott, der Höchste, ihr Erlöser« (Vers 35). Ein Fels ist das Sinnbild für Standfestigkeit. Im Zusammenhang der Ereignisse in der Wüste aber ist er auch ein Symbol für Heil und Leben. Denken wir nur an Mose, der im Auftrag Gottes am Berg Horeb Wasser aus dem Felsen schlug, so dass das Volk seinen Durst löschen konnte.

Auch in unseren persönlichen Wüsten (oder Nöten) kann und wird Gott für uns sorgen, wenn wir auf ihn vertrauen. Lauthals geschrienen Forderungen und geballten Fäusten, die einem ungläubigen Herzen entspringen, schenkt er kein Gehör. In Jesaja 30,15 heißt es: »Nur in Umkehr (wörtlich: ein Rückkehren nach Gott) und Ruhe liegt eure Rettung, nur Stille und Vertrauen verleihen euch Kraft.« Und in Klagelieder 3,25-26: »Gut ist der Herr zu dem, der auf ihn hofft, zur Seele, die ihn sucht. Gut ist es, schweigend zu harren auf die Hilfe des Herrn.«

Ein Neuanfang

Wir kehren zurück zu Abram und Sarai. In 1. Mose 13,1 sehen wir, dass sie nach ihrem Ägypten-Abenteuer ihre ursprüngliche Reise fortsetzten: »Von Ägypten zog Abram in den Negeb hinauf, er und seine Frau mit allem, was ihm gehörte, und mit ihm auch Lot.« Abram durfte wieder einen Neuanfang machen; er durfte das, was passiert war, hinter sich lassen. Das heißt:

Gott rechnet uns unsere Fehler nicht an! In Psalm 103,12-14 lesen wir: »So weit der Aufgang entfernt ist vom Untergang, so weit entfernt er die Schuld von uns. Wie ein Vater sich seiner Kinder erbarmt, so erbarmt sich der Herr über alle, die ihn fürchten. Denn er weiß, was wir für Gebilde sind.« Abram und Sarai hatten – das ist sicher – eine Lektion gelernt. Aber sie waren noch längst nicht am Ziel, was sich in der Fortsetzung der Geschichte zeigt.

4. Unsere eigene Planung

Im vorhergehenden Kapitel haben wir uns mit den Abenteuern Abrams und Sarais in Ägypten befasst. Sie wurden dort durch Gottes Eingreifen aus einer brenzligen Situation befreit und vom Pharao aus dem Land gewiesen. Nun folgen sie nicht nur erneut den Spuren, die ins Gelobte Land führen sollen, sondern sind hoffentlich inzwischen auch ein bisschen weiser als vorher. Doch wird auch die weitere Reise nicht ohne weiteres reibungslos verlaufen. Das hängt unter anderem mit ihrer eigenen Planung zusammen, in der persönliche Ambitionen und Wünsche eine Rolle spielen. Solche Zielvorstellungen stecken nicht nur in ihrem, sondern auch in unserem Gepäck. Manchmal kollidieren eigene Wünsche und Ziele mit dem, was der Herr will. Das bringt Schwierigkeiten und Zeitverlust. In diesem Kapitel schauen wir auf die beiden Ereignisse, die im Zusammenhang mit der persönlichen Planung stehen: die Verteilung von Land zwischen Abram und Lot und die Art, wie Abram und Sarai mit ihrer ungewollten Kinderlosigkeit umgehen.

Lot
(1. Mose 13,1-13)

Nach der Ägypten-Episode nehmen Abram und Sarai ihr Nomadenleben wieder auf. Sie ziehen mit Lot nach Bet-El, »bis zu dem Ort, an dem anfangs sein Zelt gestanden hatte«, und suchen den Altar auf, den Abram dort früher errichtet hatte. Da ruft Abram den Namen des Herrn an (Verse 3-4). Es erscheint wie ein Neubeginn; Ägypten liegt hinter ihnen und das Gelobte Land vor ihnen. Mit frischem Mut und Hingabe sucht Abram das Angesicht seines Gottes. Doch muss noch etwas geschehen, wenn er frei und unbelastet weiterziehen können will. Dies – seine Loslösung von Lot – steht nun bevor.

Sowohl Abram als auch Lot haben gut gewirtschaftet, und zudem ist in Ägypten dies und jenes Gut hinzugekommen. Als Spannungen und Uneinigkeit unter den Hirten aufkommen, weil das Land nicht genügend Platz für zwei Herden bietet, trifft Abram eine rigorose Entscheidung: Die Betriebe müssen aufgeteilt werden. Er macht seinem Neffen ein wirklich nobles Angebot: Lot darf sich aussuchen, wo er sich niederlassen will. Auffallend sind Abrams ausgesprochen weise Worte, mit denen er beginnt: »Zwischen mir und dir, zwischen meinen und deinen Hirten soll es keinen Streit geben; wir sind doch Brüder.« Besitz ist Abram keine Familienfehde wert, dafür liegt ihm zu sehr an der brüderlichen Verbundenheit. In seiner Planung hat die persönliche Beziehung zu seinem Neffen Vorrang vor noch größerem Reichtum und geschäftlichen Erfolgen.

In Gedanken sehe ich Abram da stehen, einen Arm um die Schultern seines Neffen gelegt, dem er das Beste gönnt: »Liegt nicht das ganze Land vor dir? Trenn dich also von mir! Wenn du nach links willst, gehe ich nach rechts; wenn du nach rechts willst, gehe ich nach links« (Vers 9).

Das lässt sich Lot nicht zweimal sagen. Er zeigt eine gewisse Geschäftstüchtigkeit, wobei er gründlich nachdenkt und genau kalkuliert, wo sein Betrieb die besten Chancen hat zu wachsen. Die Jordan-Gegend bietet ihm die besten Aussichten, das Gebiet sieht wunderschön aus, ist reich an Wasser und »wie der Garten des Herrn, wie das Land Ägypten« (Vers 10). Die Wahl ist schnell getroffen.

Abrams Neffe hätte perfekt in unsere Zeit gepasst. Persönlicher Erfolg und Reichtum nehmen in seiner Planung eine wichtige Stelle ein. Er hat seine Augen überall, macht im Kopf ein paar schnelle Berechnungen und sucht das Beste für sich selbst aus. Er scheint einfach davon auszugehen, dass eine erste Wahl sein gutes Recht ist. Es fällt ihm nicht ein, seinem Onkel den Vorrang zu geben, worauf dieser als Älterer Recht gehabt hätte, oder ihn zu fragen, wie er dies und jenes sieht. Lot trifft seine Entscheidung, bricht auf und zieht in den Osten, wo er seine Zelte bei Sodom aufschlägt. Es ist eine sehr fruchtbare, aber auch gottlose Gegend: »Die Leute von Sodom

waren sehr böse und sündigten schwer gegen den Herrn«
(1. Mose 13,13).

Lot war gläubig, aber er traf mit seiner Umsiedlung in die
Jordan-Gegend eine Entscheidung, die seinen Glauben eher
schwächte als stärkte. Tatsache ist, dass er sich selbst in Gefahr
brachte durch seine Habsucht und vor allem durch seinen späteren Entschluss, ein gemauertes Haus in der Stadt zu beziehen.
Anfangs lebte er in seinem Zeltlager noch einigermaßen abgesondert von der Stadt, aber durch den folgenden Schritt war er
gleichsam von der Peripherie mitten in der Welt gelandet.

Das führte Lot in eine gewisse Isolierung und demnach in
eine heikle Situation; er und seine Familie waren die einzigen
Gläubigen in Sodom. Wie lange kann man in einer solch sündigen Umgebung allein standhalten? Man muss sich schon ziemlich sicher sein, dass Gott einen zu einem solchen Schritt ruft,
bevor man ihn setzt! Denn ein Leben ohne Mitgläubige ist keine
leichte Sache. Wir sind dafür bestimmt, miteinander in Gemeinschaft zu leben, einander zu unterstützen, zu ermutigen, zu korrigieren und im Glauben zu stärken. Nicht in einem frommen,
sicheren Gemeindeklüngel, wohl aber durch regelmäßige Kon-
takte untereinander. Diese wesentlichen Dinge gab Lot durch
seinen Schritt auf.

In den folgenden Jahren musste Lot tatsächlich sozusagen alle
Segel hissen, um nicht der Dekadenz in seiner Umgebung zu erlie-
gen. Die Menschen um ihn herum hatten keine Zeit und kein
Interesse an Gott; sie waren vom Leben beansprucht und sehr
beschäftigt mit Essen, Trinken, Kaufen, Verkaufen, Pflanzen und
Bauen (siehe Lukas 17,28). Petrus schreibt später, dass Lot unter
dem zügellosen Lebenswandel seiner Mitbürger in der Stadt stark
zu leiden hatte. Es wurde ihm Tag für Tag zur Qual, das »gesetz-
widrige Tun« seiner Umgebung anzuschauen (2. Petrus 2,7-8).
Dass Lot dort nicht umgekommen ist, das ist Gnade.

Abram schlug nach der Verteilung des Landes seine Zelte bei
Mamre auf. Er begnügte sich mit der zweiten Wahl, was die
Gegend betraf, in der er lebte. Damit zeigte er nicht nur, dass
wahre Gottesfurcht mit Zufriedenheit gepaart ist (1. Timotheus
6,6), sondern ließ auch die Gesinnung Christi sichtbar werden,

der keine Selbstsucht oder eitlen Ehrgeiz kannte, sondern in Demut den anderen höher einschätzte als sich selbst und nicht nur auf seine eigenen Belange achtete, sondern auch auf die der anderen (vgl. Philipper 2,3-4). Abram hatte seinem Neffen den Vortritt gelassen und gewann durch seine Demut, denn das Gebiet, in das er zog, war sehr fruchtbar für seine Beziehung mit dem Herrn. Dort sprach Gott aufs Neue zu ihm (1. Mose 13,14); er bekräftigte seine dem Abram früher gegebenen Versprechen und zeigte ihm das Land, das er ihm geben wollte.

Lot war aufgrund nüchterner Überlegungen umgesiedelt. Er war seiner eigenen Planung gefolgt, in der Karriere und persönlicher Wohlstand eine wichtige Rolle spielten. Es ging ihm bereits gut, aber es konnte nach seiner Meinung noch besser gehen. Sein Reichtum führte nicht zur Zufriedenheit, sondern zu einer Sucht nach mehr. Lot war ein Gerechter, das wohl, aber dies war keine starke Entscheidung. Zweimal musste er aus einer misslichen Lage befreit werden. Beim ersten Mal wurde er von seinem Onkel aus den Händen von Feinden gerettet, die Sodom und Gomorra eingenommen und ihn und andere als Gefangene verschleppt hatten (1. Mose 14,11-16). Beim zweiten Mal mussten zwei Engel eingreifen, um ihm zu helfen, dem Gericht Gottes über die Stadt zu entfliehen (1. Mose 19). Bei dem zweiten Vorfall sehen wir Lots Schwäche und Neigung zu Kompromissen. Gottes Engel drängten, Lot und seine Familie sollten Sodom auf der Stelle verlassen, weil der Herr beabsichtigte, diese Stadt zu vernichten. Selbst Auge in Auge mit diesen himmlischen Botschaftern und ihrer überdeutlichen Nachricht zögerten Lot und seine Frau noch. Sie wollten auf Gott hören, aber zugleich hingen sie am Leben in Sodom. Die Engel mussten diese Familie an die Hand nehmen und sie buchstäblich aus der Stadt hinausziehen.

Sehr bewegend ist, dass die beiden künftigen Schwiegersöhne zurückblieben. Sie nahmen ihren Schwiegervater nicht ernst, machten sich ein wenig lustig über dessen Worte über Gottes Urteil und ... fanden den Tod. Auch Lots Frau fand den Tod, weil sie, gegen die ausdrückliche Weisung der Engel, zurückblickte und dadurch eine Wankelmütigkeit zu erkennen gab, ein Festhalten an dem, was sie zurücklassen musste. Fiel es ihr schwer, ihr schönes Haus zurückzulassen, dachte sie an die Gemälde an den Wänden, an ihren Schmuck in dem kleinen Fach im Schlafzimmer? Es ist unsagbar tragisch, dass sie starb, während Gott ihr das Leben anbot. Es war ihr Untergang, dass sie nicht auf ihn schaute, sondern an ihrem alten Leben hängen blieb.

Lot *nahm sich* das Land, das ihm am besten schien. Abram *empfing* seinen Wohnort aus der Hand Gottes. Als er seine Zelte bei den Eichen von Mamre in Hebron aufgeschlagen hatte, baute er als Erstes dem Herrn einen Altar (siehe 1. Mose 13,1-18). Von Lot lesen wir nichts dergleichen; über ihn wird nur gesagt, dass er seine Zelte bei Sodom aufschlug. Hatte er in all der Hektik der Umsiedlung und der Arbeit, die auf ihn zukam, vergessen, wem die Ehre gebührt? Und wurde er später durch das umtriebige pralle Leben in der großen Stadt dermaßen in Beschlag genommen, dass er vielleicht keine (oder wenig) Zeit für Gott hatte? Es kann so leicht passieren; man wird von seiner Arbeit und den Sorgen des Alltags absorbiert, und Gott wird an den Rand gedrängt. Gott sei Dank hatte Lot in seinem Onkel einen treuen Fürsprecher. In 1. Mose 19,29 wird unumwunden gesagt, dass Lot sein Leben vor allem der Fürsprache Abrams zu verdanken hatte. »Gott dachte an Abram«, steht da, »und ließ Lot mitten aus der Zerstörung fortgeleiten, während er die Städte, in denen Lot gewohnt hatte, von Grund auf zerstörte.«

Abram und Sarai
(1. Mose 15-16,6)

Wie sieht Abrams persönliche Planung aus? Er hat das Nötige losgelassen – Ur, Haran und Ägypten, und auch das Umherziehen mit Lot in seiner Nähe gehört der Vergangenheit an; er wohnt mit Sarai bei Hebron. Doch obwohl er dem Herrn von Herzen folgen möchte, ist auch er nicht frei von eigenen Wünschen und Ambitionen. In 1. Mose 11,30 erfahren wir, dass Sarai unfruchtbar ist. »Sie hatte keine Kinder« hört sich nach einer nüchternen Feststellung an, aber das sind Worte, hinter denen sich eine Welt des Schmerzes verbirgt. In der Zeit, als Abram und Sarai lebten, waren Unfruchtbarkeit und Kinderlosigkeit ein Fluch. Ein Mann ohne Nachkommen und Erben war ein Versager, und eine Frau, die keine Kinder gebären konnte, war in den Augen ihrer Umgebung minderwertig.

Vom Schmerz über die Kinderlosigkeit von Abram und Sarai erfahren wir zuerst in 1. Mose 15,1, wo der Herr sich Abram mit einer wunderschönen Verheißung offenbart: »Ich bin dein Schild; dein Lohn wird sehr groß sein.« Mit anderen Worten: »Abram, ich bin derjenige, der dich beschützt. Ich will dich segnen; dein Lohn (das, was ich dir geben will) wird sehr groß sein.« Das ist ein großer Moment, den jeder wohl einmal erleben möchte. Und wie reagiert Abram? Fällt er in Anbetung auf die Knie und sagt etwa Folgendes: »Amen, Herr! Mein Schild und meine Zuversicht bist du, o Gott, mein Herr«?

Es geschieht etwas ganz anderes. Gott hat kaum gesprochen, da bricht in Abram los, was ihn zutiefst bekümmert: »Herr, mein Herr, was willst du mir schon geben? Ich gehe doch kinderlos dahin« (Vers 2). Er wiederholt seinen Schmerz mit anderen Worten in Vers 3: »Du hast mir ja keine Nachkommen gegeben ...« Abrams ungewollte Kinderlosigkeit wiegt offenbar so schwer, dass es das Erste ist, was in ihm losbricht, als er eine persönliche Begegnung mit dem Herrn hat. Es ist in seinem Herzen und Denken so massiv gegenwärtig, dass ihm die Größe der Begegnung mit Gott völlig zu entgehen scheint.

Es sieht ganz so aus, als ob Abram auf seinem Lebensweg an einem Kreisverkehr angelangt ist; sein Lebensglück ist von dem abhängig geworden, was er *nicht* hat, und so dreht er sich im Teufelskreis des Unmöglichen. Er hat sich auf das fixiert, was ihm abgeht und was ein selbstverständlicher Punkt in seinen Plänen war![6] Selbst als der Herr sich ihm als sein Schutz (Schild) offenbart mit all dem, was das bedeutet, ist Abram für die Botschaft nicht empfänglich, weil er eine Brille aufhat, die von den Nebeln der Enttäuschung beschlagen ist. Sein Kinderwunsch hat sich in ein dringliches, vielleicht sogar zwanghaftes Verlangen gewandelt, und sein Glück scheint von dessen Erfüllung abhängig geworden zu sein.

War Abrams Kinderwunsch absonderlich? Nein, der Wunsch nach Kindern gehörte in den »gängigen« Erwartungshorizont, der bis auf den heutigen Tag seine Gültigkeit hat. Obwohl in unserer Kultur eine Verschiebung in den Erwartungen und Rollen innerhalb der Beziehungen stattgefunden hat – Heiraten und Kinderbekommen sind bei vielen Fixpunkte in ihrer Lebensplanung geblieben. Die Geburt eines Kindes wird meist ziemlich gründlich geplant, weil es in unser Leben »passen« muss. Die meisten jungen Paare möchten erst mal ihre Freiheit genießen, zuerst etwas für die Karriere und fürs Einkommen tun (es muss auch ein finanzieller Spielraum da sein, um dann die Kindertagesstätte bezahlen zu können), erst ein eigenes Haus und die nötigen Umbauten, so dass alles nach unseren Ideen und Vorstellungen läuft. Und dann »planen« wir ein Kind.

So regeln und planen wir aufgrund bestimmter selbstverständlicher Grundsätze. Nach und nach betrachten wir diese Dinge als etwas, worauf wir einen Anspruch haben. Ganz aufrichtig unterbreiten wir Gott unsere Pläne und bitten ihn um seinen Segen. Ebenso aufrichtig bestürzt und erschrocken sind wir dann, wenn es nicht ganz so läuft, wie wir erwarteten. Vielleicht kommt kein Kind. Oder es kommt kein Freund oder keine Freundin. Man bleibt vielleicht allein. Das ist nicht für jeden gleich schwierig; Unverheiratetsein und auch Kinderlosigkeit kann auf einer bewussten Entscheidung beruhen, aber Tatsache ist, dass es für die meisten Menschen unerwünscht ist und somit eine schmerzliche Situation und – wenn es länger andauert – ein Kampf.

Eine allein stehende Krankenschwester tat sich sehr schwer mit der Tatsache, dass sie keine Kinder hatte. Judy war fast 40 Jahre alt und spürte, dass ihre biologische Uhr unbarmherzig tickte: Bald würde sie keine Kinder mehr gebären können. Das Kind wurde zu einer Zwangsvorstellung, die ihre Freude in Christus überschattete und alles Gute in ihrem Leben zu beherrschen begann. Alles wurde dadurch noch schwieriger, dass sie als Krankenschwester ständig schwangeren Frauen begegnete und darüber hinaus medizinische Verfahren kannte, mit denen auch sie als Unverheiratete ein Kind bekommen konnte.

Wenn der Herr sie direkt angesprochen und gesagt hätte: »Ich bin dein Gott und Vater, ich habe etwas mit dir vor, ich will dich segnen«, hätte sie vielleicht auch protestiert: »Aber Herr, was bedeutet dein Segen, wenn ich keine Kinder habe?« Je mehr die Zeit verging, wurde Judys eigene Planung so bedrängend, dass sie ernsthaft über die Möglichkeit nachzudenken begann, als ledige Frau Mutter zu werden. Damit schlug sie ganz bewusst einen selbst bestimmten Kurs ein.

Jeder von uns hat seine eigenen Ziele. Daran ist an sich nichts auszusetzen, solange wir nicht davon ausgehen, dass wir ein Anrecht auf diese Dinge haben. Der Ausgangspunkt, dass uns irgendetwas zusteht, das Denken, dass etwas selbstverständlich ist, lässt den Mangel und damit das Entbehren mancher Dinge noch schmerzlicher werden. Dem können sich auch Christen nicht entziehen. Vielleicht ist die Enttäuschung in gewisser Hinsicht für Christen noch größer, weil wir davon ausgehen, dass Gott uns liebt, und dass er, ein guter Gott, uns das Gute nicht vorenthalten will. Will er nicht seine Kinder segnen? Auch Abram hatte er seinen Segen verheißen ... (1. Mose 12,2)

Als Abram in 1. Mose 15 zu Gott sagt: »Herr, was willst du mir schon geben? Ich gehe doch kinderlos dahin« (Vers 2) und: »Du hast mir ja keine Nachkommen gegeben« (Vers 3), zeigt er sein Herz. Hier steht ein schwer enttäuschter Mann. Seine Erwartungen sind nicht eingetroffen, etwas Wesentliches in seinem Leben fehlt. Sehr traurig ist, was hier aus Abrams Worten hervorgeht: Sein persönlicher Verlust wiegt für ihn schwerer als das, was Gott hier sagt. Beherrscht von dem, was er nicht hat, kann Abram die Botschaft Gottes nicht erfassen. Seine Antwort auf Gottes Zusage: »Ich bin dein Schild; dein Lohn wird groß sein« macht die Größe der Worte Gottes zunichte. Abram wird wirklich dankbar gewesen sein für die Tatsache, dass Gott sein Schild war, aber was aus seiner Enttäuschung über seine Kinderlosigkeit herauszuhören ist, lautet: »Was du mir sagst, ist nicht genug. Mir fehlt etwas Wesentliches.«

Da kommt mir der Gedanke an eine 28-jährige Frau, die mich nach einem Vortrag auf einem großen christlichen Kongress ansprach. Ich sehe sie noch vor mir, ein attraktives Mädchen mit rötlich blondem Haar. Sie kam aus einer Familie, in der sie Geborgenheit erfahren hatte, sie hatte studiert, eine Arbeit gefunden, die ihr gefiel, und gute Freunde. Claire war überzeugte Christin, aktiv in einer Gemeinde engagiert, in der sie sich wohl fühlte. Trotzdem ging es ihr innerlich nicht gut. Vom Beginn unseres Gesprächs an weinte sie ununterbrochen. Warum? Weil sie keinen Partner hatte. Das eine, was fehlte, beherrschte ihr Leben. Wenn der Herr in dem Moment zu ihr gesagt hätte: »Claire, ich bin dein Schild, ich möchte dir mein Vaterherz zeigen, ich will dich trösten, dir Kraft und eine Perspektive geben«, dann hätte sie wahrscheinlich etwas Ähnliches wie Abram gesagt: »Herr, mein Herr, was willst du mir schon geben? Ich habe ja keinen Freund ...«

Ich denke an den jungen Mann, Anfang 30, der schon seit Jahren auf eine Anstellung wartet. Er hat studiert, aber kommt in seinem Fachgebiet auf keinen grünen Zweig. Ihm wurden alternative Möglichkeiten angeboten, eine Umschulung war im Gespräch, aber er will und wird nur sein Fach ausüben; etwas anderes kommt für ihn nicht in Frage. Weil das nicht gelingt und es für ihn nur eine Option gibt, die bedrängend in seiner Planung bestehen bleibt, wird die Frustration immer größer. Er will nur eines, und gerade das fehlt ihm. Und wenn der Herr ihn ansprechen und sagen würde: »Ich bin dein Schild«? Auch ihm ist das nicht genug; er wird beherrscht von dem, was fehlt.

Ist der Herr uns genug? Können wir ihn loben, nur um dessen willen, wer er ist, und nicht um dessen willen, was er für uns tut? Können wir uns begnügen mit seinem Wort: »Ich bin dein Schild«, oder sagen wir: »Ja Herr, aber Herr ... Gib mir einen Partner, der mich liebt. Löse die Probleme in unserer Familie. Gib mir eine Anstellung. Gib uns ...«?

Ohnmacht und Ungeduld

Wenn wir einen Rucksack mit Erwartungen, die sich nicht erfüllen, mit uns schleppen, dann werden wir diesen Ballast vor allem an unserer Enttäuschung spüren. Wenn Enttäuschung sich zu Bosheit oder Bitterkeit ausweitet, dann wird unser Rucksack noch schwerer und unser Lebensweg zu einer mühsamen Plackerei.

Die meisten von uns geben sich mit unerfüllten Wünschen nicht zufrieden; es gibt immer noch dies und jenes, was man ausprobieren und tun kann, um sie trotzdem zu verwirklichen. Abram ist darin nicht anders; er meint Rat zu wissen. Da er offenbar keine eigenen Kinder bekommen kann, könnte er seinen Hauptknecht Eliëzer adoptieren, der dann für Nachkommenschaft sorgen könnte. Dieser Weg ist allerdings nicht seine erste Wahl, dennoch eine Option, die in seiner Kultur nicht ungewöhnlich war. Aber als Abram diese Möglichkeit Gott vorträgt, ist dessen Antwort eindeutig: »Nicht er wird dich beerben, sondern dein leiblicher Sohn wird dein Erbe sein« (1. Mose 15,4).

Es ist deutlich: Abram darf an seiner Erwartung festhalten; Gott will ihm einen eigenen Sohn geben. In der Hinsicht hält Abram auch in der Zukunft nicht störrisch an eigenen Ideen fest. Gott hat sozusagen höchstpersönlich den Kinderwunsch in den Planungen Abrams bekräftigt. Er hat Abrams Wunsch bestätigt und daran sein klares Versprechen gebunden. Das große Problem liegt darin, dass Abram für die Geburt seines Sohnes einen eigenen spätesten Termin in seinen Planungen festgelegt hat. In dem Maße, wie die Zeit vergeht und die Dinge nicht nur nicht nach seinen Planungen laufen, sondern die Chance auf ein Kind biologisch gesehen immer kleiner wird, wird er unruhig und kommen Zweifel in ihm auf. Doch jetzt eilen wir den Geschehnissen voraus.

Wie klein sind wir im Licht der Größe Gottes!

In 1. Mose 15,5 kommt der bewegende Moment, in dem der Herr Abram nach draußen führt und ihn auffordert, zum Himmel hinaufzuschauen und zu versuchen, die Sterne zu zählen. Unmittelbar vorher hat er ihm eine eigene leibliche Nachkommenschaft verheißen. Und jetzt sagt er, diese Nachkommenschaft werde so groß sein, dass man sie nicht zählen kann!

In Gedanken sehe ich Abram unter dem Sternenhimmel stehen. Was wird er gedacht haben? Wo bleibt man da als Mensch in einem solchen Moment? Gibt es da noch etwas zu sagen? Man kann lediglich atemlos aufschauen zu dieser überwältigenden Pracht der Sterne.

»Über den Himmel breitest du deine Hoheit aus«, sagt David in Psalm 8. Und: »Seh ich den Himmel, das Werk deiner Finger, Mond und Sterne, die du befestigt: Was ist der Mensch, dass du an ihn denkst?« In dem Moment, wo Menschen unmittelbar vor der Größe und Majestät Gottes stehen, schrumpft alles andere auf ein belangloses Format. Die Dinge erscheinen dann in einem ganz anderen Licht. Stärker noch – so kommen wir zu Dank und Anbetung, die davon losgelöst sind, ob unsere Wünsche nun erfüllt sind oder nicht. »Danket dem Herrn«, sagt der Psalmist in Psalm 106,1. »Danket dem Herrn; denn er ist gütig.« Unabhängig davon, was er uns gibt oder nicht gibt, ist der Herr unseres Dankes und Lobpreises würdig. Weil er so ist, wie er ist, und weil es niemanden gibt, der so ist wie er.

Wer bin ich, wenn ich vor Gott stehe? Wie wichtig sind meine Wünsche dann noch? Wie dringend sind die Punkte, die ich geplant habe? Welches Gewicht haben meine Zielvorstellungen? Wer bin ich, zu denken, dass ich alles nach meinem Dafürhalten einrichten kann? Ist es nicht vielmehr so, dass mir in dem großartigen Moment einer persönlichen Begegnung mit dem Herrn nichts mehr zu wünschen bleibt? Werden da nicht meine Augen für eine Wirklichkeit geöffnet, die viel größer ist als die meine? Ist das nicht der Moment, wo mir nichts anderes bleibt als (erneute) Hingabe – »Herr, du hast das Sagen. Geh deinen Weg mit mir«? Die Bibel erzählt uns, dass auch Abram glaubend sein Haupt senkte (1. Mose 15,6). Er konnte nicht anders! Gleich darauf schloss Gott seinen Bund mit ihm.

Eigene Lösungen

Leider ist es so, dass sich selbst die tiefsten geistlichen Eindrücke nach einer Weile verflüchtigen. Ehe wir es merken, gehen wir wieder zur Tagesordnung über und drängt sich uns die sichtbare Wirklichkeit auf. Unmittelbar konfrontiert mit ganz schwierigen Situationen halten wir nur mit Mühe fest am Glauben an Gottes Größe und Allmacht.

Das ergeht Abram nicht anders. Sichtbar und greifbar ist und bleibt die Unfruchtbarkeit seiner Frau; (noch) unsichtbar bleibt die Erfüllung der göttlichen Verheißung einer eigenen Nachkommenschaft. In 1. Mose 16 tritt die alte Wunde der Kinderlosigkeit erneut in den Vordergrund. Es ist Sarai, die vorschlägt, dass Abram dann eben ein Kind mit ihrer Magd Hagar zeugen soll, jener Frau, die sie aller Wahrscheinlichkeit nach gut zehn Jahre zuvor in ihrem »Geschenkpaket« aus Ägypten mitbekommen hatten. Ihr Vorschlag ist gar nicht so abwegig, denn es gab Polygamie in der Welt, in der sie lebten. Sie verbreitete sich, ebenso wie die Zeugung eines Kindes mit einer Magd bei Kinderlosigkeit einer Ehe, auch im Volk Gottes.

Aber wenn sich etwas verbreitet und allgemein akzeptiert wird, heißt das noch lange nicht, dass es dem Willen Gottes entspricht. Wir sehen das auch hier. Gott hatte einen anderen Plan mit diesen Menschen. Wie traurig ist es, dass sie sich so sehr an ihre eigenen Vorstellungen klammerten und vor allem auch an ihre eigene äußerste Deadline, dass sie keinen Raum mehr hatten, um auf Gott zu warten! Ihr Entschluss, Hagar einzuschalten, war in Gottes Augen unerwünscht und voreilig. Unerwünscht, weil er bessere Pläne hatte; voreilig, weil er an einen anderen, besseren Zeitpunkt dachte.

Wie mag es Sarai in jener Nacht ergangen sein, als ihr Mann mit Hagar schlief? Hat sie wach gelegen? Hat sie ihren eigenen Kummer erneut Gott geklagt? Hat sie Gott angefleht, dass das gut ausgeht? Hatte sie Angst, dass ihr Mann sich in Hagar verlieben oder, schlimmer noch, sich an sie hängen würde? Ich weiß es nicht. Aber ich weiß, dass dieses Tun nicht nötig war, denn Gott hatte Abram und Sarai ein eigenes Kind versprochen, zu seiner Zeit.

Manchmal fügen wir uns selbst unnötig Schmerz und Kummer zu, indem wir ihm vorauseilen, selbst wenn das mit besten Absichten geschieht. Manchmal müssen wir erfahren, dass durch unser eigenes Eingreifen neue Probleme entstehen, die schmerzliche Kreise ziehen, die weiter gehen, als wir hätten vermuten können. Wer ungeduldig vorauseilt und die Dinge selbst in die Hand nimmt, wird sein Tun vielleicht später bereuen, weil daraus unerwartetes Elend entstanden ist oder weil da andere sind, die ungewollt die Leidtragenden dieser Voreiligkeit werden.

Meine Pläne – Gottes Pläne

Dass wir in einer Gesellschaft leben, in der vieles machbar ist, erschwert es, Grenzen oder Einschränkungen zu akzeptieren. Viele Dinge, die für unsere Großeltern undenkbar waren, sind in unseren Augen längst normal. In der Tat sind so viele Dinge für uns erreichbar geworden, dass wir beinahe in der Annahme leben, wir könnten das Leben nach unseren Vorstellungen einrichten und die Dinge nach unserem Plan und Zeitschema regeln. Ein Partner, Kinder, eine angesehene, herausfordernde berufliche Aufgabe (mit gutem Einkommen und flexibler Arbeitszeit), ein schönes Haus, ein strahlendes Aussehen, exotische Reisen, alles muss sich machen lassen. Ein »nein« oder »noch nicht« ist sicherlich in unserer Gesellschaft, wo alles sofort geschehen muss, schwer zu verkraften.

Wenn wir in unserem Leben an Grenzen stoßen, werden wir verschiedene Botschaften aus unserer Umgebung bekommen. Die stärkste ist vielleicht diejenige, die beim Suchen nach einer Lösung ansetzt; so sind wir nun mal. Eheleute, die vom Arzt hören, dass von einer sehr kleinen oder gar keinen Chance auf natürliche Empfängnis auszugehen ist, brauchen sich nicht ohne weiteres mehr damit abzufinden, dass sie kinderlos bleiben werden. Es gibt verschiedene medizinische Techniken, die eine Schwangerschaft doch ermöglichen könnten. Es scheint ein logischer Schritt, davon Gebrauch zu machen. Aber ob dieser Schritt immer der beste ist?

Künstliche Befruchtung mag ein Ausweg sein, aber für manche Paare ist die Behandlung ein (zu) starker Eingriff; die Beziehung wird dadurch enorm belastet. Außerdem müssen in dem Maße, wie neue Möglichkeiten angeboten werden, immer wieder neue Entscheidungen getroffen und Grenzen verschoben werden. Nach und nach kann die Frage sich aufdrängen: Wollen wir das eigentlich? Es setzt Mut voraus, sich dieser Frage zu stellen und sie der Umgebung mitzuteilen. Für manche kann das der Beginn eines befreienden Weges sein.

Das Suchen nach Lösungen steckt in uns, aber es gibt eine Alternative: den Mut zu haben (oder zu bekommen), in einen Trauerprozess um das einzusteigen, was man vermisst; den Mut zu haben, auf Annahme und Verarbeitung hinzuwirken, was bedeutet, dass man dem Fehlenden einen Platz in seinem Leben gibt. Dieser Gedanke steht genau entgegengesetzt zum erfolgsorientierten Denken unserer Zeit, und dennoch ...! Lassen Sie sich bitte von niemandem überzeugen, es sei Ihre Pflicht, alles Mögliche zu versuchen und bis zum Äußersten zu gehen, um eine Änderung Ihrer Situation herbeizuführen. Jeder darf im Blick auf unerfüllte Wünsche unter der Führung Gottes seinen persönlichen Weg finden. Das bedeutet, dass auch Raum da sein muss, um einen Mangel oder Verlust anzunehmen, um Abschied zu nehmen und zu verarbeiten, um von dem verkrampften Suchen abzulassen und den inneren Frieden zu finden in dem Wissen, dass wir in Gott geborgen sind und dass seine Pläne mit uns gut sind.

Es wäre sehr heilsam, würde unser Glück oder Wohlbefinden nicht mit der Tatsache stehen oder fallen, ob sich unsere Pläne erfüllen oder nicht. Vielleicht möchte Gott von uns, dass wir bestimmte Erwartungen und Planziele fallen lassen, weil er etwas anderes mit uns vorhat. Um dies zu entdecken, kann es erforderlich sein, sich anderen Stimmen zu verschließen. Bemerkungen wie »Noch immer keine Kinder?« oder das gut gemeinte »Wir hoffen und beten für dich, dass du noch einen Partner findest« legen den Akzent auf das, was wir entbehren, und reden uns ein, wir könnten ohne Kinder oder ohne Partner kein erfülltes Leben haben. Aber auch unser eigenes Festhalten an bestimmten Wünschen und Bedürfnissen kann viel Unruhe verursachen und einem inneren Prozess der Annahme und des Reifens hin zu anderen Dingen im Wege stehen.

Wir sollten einander den Raum geben, unseren Weg zu finden, und lernen, unsere Zukunft aus dem Glauben an Gottes Allmacht und Güte zu sehen, auch wenn Dinge anders gegangen sind, als wir erhofften oder erwarteten. Es ist nicht nur möglich, dass Gott andere Pläne mit uns hat, sondern darüber hinaus nicht undenkbar, dass Gott Überraschungen für uns bereithält. In allen Situationen dürfen wir den Blick auf Gottes weiteren Weg mit uns richten.

Die bekannte amerikanische Schriftstellerin Elisabeth Elliot wurde zweimal Witwe. Ihr erster Mann wurde von Indianern ermordet, denen er das Evangelium verkünden wollte, ihr zweiter Mann starb an Krebs. Zweimal verheiratet, zweimal Witwe. Wie kann jemand dann seinen Lebensweg wieder finden? Wie geht man um mit diesem Alleinsein, das unerwartet kam und sicher unerwünscht war? Wie kann man dem vorbeugen, dass man das Fehlen eines Partners als ausweglose Situation erfährt?

Elisabeth Elliot hatte den Mut, klar zu sehen, dass sie mit ihrem Alleinsein mehrere Perspektiven hatte. Sie konnte sich dafür entscheiden, ihr Alleinsein und die damit verbundene Einsamkeit zu vermeiden, koste es, was es wolle. *Lösungsorientiert* zu denken hätte in ihrer Situation bedeutet, sich gleich auf die Suche nach einem neuen Lebenspartner zu machen oder ihr Alleinsein auf eine andere Weise zu kompensieren. Sie konnte sich aber auch für ein vertrauendes Denken entscheiden, ihr Alleinsein annehmen und Gott fragen, was er damit vorhabe. Sie schrieb: »Ich habe in Momenten der tiefen Einsamkeit Frieden gefunden, nicht nur durch das Annehmen der Situation, sondern weil ich meine Einsamkeit Gott als Opfergabe angeboten habe. Gott kann das Negative umkehren und es wieder neu schaffen in etwas, das positiv und gut ist.«[7] Elliot hat entdeckt, dass Einsamkeit eine sehr positive Seite hat: Sie schafft Raum für Gott und kann ein Mittel sein, das er verwendet, um der Beziehung mit ihm mehr Tiefe zu geben.

Joni Eareckson, die mit 16 Jahren durch einen Unfall gelähmt wurde, lernte nicht nur ihre körperliche Behinderung anzunehmen, sondern auch ihre Kinderlosigkeit. Ihr Mann Ken und sie hatten auf Kinder gehofft, aber sie bekamen keine. Dennoch führen sie ein erfülltes Leben. Weshalb? Weil sie gelernt haben, ihre Verluste in dem Wissen anzunehmen, dass Gott das Gute mit ihnen vorhat, dass seine Pläne mit ihnen gut sind und bleiben, auch wenn sich verschiedene Ziele ihrer eigenen Lebensplanung nicht erfüllt haben. Das Annehmen (das ist etwas anderes als das Sich-Abfinden) hat ihnen geholfen, Abschied zu nehmen von dem, was war oder hätte sein können. Dadurch wurde Raum geschaffen, neue Dinge zu unternehmen.

Natürlich bleibt das schmerzlich und ist der Rollstuhl in manchen Momenten peinlich oder frustrierend. Natürlich wird es Momente geben, in denen die Kinderlosigkeit plötzlich wieder wehtut. Aber da ist auch Segen. Joni sieht die Ruhigstellung wegen ihrer Behinderung als ein Geschenk: Sie ist dem vielen Gejage und Gehetze entkommen, was sie zu einer tieferen Beziehung mit Gott geführt hat. Aufgrund ihrer Kinderlosigkeit sind Ken und Joni frei, sich für ein internationales Werk zu engagieren, was sie nie hätten tun können, wenn sie Verantwortung für eine Familie hätten. Sie entbehren übrigens nicht den Kontakt mit Kindern und Jugendlichen, denn es gibt viele, die gern und spontan zu ihnen kommen.

Elisabeth Elliot und die Earecksons haben durch viel Schmerz und Mühen hindurch Frieden in ihrer Situation gefunden. Ganz anders ist es der oben in diesem Kapitel erwähnten Krankenschwester ergangen, die sich so stark nach einem Kind sehnte. Es ist Judy nicht gelungen, Abschied von ihrem Traum zu nehmen. Ihr Kinderwunsch beherrschte nach und nach ihr Leben. Das wurde zu einem dringenden Verlangen und die medizinischen Möglichkeiten zu einer sich aufdrängenden Versuchung, der sie nicht widerstehen konnte. Der innere Drang, das, was sie vermisste, dann doch selbst zu organisieren, war zu stark. Sie ging schließlich zu einer Samenbank und ließ eine künstliche Befruchtung mit dem Samen eines anonymen Spenders vornehmen. Judys Kind verbringt inzwischen alle Werktage in einer Kinderkrippe, es wird allein aufwachsen in einer Ein-Eltern-Familie mit einer Mutter, die meist abwesend ist. Wenn es später nach seinem Vater fragen wird, wird es auf diese Frage keine Antwort geben. Aber Judys Wunsch hat sich erfüllt, sie ist Mutter geworden. Das war für sie am wichtigsten. Ein Kind zu bekommen war ein Lebensziel, das auf jeden Fall durchgesetzt werden musste.

5. Die Wüste des Unfriedens

In den vorhergehenden Kapiteln haben wir einen Blick auf verschiedene Stolpersteine und Fallgruben geworfen, die unseren Lebensweg beeinträchtigen können; wir können durch ungesunde Bindungen an Menschen, manchmal durch unerwartetes Unheil, aber bisweilen auch durch unsere eigene Lebensplanung blockiert werden. In diesem Kapitel widmen wir uns einem sehr mächtigen Hindernis, dem Unfrieden, der durch zwischenmenschliche Konflikte ausgelöst wird. Diese Dinge blieben auch Sarai und Abram nicht erspart. Das führt uns zu Hagar in 1. Mose 16,1-6.

Nach jüdischen Legenden war Hagar nicht einfach irgendeine Magd, sondern eine Ägypterin von hoher Geburt. Möglicherweise war sie ein besonders ehrenvolles Geschenk, das der ratlose Pharao Abram und Sarai damals machte, in einem Versuch, ihren Gott gnädig zu stimmen und sie im Guten loszuwerden. Für Hagar selbst wird es keinesfalls einfach gewesen sein, ihren Platz als Dienerin bei einer wildfremden jüdischen Familie einzunehmen, mit der sie in ein für sie fremdes Gebiet mitziehen musste. Sie musste sich an eine unbekannte Kultur und Sprache gewöhnen, möglicherweise auch an ihre Stellung als Untergebene.

Hatte Hagar es schwer? Hatte sie Heimweh nach Ägypten? War sie einsam? Oder fühlte sie sich selbst allmählich bei Sarai und Abram zu Hause? Diese Fragen bleiben unbeantwortet, doch es ist nicht undenkbar, dass persönliche Freiheit und vielleicht auch Rückkehr in ihre Heimat wichtige Lebensziele für Hagar waren. Als Magd hingegen hatte sie nichts zu wünschen oder zu sagen, es wurde über sie entschieden. Auch ihre Schwangerschaft wurde ohne Einspruchsrecht ihrerseits von ihrer Herrin geregelt. Sarai ging einfach davon aus, dass sie Hagar nach Belieben einsetzen und für sich selbst gebrauchen konnte (»Vielleicht komme ich durch sie zu einem Sohn« – 1. Mose 16,2).

Dass Hagar dies ziemlich missfiel (und dass sie damit schon lange zu kämpfen hatte), spürt man aus ihrer Haltung während ihrer Schwangerschaft. In dem Moment veränderte sich ihre Haltung. Sie glaubte, einen starken Trumpf in der Hand zu haben, und war eingebildet auf das, was sie konnte, Sarai aber nicht. Dabei überschritt sie Grenzen; sie verlor jegliches Gespür und den Respekt für die Verhältnisse aus den Augen. In 1. Mose 16,4 heißt es: »Als sie (Hagar) merkte, dass sie schwanger war, verlor die Herrin bei ihr an Achtung.« Es sieht so aus, als habe Hagar ihre Gedanken nicht für sich behalten, sie hat sie entweder ausgesprochen oder in einer anderen Weise deutlich gemacht. Sarai, in dieser Situation ohnehin verunsichert, fühlte sich von ihrer Dienerin zutiefst gedemütigt und gekränkt und rächte sich.

Spannungen wie die zwischen Hagar und Sarai sind leider nicht ungewöhnlich. Rivalität und Eifersucht sind Dinge, die auch unter Christen vorkommen. Manchmal bedienen wir uns eines anderen zum eigenen Nutzen. Auch können wir (zum Beispiel wenn wir verletzt oder gedemütigt sind), aggressiv oder hochherzig reagieren. Es ist dann verlockend, den anderen herabzusetzen oder abzuweisen, indem man sich etwas einbildet auf das, was man selbst hat und der andere nicht. Wenn wir verletzt sind, neigen wir dazu, zurückzuschlagen und Dinge zu äußern, die nicht von Weisheit zeugen und sicher nicht liebevoll sind. Das ist ein Verhalten, das Brüche und Risse in Beziehungen verursacht.

Hätte Abram als Familienoberhaupt eingreifen oder vermitteln können? Ich vermute, dass der arme Mann nicht gewusst hat, was da auf ihn zukam. Sarai hatte ihn wohlgemerkt selbst darum gebeten, ein Kind mit Hagar zu zeugen; die Idee stammte von ihr. Nun, da es schief geht, bekommt er alles aufgetischt; der Konflikt zwischen Sarai und Hagar droht in einen Konflikt zwischen ihm und seiner Frau zu eskalieren. Es ist nicht von schlechten Eltern, was Sarai ihm vor die Füße wirft: »Das Unrecht, das ich erfahre, komme auf dich!« Und als sei das noch nicht genug, bringt sie auch noch den Herrn auf die Bühne: »Der Herr entscheide zwischen mir und dir« (Vers 5).

Dieser (weiblichen) Logik ist Abram nicht gewachsen. Er weiß buchstäblich nicht, was er jetzt tun soll, da die Frau, mit der er seit Jahren verheiratet ist, und die Frau, die sein Kind erwartet, einander in den Haaren liegen. Schließlich wählt Abram den Weg des geringsten Widerstands, indem er alle Verantwortung seiner Frau zuschiebt: »Hier ist deine Magd; sie ist in deiner Hand. Tu mit ihr, was du willst« (Vers 6).

Hagar hat die schlechtesten Karten. Abrams Worte werden unvorstellbar grausam in ihren Ohren geklungen haben. Sie ist schwanger mit einem Kind von ihm, aber er bringt nicht den Mut auf, sich für sie einzusetzen! Und was hat sie nach all den hässlichen Worten, die gefallen sind, von Sarai noch zu erwarten? Nicht viel, wie sich bald zeigt. Sarais bittere Reaktion gegen Hagar (Vers 6) führt zu etwas, das menschlich gesehen unumkehrbar ist: Hagar läuft davon.

Leere Hände

In 1. Mose wird nicht berichtet, was Hagars Flucht in Abram und Sarai auslöst. Vielleicht tritt nach all den Spannungen wieder eine gewisse Ruhe ein. Ich denke aber, dass die Unruhe stärker ins Gewicht fällt. Sie haben gedacht, ihren Lebenstraum »Kinder« mit Hilfe von Hagar verwirklichen zu können. Das ist gehörig danebengegangen. Die Magd ist davongelaufen, nicht allein, sondern mit dem ungeborenen Kind Abrams, und Sarai und Abram stehen nach wie vor mit leeren Händen da.

Ein böser Streit zwischen Menschen ist abscheulich und das Aufräumen der Scherben nicht selten eine schwere Aufgabe. Wo es, wie bei Hagar und Sarai, zwei Hitzköpfe betrifft, zwischen denen böseste Worte gefallen sind, ist die Lösung keinesfalls einfach. Erst mal etwas Abstand gewinnen vielleicht? Hier geschieht das zwangsläufig, denn Hagar ist davongelaufen. Sie hat kein Handy bei sich. Man kann sie nicht anrufen, um ihren Aufenthaltsort zu erfahren oder sie zurückzurufen. Außerdem –

wer sagt denn, dass sie zur Rückkehr bereit wäre? Und wer sagt, dass Sarai bereit ist, ihre Dienerin wieder in den Kreis ihrer Familie aufzunehmen?

Die entstandene Situation scheint hoffnungslos und unumkehrbar, sie ist es aber nicht! Denn der Gott Abrams ist seinen Menschen treu und hält sich an seine Versprechen. Er beginnt damit, Hagar, die Verstoßene, aufzusuchen. Sie mag aus dem Blickfeld Abrams und Sarais verschwunden sein, aber nicht aus dem Blick Gottes. Er ist ihr mit seinen Augen und seinem Herzen gefolgt. In seinem großen Erbarmen sucht er sie jetzt auf. Zweifellos wird sie geplant haben, dass sie nie mehr in diese Familie zurück will, wo ihr so viel Leid angetan worden ist. Wie aber sehen Gottes Pläne aus?

Die Wüste des Unfriedens

Es gibt Wüsten in unserem Leben, die wir mehr oder weniger uns selbst zuzuschreiben haben. Hagars schwierige Situation ist die Folge eines voreiligen Plans zweier Menschen, der zu einem unerquicklichen Streit zwischen drei Menschen geführt hat. Statt sich an den Tisch zu setzen, um das zu lösen, ist ein Bruch entstanden. Die eine Seite hat sich davongemacht, die andere ist sitzen geblieben. Jede Seite hat dabei ihre eigenen Gefühle. Das Empfinden, dass einem Unrecht widerfahren ist. Das Gefühl, dass der andere an meiner misslichen Lage schuld ist. Das Gefühl, dass der Unfriede nicht aufzulösen ist, es sei denn, dass der andere mir entgegenkommt. Solange derartige Emotionen im Raum stehen (und Raum bekommen), ist Versöhnung ein Ding der Unmöglichkeit.

Wie geht es Hagar, als die Entfernung zwischen ihr und ihrer Herrin allmählich größer wird? Sie hat die Flinte ins Korn geworfen, was Abram und Sarai betrifft; da sind Grenzen überschritten worden. Besonders glücklich wird sie darüber sicherlich nicht sein; denn das Kind, das sie in sich trägt, ist von Abram. Als Dienerin Sarais und als künftige Mutter eines Kindes für Abram und Sarai genießt sie Schutz unter deren

Dach. Durch ihr übereiltes Davonlaufen ist sie jetzt völlig ungeschützt.

Allem Anschein nach hat Hagar sich auf den Weg nach Ägypten gemacht, zurück zu ihren Wurzeln. Der Weg nach Schur (siehe Vers 7) ist nämlich eine der Routen, die durch die Sinai-Halbinsel nach Ägypten führen. Wenn Hagar tatsächlich dieses Ziel vor Augen hat, steht ihr eine beschwerliche Reise bevor, zumal als schwangere Frau. Sie hat völlig unvorbereitet eine Reise angetreten, die für sie und ihr ungeborenes Kind riskant ist. Sie kann überfallen oder von Fremden entführt werden, sie kann sich verirren und vor Hunger und Durst umkommen. Vielleicht werden ihr diese Dinge nach und nach bewusst und ihr Mut sinkt mit dem Verstreichen der Zeit immer tiefer.

Objektiv betrachtet ist Hagar in eine Sackgasse geraten. Was nun? Erhobenen Hauptes von dannen gezogen und nun mit gesenktem Kopf wieder zurück? An Letzteres muss sie in diesem Moment wahrscheinlich noch nicht denken. Sie hat gerade genug mit sich selbst zu tun, mit der Empörung über das, was ihr angetan worden ist. In Gedanken sehe ich sie mutterseelenallein in der Wüste, verschwitzt und verstört. Vielleicht auch erfüllt von Selbstmitleid. Und ängstlich. Vielleicht hat es ihr aufrichtig Leid getan, dass sie im Jähzorn einfach fortgelaufen ist, aber nun gibt es ihrem Empfinden nach kein Zurück.

So können wir uns durch eigene Dummheit in eine ausweglose Situation manövrieren und Gefangene werden hinter selbst hochgezogenen Mauern der Mutlosigkeit, der Dickköpfigkeit und des Unwillens, zu dem Punkt zurückzukehren, wo es schief ging. Doch dann ... kommt Gottes Stimme.

Wo bist du?

In 1. Mose 16,7 lesen wir, dass der Engel des Herrn Hagar an einer Quelle auf jenem Weg nach Schur findet. Es ist wichtig zu bemerken, dass der Engel des Herrn nicht nur im Namen Gottes spricht, sondern auch in der ersten Person als er selbst. Das weist darauf hin, dass er mehr als ein »normaler Engel« ist;

manche Leute meinen, dass dieser »Engel des Herrn« im Alten Testament eine Umschreibung für Jesus ist. Soweit wir wissen, ist Hagar dem Herrn in ihrem Leben sogar zweimal begegnet, denn auf diese erste Begegnung in 1. Mose 16 folgt etwa 15 Jahre später eine zweite, erneut in der Wüste, die in 1. Mose 21 beschrieben wird. Beide Ereignisse zeigen etwas von Gottes liebevollem Weg mit verlorenen Kindern, die in Sackgassen stecken.

Ich bin davon überzeugt, dass die Begegnung bei der Quelle in 1. Mose 16 kein Zufall war, ebenso wenig wie die andere, viel spätere Begegnung an einem Brunnen das war, nämlich die der samaritischen Frau in Johannes 4. In beiden Situationen macht sich der Herr auf die Suche nach jemandem, der in einer ausweglosen Situation ist und seine Hilfe braucht. In beiden Situationen werden wir Zeuge, was Gottes einfühlsame Liebe in Menschenherzen bewirken kann.

1. Mose 16,8 beginnt mit der Frage, mit der der Herr das Gespräch mit Hagar aufnimmt: »Hagar, Magd Sarais, woher kommst du und wohin gehst du?« Die Worte erinnern an Gottes Worte im Garten Eden, als Adam und Eva sich nach ihrem Ungehorsam ängstlich vor Gott versteckten: »Wo bist du?« (1. Mose 3,9). Hier steht kein böser Vater, der mit erhobenem Finger brüllt, hier steht der Gott der Bibel mit offenen Armen und einer liebevollen Einladung: »Lass dich bei mir blicken!«

Die Magd bekommt die Gelegenheit, ihr Herz vor dem Herrn auszuschütten, der sie kennt, denn er nennt sie beim Namen. So liebevoll ist sein Ton, so absolut unbedrohlich seine Frage, dass Hagar in aller Ehrlichkeit und Unbefangenheit sagen kann: »Ich bin meiner Herrin Sarai davongelaufen« (Vers 8). Mehr ist in dem Augenblick nicht nötig. Mehr ist auch nicht drin, Hagar steht es bis zur Halskrause. Sie ist von allen Gefühlen wie zerschlagen. Sie würde sie nicht einmal in Worte kleiden können, dermaßen verwirrt ist sie.

Das Geschehen in 1. Mose 16 erinnert stark an das, was David in Psalm 139 in Worte fasst. In Vers 4 sagt er: »Noch liegt mir das Wort nicht auf der Zunge – du, Herr, kennst es bereits.« Hier sehen wir das. Als Hagar ihre Situation ausgesprochen hat, wird nicht um weitere Erklärungen gebeten. Das ist nicht nötig, denn Hagar steht vor demjenigen, der mit all ihren Wegen vertraut ist. Der Herr begnügt sich mit einem halben Wort von ihr, er kennt die Welt und die Erfahrungen, die sich hinter diesem kurzen Sätzchen »Ich bin davongelaufen« verbergen. Er hat gesehen, wie die Eifersucht zwischen Hagar und Sarai gärte, er war bei dem Wutausbruch und hat gesehen, wie sie aufeinander losstürzten, er hat alle abscheulichen Dinge, die gesagt (und gedacht!) wurden, gehört. Der Herr hat die Emotionen, die bei beiden Frauen im Spiel waren, wahrgenommen und den Hass gesehen, der zwischen ihnen aufflammte. Jetzt aber lässt er Hagar nicht in ihrem Schlamassel sitzen, er lässt sie nicht auflaufen, nein, er kommt ihr entgegen.

In der Wüste, auf dem Weg nach Schur, hören wir kein Wort des Vorwurfs. Hagar wird ganz von der barmherzigen Gegenwart des Herrn eingehüllt. Das ist so überwältigend, dass die Dinge keiner Erklärung bedürfen, dass man sich nicht zu rechtfertigen oder verteidigen braucht. Hagar braucht lediglich zu sagen: »Hier bin ich, auf der Flucht.« Und er weiß den Rest und – lässt sie nicht im Stich. Auch diese Erfahrung fasst David in Psalm 139 in Worte: »Du umschließt mich von allen Seiten und legst deine Hand auf mich. Zu wunderbar ist für mich dieses Wissen, zu hoch, ich kann es nicht begreifen« (Verse 5-6).

Wir wissen nicht, wie lange Hagar bereits unterwegs ist bzw. wie weit sie von dem Zeltlager entfernt ist, das ihr Zuhause war, als ihr der Herr begegnet. Allein in der Wüste ist sie nicht mehr als ein unbedeutender, winziger Punkt in einer riesigen Sandebene. Ohne Schutz und verlassen. Doch jemand sieht sie! Hagar mag den Augen Abrams und Sarais entzogen sein, den Augen Gottes kann sie nicht entgehen. Er sieht sie, wo immer sie ist. Es kostet ihn überhaupt keine Mühe, sie in der Wüste aufzuspüren, er hat sie dort laufen sehen, er ist ihren Schritten mit seinen Augen und mit seinem Herzen gefolgt.

Sollte der Gott, der gar kein Problem damit hat, eines seiner Kinder im Magen eines großen Fisches stecken zu sehen, nicht in der Lage sein, eines seiner Kinder in der Wüste zu sehen? Er sah vom Himmel herab auf die ausgedehnte Sandebene und erblickte Hagar und mit ihr ihre ganze Situation und ihr ungeborenes Kind. So ist unser Gott, er folgt uns mit seinen Augen, kein Detail unseres Lebens entgeht ihm. Er sieht jede Träne, hört jeden Seufzer, selbst unsere Haare sind gezählt. »Wohin könnte ich fliehen vor deinem Geist, wohin mich vor deinem Angesicht flüchten? Steige ich hinauf in den Himmel, so bist du dort; bette ich mich in der Unterwelt, bist du zugegen. Nehme ich die Flügel des Morgenrots und lasse mich nieder am äußersten Meer, auch dort wird deine Hand mich ergreifen und deine Rechte mich fassen« (Psalm 139,7-10). Hagar erfährt das am eigenen Leib. In einem unerwarteten Moment kommt der Herr ihr in ihrer Wüste entgegen und erweist ihr seine unendliche Fürsorge und Liebe. Und – gibt ihr den Schlüssel zum Frieden.

Sich für Gottes Weg entscheiden

Es ist ein schwieriger Auftrag, den der Herr Hagar gibt. Er fordert sie auf zurückzukehren, woher sie gekommen ist, die Probleme und die Scherben anzuschauen und den Menschen, denen sie entfliehen wollte, erneut zu begegnen. Ja noch mehr: sich vor ihrer Herrin zu demütigen. Zurückzukehren also mit gesenktem Haupt, in der Bereitschaft, aufs Neue ihren Platz als Dienerin, als Untergebene einzunehmen. Auf diese Weise ihren Teil beizutragen, das, was zerstört worden war, wiederherzustellen. Ohne Fragen, ohne Klagen.

Wenn ich an Hagars Stelle gewesen wäre, hätte ich mich sicher schwer getan, mich ohne weiteres auf das einzulassen, was Gott da von mir verlangte. Was er Hagar aufträgt, scheint so einseitig, so ungerecht! Wie ist das möglich, dass Hagar nicht in eine Diskussion mit dem Herrn einsteigt und etwa Folgendes sagt: »Herr, ich werde tun, was du von mir verlangst, wenn ich die Zusicherung bekomme, dass Sarai und Abram ...« Oder: »Herr, gibt es noch eine andere Wahl? Kannst du mich nicht auf eine Karawane stoßen lassen, die mich nach Ägypten mitnimmt?«

Ich vermute, dass Hagars Begegnung mit dem Herrn so überwältigend ist, dass diese Fragen bei ihr nicht mehr aufkommen oder dass ihr klar wird: Wozu sie der Herr auffordert, ist nicht nur der einzige, sondern auch der beste Weg. Gehorsam heißt, das zu tun, was Gott will, ohne daran Vorbedingungen oder Forderungen zu knüpfen. Wir tun, was er sagt, weil er es ist, der es sagt, und weil das, was er uns aufträgt, das Beste ist.

Wenn auch gut – trotzdem ist es ein äußerst schwerer Auftrag. Sich selbst demütigen bedeutet, dass ich die Geringste bin, dass ich den anderen hoch achte, dass ich diejenige bin, die nachgibt ... Menschlich gesehen, hat Hagar Grund, nach dem, was ihr angetan worden ist, zutiefst gekränkt und Sarai böse zu sein. Die Magd als »Ersatzfrau« mag ein allgemein akzeptierter Brauch in jener Kultur gewesen sein, in der Abram und Sarai lebten; das ändert jedoch nichts daran, dass Hagars »Arbeitgeber« die entstandene Situation und vor allem die Spannungen in einer anderen Weise hätten angehen können. Hätte Abram als Familienoberhaupt seine Verantwortung gegenüber beiden Frauen wahrgenommen, wäre die Situation vielleicht nicht in der Weise eskaliert. Wäre Sarai nicht so voll gewesen von ihrem eigenen Kummer und ihrer Empörung und hätte sie Hagars Hochmut durchschaut, hätte sie möglicherweise einen verletzten Menschen gesehen und darüber hinaus eine, die sich in den ersten Monaten ihrer Schwangerschaft befand und emotional ziemlich viel zu verkraften hatte. Wenn Hagar ihrerseits Sarais Reaktion durchschaut hätte ... Wenn ...

Konfliktlösungen werden dadurch so schwierig, dass jeder Beteiligte sich meist eher als Opfer denn als (Mit-)Täter oder Verantwortlicher fühlt. Sarai empfindet sich als Opfer; Abram steht als Zuschauer hilflos dabei, und Hagar deutet mit ihrer Flucht in die gleiche Richtung: Die Situation war untragbar, ich konnte nicht anders ...

Wer vor dem Herrn steht, kann eine solche Argumentation nicht aufrechterhalten. Wer seine Barmherzigkeit erfährt, der kann nicht in eigener Unbarmherzigkeit verharren. Wer gesegnet wird, kann den anderen nicht länger verfluchen. »Lasst uns den Blick auf Jesus richten«, so wird uns in Hebräer 12,2 empfohlen. Und was sehen wir? Den Sohn Gottes, der das absolute Recht hatte, sich selbst zu erhöhen, aber sich dennoch dafür entschied, sich zu erniedrigen und Diener zu sein (siehe Philipper 2,3-8)! Er ließ sich beschuldigen und sogar bestrafen, obwohl ihm nichts vorzuwerfen war und ihn keine Schuld traf. Wenn er beschimpft wurde, erwiderte er das nicht mit gleicher Münze. Er drohte nicht, wenn er litt. Petrus erwähnt diese Dinge und fügt hinzu, dass Christus »euch ein Beispiel gegeben hat, damit ihr seinen Spuren folgt« (1. Petrus 2,21-23)! Das ist keine bequeme Botschaft, und das weiß er. Immer wieder spricht er von Schmerz und Leid, unter anderem in den Versen 19 und 20: »Denn es ist eine Gnade, wenn jemand deswegen Kränkungen erträgt und zu Unrecht leidet, weil er sich in seinem Gewissen nach Gott richtet«, und: »Wenn ihr aber recht handelt und trotzdem Leiden erduldet, das ist eine Gnade in den Augen Gottes.«

Worauf Gott Hagar und uns anspricht, das ist die persönliche Einstellung. Es ist ihre Aufgabe, ihre eigene Verantwortung wahrzunehmen, und nicht ihre Aufgabe, sich umzuschauen, ob der andere das auch (und zuerst!) tut. Aus diesem Grund wird uns auch nicht mitgeteilt, ob Gott nur mit Hagar gesprochen hat oder auch mit Sarai und Abram. Das geht uns nichts an, das ging Hagar nichts an. Was sie anging, war das, was Gott von ihr persönlich forderte: »Geh zurück zu deiner Herrin und demütige dich unter ihre Hand!« (1. Mose 16,9). Hagar, davonlaufen ist der Weg des geringsten Widerstandes, im Übrigen löst es nichts. Es ist besser, sich für den Königsweg zu entscheiden!

Gottes Weg ist ein schwieriger Weg, der persönliches Leid mit sich bringen kann, aber es ist der allerbeste Weg. Sich selbst zu erniedrigen gibt einem vielleicht das Gefühl des Verlierens, doch es bringt Gewinn – für einen selbst wie für andere. Wenn man umkehrt, trägt man wesentlich dazu bei, dass in eine negative und festgefahrene Situation wieder Bewegung kommt. Wenn wir den Seitenweg eigensinnigen Handelns verlassen und auf den Königsweg zurückkehren, bahnen wir den Weg zum Frieden.

Vielleicht hätte Hagar ihre Reise schaffen und Ägypten erreichen können. Eine vorbeiziehende Karawane hätte sie mitnehmen können, und sie hätte in ihrem Heimatland sehr wahrscheinlich eine Unterkunft für sich und ihr Kind gefunden. Aber auch wenn sie in diesem Fall – menschlich gesehen – gut zurechtgekommen wäre – Hagar hätte sich mit ihrer Rückkehr nach Ägypten, mit einer Flucht vor den Problemen einen wichtigen Lernschritt und damit auch persönliches Reiferwerden verbaut. Gehorsam gegenüber Gott bringt diesen Gewinn. Aber das ist nicht einfach! Was Gott von uns verlangt, steht manchmal in krassem Gegensatz zu unserem Empfinden und Wollen. Das gilt auch hier, ja, vor allem in einer Konfliktsituation.

Konflikte rufen meist starke Emotionen hervor; da kommt es zu gegenseitigen Anschuldigungen und zum Wunsch nach Vergeltung. Wir fühlen uns verletzt oder beleidigt und wollen uns verteidigen, uns verwahren und ... unser Recht behaupten. Wie schwer ist es in einer solchen Situation, dem Herrn Dinge zu überlassen, seinen Weg zu gehen, ohne daran Forderungen zu knüpfen, um der Geringste zu sein und auf den anderen zuzugehen. Es gibt fast nichts, was so stark ist wie der Hochmut unserer Rechthaberei und die damit verbundene Forderung, dass der andere uns entgegenzukommen hat und den ersten Schritt zur Versöhnung tun muss.

Solange beide Parteien in diesem Hochmut verharren und an ihren eigenen Forderungen festhalten, wird das Feuer des Konflikts genährt. Dann ist auf beiden Seiten Stillstand, dann gibt es Stagnation statt Wachstum. Auch wenn Stagnation »passiv« ist, wirkt sie sich dennoch aus, nämlich in einem Fäulnisprozess. Ein Weiher, der nie gesäubert wird, wird zu einer schleimigen Algenbrühe und das Leben darin stirbt ab. Von außen betrachtet mag der Weiher vielleicht noch einigermaßen gut aussehen, die Wasseroberfläche ist ganz glatt, aber darunter fault es.

Wir dürfen nie vergessen, dass ein zwischenmenschlicher Konflikt ein starkes Werkzeug in den Händen des Widersachers ist. Streit und Unfrieden reißen auseinander und entfremden, sie lähmen Menschen und rauben ihnen die Energie. Aus diesem Grunde ist der Widersacher darauf aus, böse Gefühle anzufachen und zu nähren, bis er ein Feuer der Bitterkeit angezündet hat, aus dem die Flammen nach allen Seiten schlagen und kaum mehr zu bändigen, geschweige denn zu löschen sind. Zweifellos wird sich der Satan die Hände gerieben haben angesichts des emotionalen Chaos, das im Hause Abrams entstanden war, und gehofft haben, dass Gottes Pläne durch die entstandene Situation gründlich zunichte gemacht wurden. Aber glücklicherweise war er nicht der Einzige, der einen Blick für das Geschehene und für die Tatsache hatte, dass Hagar in einer ausweglosen Situation war. Auch Gott sah das. Er sah, dass sie von sich aus keine positiven Entscheidungen treffen konnte. Hagar lief enorme Gefahr, vom Bösen in ihr vereinnahmt und überwältigt zu werden. Bosheit und Zorn können so tief Wurzeln schlagen, dass wir in eine ausweglose Lage geraten.

Das Gleiche gilt übrigens für Abram und Sarai. Deren Situation sah ebenfalls nicht rosig aus, auch bei ihnen in der Familie werden die Wellen hoch geschlagen sein. Ich denke, dass Abram und Sarai noch längst nicht über alles gesprochen hatten und dass Bosheit, Frustration und Vorwürfe – im Herzen oder ausgesprochen – auch in ihrem Haus ihr vernichtendes Werk begonnen hatten. Vielleicht versuchten sie das Geschehene auszulöschen, indem sie nicht mehr darüber redeten. Aber das, was zugedeckt und nicht gelöst wird, wuchert weiter. Vor den Problemen davonlaufen oder hinterher so tun, als wäre nichts geschehen, ist keine gute Lösung. Diese Dinge müssen aufgearbeitet werden. Und es gibt jemanden, der dabei helfen kann.

Hagar bekam mit ihrem Auftrag zurückzukehren keinerlei Garantien, dass sie mit offenen Armen empfangen würde, dass Sarai wie auch Abram ihr Bedauern bekunden und sie rehabilitieren, ja ihr sogar einen höheren Rang in der Familie geben würden, zum Ausgleich für das ihr angetane Leid. Aller Wahrscheinlichkeit nach war da bei ihrer Rückkehr kein dampfendes Aromabad für sie bereit, um sich von allen Aufregungen zu erholen. Abends lag kein Zettel auf ihrem Kopfkissen mit den Worten: »Willkommen daheim!« Vielleicht wünschte sie sich solche Dinge, erwartete sie einen herzlichen Empfang, vielleicht war das eine unausgesprochene Vorbedingung für ihren guten Willen und ihr Wohlverhalten in der Zukunft. Soweit wir wissen, waren ihr diese Dinge jedoch nicht vergönnt (und sicherlich nicht vom Herrn versprochen).

Aber auch wenn Hagar bei ihrer Rückkehr kein herzlicher Empfang bereitet wurde – sie war bereits liebevoll aufgenommen worden. Sie hatte nämlich bei ihrer Begegnung mit dem

Engel des Herrn auf dem Weg nach Schur etwas sehr Wesentliches und Kostbares empfangen. Sie hatte dort erfahren, dass der Herr ihre Not wahrgenommen hatte, und sie hatte seine Fürsorge für sie gespürt (1. Mose 16,11). Das reichte! Damit konnte sie ihren Weg weitergehen, das gab ihr Zukunft.

Wenn wir auf unserer Lebensreise vor scheinbar unüberwindlichen Hindernissen stehen, muss uns das Wissen genügen, dass der Herr uns sieht und entgegenkommen will. Wenn wir lernen, in solchen Momenten nicht davonzulaufen oder uns in unser Schneckenhaus zurückzuziehen, sondern uns bewusst für den Weg Gottes entscheiden und uns auf seine Gegenwart und Kraft stützen, werden wir buchstäblich weiterkommen. Eine der wichtigsten Lektionen, die wir auf dem Weg mit Gott lernen, ist die Erkenntnis unserer eigenen Unzulänglichkeit und seiner Allmacht, unserer eigenen Kurzsichtigkeit und seiner unendlichen Weisheit. In dem Maße, wie wir mehr von Gott entdecken und erkennen, wer er ist, wachsen wir im Glauben und Vertrauen. Das Bewusstsein der Gegenwart Gottes und seiner Größe gibt uns einen neuen Impuls, wodurch wir im Glauben weiterzugehen wagen und Schritte tun, die normalerweise für uns zu schwer oder sogar undenkbar wären.

Das erfährt und lernt Hagar hier. In der Wüste vernimmt sie Gottes Stimme, sie hört ihren Namen. Sie bekommt vom Herrn die Zusage, dass sie einen Sohn bekommen wird und eine sehr zahlreiche Nachkommenschaft (1. Mose 16,10). Wohlgemerkt: Es geht hier um ihre Nachkommenschaft, um den Sohn von ihr und Abram. Nicht um ein Kind, das sie für Sarai gebären wird; Ismael ist *ihr* Kind. Auch wenn Hagar sich vielleicht wie eine Marionette in den Händen ihrer Herrin gefühlt haben mag – Gott hatte einen eigenen Plan mit ihr.

Gottes feinfühlige Liebe heilt

Wir lesen eigentlich nichts über die Umstände nach Hagars Rückkehr in das Haus Abrams und Sarais. Ich denke, dass das Wichtigste in 1. Mose 16,13 ausgesagt ist, wo sie Gott »El Roï« nennt

(Gott, der nach mir schaut). Hagar spricht dieses Wort mit einer gewissen Verwunderung: »Habe ich hier (nicht) nach dem geschaut, der nach mir schaut?« Sie hatte Gottes liebevolle Annäherung nicht erwartet, auch nicht »verdient«. Aber ist das nicht der Kerngehalt von Gnade, dass der Herr uns entgegenkommt, auch in Momenten, in denen wir ihn nicht direkt suchen?

Es war Gottes feinfühlige Liebe, die Hagar nach dem Konflikt in 1. Mose 16 nicht nur wieder auf die Beine half, sondern ihr auch den Mut gab zurückzukehren. Wäre das nicht geschehen, dann wäre sie möglicherweise zu einem verbitterten und Hass verbreitenden Menschen geworden.

Verbitterung ist ein intensives Gefühl, das uns vergiften, das heißt unser ganzes Wesen und Leben durchziehen kann. Wenn wir zutiefst verletzt worden sind und die Folgen eines Vorfalls schmerzlich spürbar bleiben, werden wir erfahren, dass Bitterkeit immer wieder an die Tür unseres Herzens klopft. Wer von seinem Partner betrogen oder im Stich gelassen worden ist, der wird seine Gefühle des Schmerzes und der Demütigung, dass er abgelehnt und beiseite geschoben worden ist, nicht so einfach los. Es braucht manchmal nur wenig, um Bosheit und Bitterkeit wieder aufflammen zu lassen. Diese negativen Dinge werden in dem Bad der Liebe Gottes gleichsam abgespült; nicht immer mit einem Mal, aber schrittweise. Es war Gottes feinfühlige Liebe, die nach dem schlimmen Vorfall in 1. Mose 16 Hagars Verbitterung im Keim erstickte. Sonst hätte sie nicht zurückkehren können.

Der Ansporn, unseren Teil zur Versöhnung und Wiedergutmachung zu leisten, richtet sich an uns alle. Er gründet in der Liebe Jesu und in seinem Schmerz über Unfrieden. Er ist verknüpft mit dem Versprechen, dass Jesus selbst uns begleitet. Er fragt uns: »Willst du die zur Versöhnung notwendigen Schritte tun, ohne etwas vom anderen zu erwarten? Und ... bist du bereit, dann alles Weitere mir zu überlassen?« Diese Dinge werden in dem Maße möglich, wie wir seine Liebe und Vergebung am eigenen Leib erfahren und entdecken, was es bedeutet, bei ihm Schutz zu suchen.

Der Königsweg führt zu persönlicher Freiheit. Wenn Hagar dem Herrn Gehorsam leistet, gibt er ihr die Kraft, in die Situation zurückzukehren, der sie vorher entflohen war, mehr noch: aufs Neue der Frau zu dienen, gegen die sie vorher rebelliert hat. Gott lädt sie ein, das Recht nicht in die eigenen Hände zu nehmen, sondern aus der Hand zu geben. Nicht an irgendwen, sondern an den, der gerecht urteilt! Hagar wird eingeladen, das Negative loszulassen. Sie braucht den anderen nicht zu bestrafen, sie braucht den anderen nicht zu verändern, das ist alles Sache Gottes. Sie kann ihre geballten Fäuste wieder öffnen und ihre Bosheit und Rache ziehen lassen, um anschließend in ihren geöffneten Händen Gottes Barmherzigkeit und Liebe entgegenzunehmen. Damit wird hinter ihre einsame Wüstenerfahrung des Unfriedens ein Schlusspunkt gesetzt; sie wird befreit und kann erneut ihren Platz als Dienerin einnehmen.

Hagar wird ihre Erfahrung bei der Quelle am Weg nach Schur in den kommenden Jahren gut bewahren müssen. Sie wird sich in Zeiten der Bedrängnis bewusst festhalten müssen an dem, was sie von Gott gesehen und gehört hat. Sie wird sich, wenn er weit weg zu sein scheint oder schweigt, vergegenwärtigen müssen, dass er sie sieht, in der Freude wie im Schmerz. Sie wird sich selbst an die besondere Begegnung mit dem Herrn während ihrer Schwangerschaft erinnern müssen und den Namen, den sie ihm so spontan gab, in ihrem Herzen bewahren. Er ist ein Gott, der nach jedem Einzelnen schaut, ein Gott, der unsere Not sieht und sich um uns kümmert.

Fürs Erste kehrt Hagar zurück, und zu Hause bei Abram und Sarai wird ihr Sohn Ismael geboren. Sie bringt ihn »dem Abram« zur Welt (und nicht Abram und Sarai), so heißt es in bedeutungsvollen Worten am Schluss von 1. Mose 16. Hagar und ihr Sohn werden etwa 17 Jahre im Hause Abrams wohnen bleiben, bevor sie ihre eigenen Wege gehen.

Auseinander?

Konflikte können uns in unabsehbarem Maße auf unserer Lebensreise aufhalten und uns Kraft und Freude rauben. Gelegentlich ist eine Lösung möglich; manchmal aber ist ein Bruch endgültig und werden Beziehungen nicht wiederhergestellt. Es ist bitter, Letzteres sagen zu müssen, doch in unserer Welt mit all ihrer Zerrissenheit ist das eine Tatsache.

Hagar und Sara gingen etwa 17 Jahre nach ihrem ersten Konflikt endgültig auseinander (1. Mose 21,8-21). Während eines Familienfests kam es dazu, dass sie einander erneut mit erhitzten Gemütern gegenüberstanden. Hagars Sohn Ismael war mittlerweile ein halbwüchsiger junger Mann, und Saras Sohn Isaak, etwa 14 Jahre nach Ismael geboren, dürfte etwa drei Jahre alt gewesen sein. An Isaaks Entwöhnungsfest (man feierte, dass er nicht mehr an der Brust gestillt wurde) gab Ismaels Verhalten Anlass zu einem Streit zwischen den beiden Müttern. Die Wellen schlugen auch diesmal ziemlich hoch, und Sara forderte ihren Mann auf, er solle Hagar fortschicken.

Diescs Mal versuchte Abraham zu verhindern, dass Hagar wegging, auch wenn es nur wegen seines Sohnes Ismael war. Es war Gott selbst, der ihm in der Situation zu verstehen gab, er müsse auf Sara hören. Und so geschah es. Das Letzte, was Abraham für seine Nebenfrau und seinen Sohn tun konnte, war die Vorbereitung des Proviants für ihre Reise. Danach schickte er sie fort, und Hagar fand sich erneut in der Wüste wieder. Diesmal war es die Wüste der Ohnmacht; Hagar war ganz auf sich allein gestellt, was die Sorge für sich und ihren Sohn betraf, und am Ende ihrer Kräfte. Sie wurde durch das Eingreifen des Herrn vor dem sicheren Tod bewahrt.

In der zweiten Wüste ihres Lebens bekam Hagar nicht den Auftrag, zu Sara und Abraham zurückzukehren. Gott gebrauchte diesen zweiten Konflikt, um Hagar und Sara voneinander zu trennen. Wie schwer das auch sein mochte – dieser Schritt war in seinem Gesamtplan notwendig. Hagar und Ismael mussten buchstäblich aus dem Haus von Sara und Abraham entfernt werden, damit Raum für Isaak geschaffen wurde, den auserwählten Sohn. Er und nicht Ismael sollte für die Nachkommenschaft sorgen, die Gott Abraham verheißen hatte (siehe u. a. 1. Mose 17,20-21).

Auch wenn in der Heiligen Schrift dieser Fall erwähnt wird (und gleichfalls später ein Konflikt zwischen den Missionaren

Paulus und Barnabas, der ebenso zu einer Trennung führte – siehe Apostelgeschichte 15,35-41), ist das eine Ausnahmesituation und gewiss kein Freibrief für Trennung unter Christen. Wir sollten uns deshalb auch davor hüten, diese Beispiele anzuführen, um uns selbst zu rechtfertigen, wenn wir in einer Konfliktsituation erbost und verbittert auseinander gehen und es anschließend dabei belassen. Das intensive Bemühen um Frieden bleibt unsere Berufung; im Prinzip müsste uns alles daran gelegen sein, Versöhnung zu fördern. Paulus selbst weist uns mit Nachdruck darauf hin: »Haltet euch nicht selbst für weise! Vergeltet niemand Böses mit Bösem! Seid allen Menschen gegenüber auf Gutes bedacht! Soweit es euch möglich ist, haltet mit allen Menschen Frieden! Rächt euch nicht selber, liebe Brüder. (...) Lass dich nicht vom Bösen besiegen, sondern besiege das Böse durch das Gute.« (Römer 12,16-21)

Besiege das Böse durch das Gute ...! Wie schaffen wir das? Indem wir nicht in Bosheit und Unversöhnlichkeit beharren, sondern den Herrn bitten, er möge uns helfen, das Gute konkret anzuwenden. Paulus bekräftigt in Philipper 4,8-9, dass der Gott des Friedens mit uns allen sein wird, wenn wir nach dem Guten streben. In Hebräer 4,16 steht, dass wir mit unseren Schwächen voll Zuversicht vor den Thron Gottes treten dürfen, »damit wir *Erbarmen* und Gnade *finden* und so *Hilfe erlangen* zur rechten Zeit«. Diese Hilfe vom Himmel ist nie knauserig, sondern kommt in reichlichem Maß. Wir werden so reich gesegnet, dass für andere etwas übrig bleibt. Aus diesem Grunde kann Petrus sagen: »Seid barmherzig und demütig! Vergeltet nicht Böses mit Bösem noch Kränkung mit Kränkung. Stattdessen segnet, denn ihr seid dazu berufen, Segen zu erlangen« (1. Petrus 3,8-9).

6. Lebe vor meinem Angesicht

Wir haben uns im vorigen Kapitel vor allem mit dem ersten Konflikt zwischen Sara und Hagar befasst und gesehen, wie Hagar im Auftrag Gottes in den Haushalt Abrams zurückkehrte und unter seinem Dach Mutter von Ismael wurde. 1. Mose 17 nimmt den Faden wieder auf. Es ist 13 Jahre später und Abram ist 99 Jahre alt, als ihm der Herr erneut erscheint. Hat Gott 13 Jahre (und möglicherweise länger) geschwiegen? Und ... hat die Familie einigermaßen wieder zur Ruhe gefunden? Wie dem auch sei, Gott lässt erneut und stark von sich hören. 1. Mose 17,1: »Ich bin Gott, der Allmächtige. Geh deinen Weg vor mir und sei rechtschaffen.«

Bemerkenswert ist, dass dieses Kapitel in 1. Mose mit dem Gottesnamen »der Allmächtige« beginnt, also mit der Übersetzung des hebräischen *El Shaddaj*.[8] Ein großes Geschehen steht bevor: *Gott schließt seinen Bund mit Abram.* Es ist ein ganz entscheidender Moment in Gottes Heilsgeschichte, der durch eine Reihe von Gegebenheiten deutlich markiert wird (siehe 16,16; 17,1+17+24).

1. Mose 17 enthält fünf Gottesworte (Verse 1-2+4+8+9-14+15-16+19-21) über Gottes einzigartigen und ewigen Bund mit Abraham und seiner Nachkommenschaft. Zunächst bemerkt Abram, dass seine Frau und er neue Namen bekommen, die ein Versprechen beinhalten: Abram wird Abraham, Sarai wird Sara. Sie werden gemeinsam einen Sohn bekommen, mit dem Gott einen Bund stiften wird. Isaak (und nicht Ismael) ist derjenige, aus dem der Herr ein »*großes Volk*« hervorgehen lassen will, worüber er bereits in 1. Mose 12,2 mit Abram gesprochen hat. Aber es gibt noch eine tiefere Schicht in den Plänen Gottes: Abraham soll zum Vater »*einer Menge von Völkern*« werden (1. Mose 17,5). Hier, in 1. Mose 17 vernimmt Abraham die freudige Botschaft (siehe Galater 3,8). Seinem Sohn Isaak wird ein besonderer Nachkomme geboren werden: Jesus. Er wird der

Weg zu Gott sein für jeden, der glaubt, für Juden wie Heiden. Der Einzige, der diese große Verheißung aussprechen und verwirklichen kann, ist der Allmächtige selbst. Und Abraham ist ein wichtiges Werkzeug bei der Verwirklichung seiner Pläne.

Der zweifache Lebensauftrag eines Christen

Was hat Abraham zu tun? Nun, in 1. Mose 17,1 bekommt er einen zweifachen Auftrag, in dem zusammengefasst ist, was der Herr von seinen Kindern will. Der Auftrag »Wandle *vor mir* und sei fromm (rechtschaffen)« weist auf ein Suchen der Gemeinschaft mit Gott und ein Leben im Gehorsam. Das eine betrifft die persönliche Beziehung zu Gott, das andere unseren Gehorsam Gott gegenüber. Mit diesem Auftrag wird Abram dazu angespornt, ein Freund Gottes zu sein, ein Mensch, der einen persönlichen, intimen Umgang mit Gott pflegt. Er wird gleichfalls dazu angespornt, ein Jünger zu sein, ein Mensch des Gehorsams.

In der Praxis unseres Lebens kann es passieren, dass einer von beiden Aspekten verglichen mit dem anderen Vorrang bekommt, wodurch im Reifungsprozess eine gewisse Unausgeglichenheit entstehen kann. Manche Menschen neigen dazu, so stark das Leben nach Gottes Geboten (tadelloses Verhalten) in den Vordergrund zu rücken, dass ihre persönliche Beziehung mit dem Herrn (die Gemeinschaft mit Gott) beeinträchtigt wird. Andere betonen besonders die Beziehung und die Gnade und nehmen es mit dem persönlichen Gehorsam im Alltag nicht so genau. Für einen gesunden geistlichen Reifungsprozess und ein ausgeglichenes christliches Leben ist es ganz wesentlich, dass sich beide Aspekte die Waage halten. Der britische Theologe James Packer sagt: »Spiritualität ohne Ethik richtet sich selbst zugrunde, indem sie gefühllos und gesetzlos wird; es geht dann mehr um das Bewusstsein der Gegenwart Gottes als um die Einhaltung seiner Gebote. Ethik ohne Spiritualität richtet sich selbst zugrunde, indem sie zu einem Automatismus und Formalismus, zu Hochmut und

Geistlosigkeit führt. Ebenso wie der Pharisäer folgt man dann den Wegen selbstherrlichen Starrsinns und vergisst, dass Heiligkeit ein demütiges Herz voraussetzt.«

Er sagt weiter: »Heiligung ist wie ein Rundbogen, der auf den beiden Pfeilern Spiritualität und Ethik ruht; sobald einer der beiden Pfeiler einstürzt, bricht der ganze Bogen zusammen.«[9] Kurz zusammengefasst: Unsere persönliche Beziehung mit dem Herrn und unser tägliches Tun und Lassen sind nicht voneinander zu trennen; sie sind wie die beiden Beine, die wir brauchen, um richtig gehen zu können. Fehlt eines oder ist das eine schwächer als das andere, geraten wir aus dem Gleichgewicht.

Lebe vor meinem Angesicht

Im Alten Testament war das Erscheinen vor dem Angesicht Gottes ein heiliger und feierlicher Moment, der mit Ehrfurcht, Erkenntnis der eigenen Nichtigkeit vor Gott und Opfern verbunden war. In 1. Samuel 6,20 wird diese heilige Ehrfurcht zum Ausdruck gebracht: »Wer kann vor dem Herrn, diesem heiligen Gott, bestehen?« In Haggai 1,12 steht, dass »das Volk sich vor dem Herrn fürchtete«. Heiliger Respekt (oder *Gottesfurcht*) meint die tiefe Achtung vor der Größe und Heiligkeit Gottes und den Respekt oder Furcht vor seinem Zorn wegen unserer Sünden.

Gleichzeitig sehen wir Menschen mit großem *Vertrauen* Gottes Angesicht suchen. In 1. Samuel 1,12-15 ist es Hanna, die im Tempel ihr Herz vor dem Herrn ausschüttet. Wie sie das tut, deutet darauf hin, dass der Herr kein Fremder für sie war. Hanna pflegte vertraulichen Umgang mit dem Heiligen; sie suchte mit ehrfürchtigem Freimut seine Nähe.

Ein Leben vor dem Angesicht Gottes beginnt mit der Gnade Gottes. Erst auf seine Einladung hin dürfen wir in seine Nähe kommen. Weil er sein Angesicht über uns leuchten lassen möchte, dürfen wir sein Angesicht suchen. Denken wir nur an den wunderschönen Segen, den Gott Mose für sein Volk gab: »Der Herr segne dich und behüte dich; der Herr lasse sein Angesicht leuchten über dir und sei dir gnädig; der Herr hebe sein Angesicht über dich und gebe dir Frieden« (4. Mose 6,24-26). Das ist es, was Gott seinem Volk, was er *uns* mitteilen will! Er will uns mit seiner Gegenwart segnen. Unsere Antwort besteht darin, dass wir seine Gegenwart auch konkret suchen und uns Tag für Tag neu nach ihm ausrichten. Das meint der Psalmist, wenn er sagt: »So gehe ich meinen Weg vor dem Herrn« (Psalm 116,9). Er beginnt seinen Psalm mit den Worten: »Ich liebe den Herrn« (Vers 1).

Es gibt zwei Menschen im Alten Testament, von denen wörtlich gesagt wird, dass sie mit Gott wandelten. Der eine ist Noah, der in 1. Mose 6,9 wie folgt vorgestellt wird: »Noah war ein gerechter, untadeliger Mann unter seinen Zeitgenossen (die ethische Seite); er wandelte mit Gott« (die geistliche Seite). Der andere ist Henoch (1. Mose 5,22).

Ein vertraulicher Umgang mit Gott landet nicht als schönes, fertiges Päckchen in unserem Briefkasten. Eine tiefe und beständige Beziehung mit dem Allmächtigen ist nicht im Handumdrehen zu haben. Glauben führt nicht automatisch zu einem intimen, vertrauten Lebenswandel mit Gott, ebenso wenig wie eine Heirat automatisch zu einer innigen, vertrauten Beziehung zwischen den Partnern führt. Es erfordert ein aktives Suchen nach der Gemeinschaft miteinander und nach dem Herzen des jeweils anderen – mit Ausdauer, und zwar ernsthaft, aufrichtig und ganz bewusst.

Wenn wir lernen wollen, mit Gott zu gehen, spielen Bibellesen und Beten eine zentrale Rolle; ohne diese Dinge ist ein ausgeprägtes geistliches Leben nicht möglich. Wer seine Beziehung mit Gott vertiefen will, wird Raum schaffen müssen für tägliche persönliche Begegnungen unter vier Augen, in denen wir die Kommunikation mit dem Allmächtigen erlernen. Kommt es nicht zu solchen Begegnungen oder sind sie nur sporadisch, dann wird die Beziehung oberflächlich bleiben. Bleibt die Heilige Schrift im Regal stehen, dann versagen wir uns selbst ein wichtiges Mittel, um Gott besser kennen zu lernen. Üben wir uns nicht im persönlichen Gebet und im Hören auf Gott, dann entbehren wir etwas ganz Kostbares: einen persönlichen Dialog mit unserem himmlischen Vater.

Mose teilte den Israeliten mit, dass die Liebe zu Gott und seinem Wort in ihrem täglichen Leben im Mittelpunkt stehen müsse: »Du sollst sie deinen Söhnen wiederholen. Du sollst von ihnen reden, wenn du zu Hause sitzt und wenn du auf der Straße gehst, wenn du dich schlafen legst und wenn du aufstehst« (5. Mose 6,7). Das Geistliche als Teil des Alltagslebens. Nicht nach dem sonntäglichen Gottesdienst sagen: »Nun, das war's wieder«, und anschließend zur Tagesordnung übergehen, sondern mit den Dingen Gottes und mit Gott selbst befasst bleiben. Nicht erzwungen, sondern natürlich. Nicht verkrampft, sondern entspannt. Nicht gelegentlich, sondern beständig. Denken wir an Davids Worte in Psalm 16,8: »Ich habe den Herrn beständig vor Augen«, und an Psalm 1,2: »Wohl dem Mann, der über seine Weisung (oder: sein Gesetz) nachsinnt bei Tag und bei Nacht.«

Neben der persönlichen Schriftlesung und dem Gebet ist eine ganze Reihe von Dingen zu nennen, die unseren Lebensweg mit Gott beeinflussen. So kann die Wahl, wer unsere nächsten Freunde sind – die Menschen, mit denen wir regelmäßig, intensiv und tief gehend umgehen –, unsere geistliche Reifung fördern, aber auch beeinträchtigen. Die Bibel rückt die Bedeutung gläubiger Freunde in den Vordergrund und warnt vor (zu) großem Einfluss ungläubiger Freunde. »Ich bin ein Freund all derer, die dich fürchten und ehren, und aller, die deine Befehle befolgen«, heißt es in Psalm 119,63. »Wohl dem Mann, der nicht dem Rat der Frevler folgt, nicht auf dem Weg der Sünder geht, nicht im Kreis der Spötter sitzt«, so lesen wir in Psalm 1,1. Hatten diese Menschen keine ungläubigen Freunde oder Bekannten? Doch, ganz sicher, und daran ist auch nichts auszusetzen. Aber wenn man stark werden will im Glauben, braucht man unbedingt auch gläubige Freunde. Kurz: Ihre Freunde, aber auch die Bücher, die Sie lesen, die Fernsehprogramme, die Sie sich anschauen, und die Art und Weise, wie Sie Ihre Freizeit gestalten und wie Sie Ihren Urlaub verbringen – all das hat Einfluss auf Ihren Weg mit Gott. Ein Christ, der wachsen will, muss für die richtige Nahrung und die richtige »Bewegung« sorgen.

Absonderung

Wir haben oben gesehen, dass Gott sich nach der Freundschaft mit seinen Kindern sehnt. Mose ist in dieser Beziehung ein starkes Vorbild. Er hatte gläubige Eltern, wohnte aber nur ein paar Jahre bei ihnen. Sobald er nicht mehr von der Ernährung an der Brust seiner Mutter abhängig war, übersiedelte er als Adoptivsohn der Tochter des Pharao an den (heidnischen) ägyptischen Hof. Jahre später treffen wir ihn am Berg Horeb, wo er seiner alltäglichen Arbeit nachgeht: Er hütet die Schafe seines Schwiegervaters. Da geschieht etwas, was sein Leben entscheidend verändert: In einem brennenden Dornbusch offenbart sich ihm der Engel des Herrn, und er hört die Worte: »Ich bin der Gott deines Vaters, der Gott Abrahams, der Gott Isaaks und der Gott Jakobs.« Mose erhält dort den Auftrag, das Volk Israel aus Ägypten zu befreien und ins Gelobte Land zu führen. Der Auftrag ist mit einem Versprechen verbunden: »Ich bin mit dir!« Als Mose zaudert, wird ihm in unmissverständlichen Worten klargemacht, wer es ist, der da mit ihm spricht. Es ist der Ewige: »Ich bin der ›Ich-bin-da‹« oder: »Ich werde sein, der ich sein werde« (2. Mose 3,1-14).

Hier in 2. Mose 3 beginnt die Freundschaft zwischen dem Herrn und Mose. Die Vertraulichkeit, die ihren Umgang auszeichnet, entstand übrigens nicht von selbst; es war ein jahrelanger Prozess, in dem Mose das Nötige abverlangt wurde. Zweifellos waren die Phasen, die er mit dem Herrn auf dem Berg Horeb verbrachte, von großer Bedeutung, ebenso wie die Momente, in denen er sich bewusst zurückzog, um den Herrn zu suchen.

In 2. Mose 32 kehrt Mose nach einer beträchtlichen Zeit auf dem Berg wieder zurück zum Volk Israel. Diese Rückkehr wird, nachdem er Tage in der Gegenwart Gottes verbracht hat, zu einem absoluten Tiefpunkt für ihn. Noch ganz erfüllt von seiner Begegnung mit Gott wird er mit der Realität einer sündigen Welt in ihrer ganzen Zerrissenheit grausam konfrontiert. Das Volk hat sich zum Götzendienst herabgewürdigt, wie Wilde tanzen sie um das Goldene Kalb.

Ich denke, dass Mose am liebsten gleich wieder umgekehrt wäre auf den Gipfel des Berges, weg von der harten Realität.

Das ist jedoch meistens nicht Gottes Absicht mit uns! Die Herausforderung für Christen besteht darin, hier auf Erden die Beziehung zu ihm lebendig zu halten, mit beiden Beinen auf dieser Erde zu stehen und dabei seinen Weg mit Gott zu gehen.

Nach diesem Vorfall mit dem Goldenen Kalb – und vielleicht auch dadurch veranlasst – schlägt Mose ein Zelt außerhalb des Lagers auf. Er nennt es Offenbarungszelt (nicht zu verwechseln mit der späteren Stiftshütte, die auch Offenbarungszelt genannt wird – siehe 2. Mose 36 und 40,2+6). Dieses Zelt wird ein heiliger Ort für Menschen, die den Herrn suchen. Es ist der Ort, wo Mose Gott in der Abgeschiedenheit begegnet, und da geschieht es: »Der Herr redete mit Mose von Angesicht zu Angesicht, wie ein Mann mit seinem *Freunde redet*« (2. Mose 33,11).

Moses Zelt außerhalb des Lagers war nötig für ungestörte Gemeinschaft mit dem Herrn. Im Lager selbst gelang das nicht. Im Wohnzimmer, wo Kinder aus- und eingehen und der Fernseher läuft, gelingt das auch nicht. Selbst wenn man allein zu Hause ist, gelingt das nicht ohne weiteres. Irgendwo aber muss ein »heiliger Ort« sein.

Um dieses Kapitel zu schreiben, habe ich die Abgeschiedenheit meines Arbeitszimmers gesucht. Ich habe beschlossen, nicht ans Telefon zu gehen (aber jedes Mal, wenn es klingelt, fühle ich mich schuldig und ein bisschen neugierig). Ich kann nicht vermeiden, dass an der Haustür geklingelt wird (Haussammlung, Nachbarin, Päckchen, unerwarteter Besuch), und gerade ist hinter meinem Rücken ein Fax angekommen. Wenn ich mich umdrehe und anfange, es zu lesen, weiß ich, dass ich abgelenkt bin und mich selbst genötigt fühle zu reagieren. Ich weiß auch (aber versuche den Gedanken nicht aufkommen zu lassen), dass auf dem PC, an dem ich arbeite, E-Mails für mich eintreffen können. Wenn ich mir die anschauen würde ...

Wie schwierig ist es in der Praxis des alltäglichen Lebens, sich abzusondern! Es erfordert eine bewusste Entscheidung und anschließend den Entschluss, sich nicht von dieser Entscheidung abbringen zu lassen durch unerwartete Dinge, die zwar schön und vielleicht auch notwendig, aber nicht dringend sind. Das Schreiben dieses Buches erfordert all diese Dinge und darüber hinaus die Disziplin, nicht gleich aufzugeben, wenn es mal nicht so gut läuft; dann eben doch nicht etwas anderes zu tun, anschließend vorläufig nicht mehr ins Arbeitszimmer zurückzukommen und das Manuskript so zu lassen, wie es ist.

Wenn diese sichtbaren Dinge schon solche Schwierigkeiten bereiten, wie schwer wird es dann erst sein, uns abzusondern, um jemanden zu suchen, der nicht sichtbar ist und manchmal unerreichbar zu sein scheint? Ja wirklich, es ist schon eine große Herausforderung, mit einer uns unbekannten Welt vertraut zu werden.

Vor einigen Jahren habe ich mich sehr schwer getan, mich an die Welt und Sprache des Computers zu gewöhnen. Ich gehöre nicht zu der Generation, die damit aufgewachsen ist, und muss ehrlich bekennen, dass das Internet und die ganze virtuelle Welt mir absolut nicht zugeflogen sind. Im Gegenteil, damit einigermaßen vertraut zu werden, hat mich Frustration und Tränen gekostet. Aber ich war der Meinung, dass es sein musste, und siehe da: Jetzt sitze ich vor meinem PC, der mir in vielerlei Hinsicht sehr hilfreich ist. Es hat sich auf jeden Fall gelohnt!

Das Gleiche hört man von Menschen in höherem Alter. Aus unterschiedlichen Gründen haben sie sich darangemacht, sich Dinge wie das Surfen im Internet oder den Umgang mit der Mailbox anzueignen. Es gibt ihnen einen weiteren Horizont und versetzt sie in die Lage, via E-Mail Kontakt mit ihren Enkelkindern zu halten. Auch für sie lohnen sich später die anfänglich mühsamen Übungen; da öffnet sich buchstäblich eine Welt, die auffordert, die sie lockt, weitere zu entdecken. Sollte das nicht auch für die andere unsichtbare Wirklichkeit zutreffen, das Reich Gottes? Wie viel ist es uns wert, damit vertraut zu werden? Haben wir dafür Zeit, Mühe, ja Blut, Schweiß und Tränen übrig? Wir dürfen daran teilhaben, aber es fordert Einsatz und Übung.

Zeige mir deine Herrlichkeit ...

Moses Sehnsucht nach Gott ist groß, er begnügt sich nicht mit dem, was er bereits weiß, er will weiterkommen mit dem Herrn. In 2. Mose 33,18 bittet er Gott, dass dieser ihm seine Herrlichkeit offenbart. Gottes Antwort ist ernüchternd: Kein Mensch kann sein Angesicht sehen, aus dem einfachen Grund, weil er das nicht überleben würde. Heiligkeit und Sünde vertragen einander nicht. Aber der Herr lässt es dabei nicht bewenden. Er ist nicht nur heilig, sondern auch barmherzig. Er kommt seinen Kindern entgegen! In Vers 19 verspricht er Mose seine ganze Schönheit, das heißt seine herrliche und glanzvolle Erscheinung an ihm vorüberziehen zu lassen. Aber er geht noch weiter: Er verspricht Mose, dass er seinen Namen vor ihm ausrufen wird, was bedeutet, dass er sich ihm offenbaren will. Kurz: Gott will sich selbst seinem Freund zeigen.

»Ich möchte dich sehen, erkennen« ist eigentlich die Bitte, die Mose an den Herrn richtet. Und das darf sein, es ist möglich! Doch es wird wohl eine Vorbedingung daran geknüpft: Mose soll sich aufs Neue absondern. Er soll abermals den Berg besteigen, und zwar diesmal ganz allein, kein Mensch oder Tier darf mit. Er soll sich auf den Gipfel des Berges zum Herrn begeben. Und dann kommt das wunderschöne Versprechen: »Hier, diese Stelle da! Stell dich an diesen Felsen. Wenn meine Herrlichkeit vorüberzieht, stelle ich dich in den Felsspalt und halte meine Hand über dich, bis ich vorüber bin.« Auch der Zeitpunkt ist vom Herrn bestimmt: »Halte dich für morgen früh bereit!« (Siehe 2. Mose 33,18-34,3.)

Früh am Morgen besteigt Mose erneut den Berg Sinai. Er hat zwei neue, unbeschriebene Steintafeln dabei, sozusagen ein unbeschriebenes Blatt, auf das der Herr seine Worte schreiben wird. Dann steigt Gott herab und »stellt sich neben ihm hin«. Mose ist losgezogen, um Gott zu begegnen, und er wird nicht enttäuscht: »Der Herr stieg in der Wolke herab und stellte sich dort neben ihn hin. Er rief den Namen Jahwe aus.« Hier, in 2. Mose 34,5-6 offenbart Gott seinem Freund sein Wesen. Er stellt sich vor: »Jahwe ist ein barmherziger und gnädiger Gott, langmütig, reich an Huld und Treue: Er bewahrt Tausenden Huld, nimmt Schuld, Frevel und Sünde weg, lässt aber den Sünder nicht ungestraft ...«

Diese Begegnung, in der der Herr gleichsam seine Herrlichkeit und Barmherzigkeit über Mose ausbreitete, muss überwältigend gewesen sein. Als Mose später zum Volk zurückkehrt, ist er ein anderer Mensch. »Er wusste nicht, dass die Haut seines Gesichtes Licht ausstrahlte, weil er mit dem Herrn geredet hatte«, so lesen wir in 2. Mose 34,29. Mose trägt die Spuren seiner persönlichen Begegnung mit dem Herrn mit sich; es ist gleichsam, als wäre etwas von Gottes Herrlichkeit an ihm hängen geblieben.

Beim Lesen dieser Abschnitte in der Bibel bin ich immer wieder tief beeindruckt von der Gnade Gottes und von der Kraft, die von einer persönlichen Begegnung mit ihm ausgeht. Es wird deutlich, dass Mose die nötige Mühe für diese Begegnung auf sich nehmen musste: Er stand in aller Frühe dafür auf, vergewisserte sich, dass er allein war, und es war ihm eine anstrengende Bergbesteigung wert. Auf dem Gipfel des Berges angekommen, verbarg er sich in einem Felsspalt und wartete. Er hatte Gottes Auftrag entsprochen und hatte sich für eine Begegnung unter vier Augen abgesondert. Gott selbst hielt seine Hand über den Felsspalt. So, als ob er mit eigener Hand eine Tür geschlossen und Mose für ein ungestörtes Beisammensein von der Außenwelt abgesondert habe. Aber auch damit er nicht abgelenkt wurde von anderen Dingen (denn eine Felshöhle ist dunkel). Als diese Bedingungen erfüllt waren, besuchte er Mose und teilte ihm (von) sich selbst mit. Er zeigte ihm, wer und wie er ist.

Dieses Geschehen erinnert an die Worte Jesu in Matthäus 6,6. Er lebte wie kein anderer vor, was ein persönlicher Umgang mit dem Herrn und das Suchen nach ihm in Abgeschiedenheit und Stille bedeutet. Auch er nutzte dafür hauptsächlich die frühen Morgenstunden. Jesus fordert uns auf, in unsere »Kammer« zu gehen und die Tür hinter uns zu schließen, um im Verborgenen mit dem Vater zu reden, um dort sein Wesen zu entdecken, seine Barmherzigkeit, seine Gnade, Geduld, Güte und Treue. Um dabei innezuhalten, davon zu »kosten« und sie zu überdenken. Um sich die Zeit zu nehmen, damit sie in unserer Seele »landen« können. Darüber spricht David in Psalm 27,4. Er schreibt von seiner Sehnsucht, Gottes wunderbares Wesen zu betrachten und darüber in seinem Tempel nachzusinnen. In meinem früheren Buch »Wenn du dich nur noch machtlos fühlst« bin ich ausführlicher darauf eingegangen.

Nebenbei ist es schön zu wissen, dass das griechische Wort, das im Deutschen mit »Kammer« übersetzt ist (in Matthäus 6,6), einen Vorratsraum meint, wie es ihn in der damaligen Zeit in den meisten Häusern im Orient gab. Es war ein kühler Raum, meist in der Mitte des Hauses, der zur Aufbewahrung verschiedenster Lebensmittel diente. Ich stelle mir vor, dass da eine Menge köstlicher Dinge gelagert waren: ein Korb mit Rosinen, Kannen voll Olivenöl, eine Kiste mit Granatäpfeln, vielleicht eine abgedeckte Kanne mit Ziegen- oder Eselinnenmilch.

Ich habe selbst einen kleinen Keller, in dem ich alles Mögliche aufbewahre. Da stöbere ich gerne herum, weil die vollen Regale eine Augenweide sind; da stehen Gläser mit eingemachter Marmelade, Flaschen mit Fruchtsäften, ein großer Rumtopf, eine Kiste mit Winteräpfeln und verschiedene andere Sachen zum Essen. Manchmal hängt ein Stück geräucherter Schinken an einem Balken. Jedenfalls herrlich zum Anschauen und wunderbare Düfte für die Nase! So ist es auch in Gottes Kammer: Man verweilt dort gern, weil darin so viel von Gottes herrlichen Gaben zu entdecken ist. Da steht ein Korb voll Gnade, ein Krug mit Balsam für unsere Wunden, ein Fass voll Liebe und Vergebung, eine Kiste mit Trost, ein Behälter mit Mut, einige Dosen mit kostbaren Lernschritten.

In 2. Mose 34,6 werden einige der wunderbaren Wesenszüge genannt, die zum Wesen Gottes gehören: Barmherzigkeit, Gnade, Langmut, Huld und Treue. Ich sehne mich nach diesen Dingen und brauche sie, aber nehme mir nicht immer die Zeit und mache mir nicht immer die Mühe, sie zu suchen. Selbst bin ich eine Marta-Natur, die durch viele Tätigkeiten in Beschlag genommen wird, wenn sie nicht aufpasst. Ich möchte gerne lernen, auch und vor allem eine Maria zu werden, eine Frau, die das Handeln nicht vernachlässigt, aber die das Verweilen zu Füßen des Herrn wichtig genug findet, um dafür regelmäßig ganz bewusst anderes hintanzustellen.

Weil Absonderung und Stille in der Praxis so schwer zu verwirklichen sind, werden uns in der Heiligen Schrift besonders die frühen Morgenstunden dafür empfohlen. Mose musste für seine Begegnung mit dem Herrn früh aus den Federn. Auch

Jesus gibt uns ein Vorbild für das frühe Aufstehen. Ich finde das nicht immer schön, aber sehr weise, jedenfalls für Menschen mit einem dicht gedrängten Tagesprogramm. In der Nacht sind die Geräusche der Welt allmählich aus den Ohren verklungen, die aufdringlichen Bilder des Alltagslebens haben sich verflüchtigt. Früh am Morgen ist man an einem Punkt, wo sich noch nicht die täglichen Beschäftigungen aufdrängen und einen in Beschlag nehmen. Frühmorgens läuft man am wenigsten Gefahr gestört zu werden. Es ist gut, als Erstes den Herrn zu suchen, den Tag vor ihn zu tragen und danach darauf zu achten, was er wirkt. David fasst das in seinem *Morgengebet* in Worte: »Herr, am Morgen hörst du mein Rufen, am Morgen rüst' ich das Opfer zu, halte Ausschau nach dir« (Psalm 5,4), und ein anderes Mal in Psalm 143,8: »Lass mich deine Huld erfahren am frühen Morgen.« Mose erfuhr diese Huld (und mehr als das) am frühen Morgen in seinem Felsspalt auf dem Berg und konnte als ein erneuerter Mensch dem Tag entgegensehen.

Sei still

Vor ein paar Monaten fuhr ich mit einem jener großen Tragflügelboote, die fast geräuschlos übers Wasser gleiten und einen in dreieinhalb Stunden von Holland nach England fahren. Ich hatte einen Fensterplatz erwischt und freute mich auf einen herrlichen Sonnenuntergang und ein Buch. Daraus wurde nicht viel; nicht weil der Sonnenuntergang nicht schön oder mein Buch nicht spannend gewesen wäre, sondern weil das Schiff total von Lärm und Hektik erfüllt war. Ein paar Jugendliche vergnügten sich an einem Spielautomaten mit einem Verfolgungsrennen, wobei es darum ging, so viele Figuren wie möglich abzuschießen – die Knallerei war ohrenbetäubend. Neben ihnen startete ein etwa 40-Jähriger – ebenfalls vor einem Monitor – eine Verfolgung per Auto: quietschende Reifen und heulende Sirenen! In einer Ecke saßen einige unter flimmernden, bunten Lampen und unterhielten sich laut. Eine richtige Unterhaltung war allerdings gar nicht möglich, weil jedes Stimmengeräusch von harter Musik mit rhythmischem Bassgedröhne übertönt wurde, das bis in den Magen hinein zu spüren war. Einige Kinder liefen herum und quengelten, und in den langen Reihen vor den Fastfood-Theken riefen Leute einander etwas zu. Und als ob das alles noch nicht gereicht hätte, wurden die Passagiere mit farbigen Bildchen und einladenden Worten via Bordvideo angeregt, die Geschäfte auf dem Schiff zu besuchen. Dazu wurde Werbung für das Schiffskino gemacht, wo ein spannender Film lief. In einer Kakophonie von Geräuschen und überspült von der Hektik versäumten die meisten den großartigen Film, den der Schöpfer auf einer horizontweiten »Leinwand« zeigte: den Film eines atemberaubenden Sonnenuntergangs über dem spiegelglatten Meer.

Wir müssen still werden, wenn wir Gottes Wirklichkeit und Gott selbst sehen wollen. Wenn die Welt rings um uns voll Lärm ist, fällt das nicht leicht. Wir sind beinahe nicht mehr daran gewöhnt, ohne Geräusche auszukommen. Mit dem Radiowecker dringt gleich beim Aufwachen eine Stimme oder Musik in unser Schlafzimmer; beim Starten des Automotors schaltet sich automatisch das Radio oder der CD-Player ein. Selbst in der wunderschönen Natur gehen Leute spazieren oder fahren Rad mit Walkman. Und wenn wir am Telefon warten müssen, werden wir ungefragt mit Musik berieselt. Kein Wunder, dass unsere Seelen unruhig sind!

Die Unruhe kommt allerdings nicht nur von außen, sondern auch von innen. Auch das erschwert das Stillwerden. Stille kann sehr bedrohlich wirken; wir entfliehen ihr, wenn wir Angst vor der Konfrontation mit uns selbst und unseren eigenen Gedanken, unserer inneren Unruhe haben.

»Sei nur stille zu Gott, meine Seele, denn von ihm kommt meine Hoffnung«, so sagt David in Psalm 62,6. Für diesen Freund Gottes bedeutet Stille keine Bedrohung, sondern eine Verheißung. David nutzt die Stille, um sein Herz vor Gott auszuschütten und in ihm Ruhe zu finden. Er hat ihn als seine Heimat und Zuflucht kennen gelernt und weiß, dass es bei seinem himmlischen Vater gut hat. David hat keine Eile wegzukommen, er genießt dieses Verweilen bei Gott. Aber ... er muss seine Seele regelmäßig dazu aufrufen, sich in der Stille an Gott zu wenden; auch bei diesem Gottesmann geht das nicht von selbst.

Sprechen und schweigen

Gott hat Freude daran, wenn sich seine Kinder an ihn wenden und unbefangen äußern, was sie bewegt. Wir können Gebete sprechen, in denen wir Gott lobpreisen und ihm danken, in denen wir unsere Sünden bekennen, in denen wir für uns selbst und andere beten. Gott gegenüber das zu äußern, was uns beschäftigt, muss erlernt werden und bedarf der Übung. Die schwerere Übung liegt jedoch im Stillwerden, im anschließenden Verharren, wenn wir selbst alles ausgesprochen haben, im wortlosen Verweilen bei Gott. Das kann ein Stillsein unter Tränen sein, vielleicht aber auch ein hilfloses Schweigen, weil wir nicht mehr weiter wissen. Lernen Sie, sich selbst in diesem Stillsein dem Allmächtigen hinzugeben. Wenn es nichts mehr zu sagen gibt, steht man an der Grenze des Übergangs zu einer neuen und anderen Intimität mit Gott. Es ist so wie mit sehr guten Freunden oder Verliebten, für die Stille nicht nur nicht bedrohlich ist, sondern gerade sehr vertraut und ein Austausch ohne Worte sein kann. Auch in solchen Momenten kann man aufeinander hören, und vielleicht findet man gerade dann näher zusammen, weil man jeweils das Herz des anderen hört. Es ist eine Stille, in der Staunen liegt.

Verlassen Sie die innere »Kammer« nicht, bevor Sie auch Stillsein vor Gott kennen gelernt haben. Entdecken Sie die Freude und Kraft, die sich in einem Ruhen in ihm verbergen. Gehen Sie nicht fort, sondern bleiben Sie und lernen Sie zu kommunizieren auf jener unbekannten, aber kostbaren Ebene, wo Gottes Berührung sehr greifbar sein kann und auf der er spricht!

David fasst das Stillsein bei Gott in Psalm 131,2 in Worte: »Ich ließ meine Seele ruhig werden und still, wie ein kleines (oder: entwöhntes) Kind bei der Mutter ist meine Seele still in mir.« Ein entwöhntes Kind ist vom Gestilltwerden an der Mutterbrust zu fester Nahrung übergegangen. Wenn es seine Mutter sucht, geschieht das nicht mehr mit der früheren Gier und es greift auch nicht mehr nach der Brust, um zu trinken. Das Kind sucht seine Mutter nicht mehr in erster Linie, um etwas für sich selbst zu holen, sondern um bei ihr zu sein. Dafür bedarf es keiner Worte; es sucht ihre Nähe, das Geborgensein bei ihr, ihre Liebe. Dorthin will uns Gott führen. Seine Einladung lautet: »Komm nicht nur oder vor allem, wenn dringende Probleme zu lösen sind, komm nicht nur, wenn schwierige Fragen im Raum stehen. Komm einfach, um bei mir zu sein.«

Wage zu (er-)warten

Stille kann bedrohlich wirken, aber sie bekommt eine ganz andere Bedeutung und einen anderen Inhalt, wenn in der Stille eine Erwartung liegt. Nun ist das Erwarten an sich nicht schwierig, das Warten allerdings wohl! Wenn's lange dauert, werden wir ungeduldig oder gar böse. Wir haben uns in unserer Gesellschaft, in der alles im Handumdrehen zu bekommen ist, an ein hektisches Leben gewöhnt; wir können es uns nicht erlauben, Dinge aufzuschieben, und sind auf schnelle Ergebnisse bedacht. Und da liegt unser Problem! Auf Gott warten und Gott erwarten, das erfordert ein geduldiges Ausschauhalten und eine Wartezeit, die bisweilen sehr lang sein kann. Die innere Kammer ist kein Drive-in, wo wir eben mal schnell am Schalter vorbeifahren, um Gottes fix und fertige Antworten, hübsch in einer Kunststoffdose verpackt, entgegenzunehmen. Es gibt auch keinen Monitor, auf dem wir Gottes Handeln via Mausklick sofort sichtbar machen können.

Der Gott der Bibel sucht ein stilles und empfängliches Herz eines Menschen ohne Eile. Er gibt immer Antwort, nur ... auf seine Weise und zu seiner Zeit. Nicht selten ist die anders und kommt später, als wir denken. Die Wartezeit ist jedoch nie sinnlos oder leer, sondern oft notwendig, um unser Herz auf ein bestimmtes Ereignis oder einen Schritt vorzubereiten und unser eigenes Denken und Wollen nach seinem Willen zu formen. Manchmal ist die Wartezeit erforderlich, um anderswo Menschen und Dinge vorzubereiten. Dieses Vorgehen Gottes ist längst nicht immer offensichtlich. Glaube bedeutet, dass wir daran festhalten: Gott ist treu, auch mir gegenüber und in seinen Plänen mit mir und für mich. Und ... dass wir bereit sind, auf ihn zu warten. »Hoffe auf den Herrn, und sei stark. Hab festen Mut ...«, sagt David in Psalm 27,14. Jesaja drückt das Gleiche aus, allerdings in der Form eines Tadels: »... nur Stille und Vertrauen verleihen euch Kraft. Doch ihr habt nicht gewollt« (Jesaja 30,15).

Einst las ich: »Unsere Welt hat keinen Bedarf an noch mehr hektischen Menschen, vielleicht nicht einmal an noch mehr intelligenten Menschen. Sie braucht ›tiefe Menschen‹, die wissen, dass sie Einsamkeit brauchen, um sich selbst zu finden und so wirklich Mensch zu sein. Wir brauchen Stille, wenn unsere Worte eine Bedeutung haben sollen; wir brauchen Überlegung, wenn unsere Taten sinnvoll sein sollen; wir brauchen Besinnung, wenn wir die Welt so sehen wollen, wie sie ist, und Gebet, damit unser Bewusstsein von Gott an Tiefe gewinnt. Ein kontemplatives Leben, in dem das Beten im Mittelpunkt steht, ist nicht nur für ›Heilige‹ bestimmt, sondern für alle Kinder Gottes.«

Wir werden alle die nötigen Anstrengungen unternehmen müssen, um gehen zu lernen in einer Zeit, wo rennen an der Tagesordnung ist, um still zu sein in einer Zeit, die vom Lärm dröhnt, um Muße zu finden in einer Zeit, wo man »keine Zeit« hat, um Abgeschiedenheit zu verwirklichen in einer übervollen Welt und um mit Gott zu reden in einer Kultur, wo man Kommunikation fast verlernt hat und diese großenteils virtuell (d.h. Pseudo-Kommunikation) ist. Der Gewinn jedoch, den wir daraus ziehen, ist etwas Großartiges: »Kommt zu mir« ist verknüpft mit dem Versprechen »... so werdet ihr Ruhe finden für eure Seele« (Matthäus 11,28-29).

Das Schaffen eines Raumes, wo wir nicht nur Gott, sondern auch uns selbst begegnen, ist wesentlich für den Aufbau eines eigenen inneren Zentrums der Stille, das wir mit uns tragen.

Die Stille muss verinnerlicht werden, das heißt sie muss in unser Herz, unsere Seele hinabsinken. Wenn dort Ruhe ist, werden wir durch die Unruhe unserer Zeit weniger verletzbar sein. Wenn dort Stille herrscht, hat der Lärm der Umgebung weniger Einfluss auf uns. Mit anderen Worten: Wenn Gott mit seinem Frieden in uns hinabgestiegen ist, stehen wir ganz anders in diesem Leben. Dann bekommen wir einen Blick für seinen Sonnenuntergang und all das andere Schöne, das er uns in der sichtbaren und unsichtbaren Welt präsentiert. Dann bekommen wir immer mehr Auge und Herz für ihn und erfüllen Schritt für Schritt immer mehr seinen Auftrag: Lebe vor meinem Angesicht.

7. Sei rechtschaffen!

Der Auftrag, vor Gottes Angesicht zu leben, ist unlösbar mit dem Auftrag verbunden, rechtschaffen zu leben (1. Mose 17,1). Es wären viele Männer und Frauen aus der Bibel zu nennen, die diesen zweifachen Lebensauftrag in ihrem Leben konkret verwirklicht haben, aber von niemandem wird das so direkt und ausdrücklich gesagt wie von Noah in 1. Mose 6,9: »Noah war ein gerechter, untadeliger Mann unter seinen Zeitgenossen; er ging seinen Weg mit Gott.«

Der Begriff »untadelig« wird in einem Wörterbuch umschrieben als »so rein, so gut, so wahr usw., dass man nichts mehr daran auszusetzen hat«. Ein Synonym für das Wort »untadelig« ist »vollkommen«. Das sind große Worte, die wir uns selbst nicht so schnell zuschreiben, und dennoch ist es Gottes Ziel, dass seine Kinder sich gerade hierdurch von der Welt unterscheiden. Selbst verwendet er den Ausdruck »heilig«, und Petrus greift das auf: »Wie er, der euch berufen hat, heilig ist, so soll auch euer ganzes Leben heilig werden. Denn es heißt in der Schrift: Seid heilig, denn ich bin heilig« (1. Petrus 1,15-16; siehe auch 3. Mose 19,2). »Heilig« und »vollkommen« lassen sich auf den Herrn anwenden, aber auch auf seine Kinder! Christen sollen durch die Art, wie sie sind (ihre Persönlichkeit) und wie sie leben (ihr Verhalten) zeigen, dass sie einem heiligen Gott angehören.

Das Wort »heilig« ist nicht sonderlich populär, und Heiligkeit wird häufig mit Fadheit und Bravheit gleichgesetzt. Doch es geht hier um etwas ganz anderes. Die eigentliche Bedeutung von »heilig« ist: abgesondert für Gott. Gott wünscht sich ein Volk, das inmitten anderer Völker auffällt, weil es ihm angehört. Sein Volk besteht aus Menschen, die die Finsternis hinter sich gelassen haben. Sie dürfen im guten Sinne des Wortes auffallen: Als Kinder des Lichts verbreiten sie Gottes Licht. Ihrem Heiligsein haftet keineswegs Langweiligkeit an, im Gegenteil!

Heiligkeit ist etwas sehr Lebendiges, sie strahlt aus und ist anziehend, weil sie schön ist. Das geht übrigens nicht von selbst, es muss gelernt werden und bedarf der Übung. Von daher der Ansporn: »Euer ganzes Leben soll heilig werden« (1. Petrus 1,15), oder: »Strebt nach der Heiligung« (Hebräer 12,14). An den Verben sieht man, dass es sich um eine Entwicklung, einen Wachstumsprozess handelt.

Heiligkeit – unsere Stellung, Heiligung – unser Auftrag

Bevor wir näher auf die praktische Bedeutung eines untadeligen oder heiligen Lebens eingehen, ist es wichtig zu wissen: Gott erklärt die Christen aufgrund ihres Glaubens an Jesus Christus für heilig. Das bedeutet, dass Gott, wenn er auf uns schaut, uns als reingewaschene, geheiligte und gerechtfertigte Menschen sieht (1. Korinther 6,11). Als Heilige also, denn darauf läuft das hinaus! Paulus richtet seinen Brief an die Korinther deshalb auch freimütig »an die Geheiligten in Christus Jesus, berufen als Heilige mit allen, die den Namen Jesu Christi, unseres Herrn, überall anrufen ...« Auch an anderen Stellen im Neuen Testament werden Christen unbefangen als »Heilige« angeredet. Gleichzeitig werden wir aufgerufen, nach Heiligung zu streben. Das erscheint wie ein Widerspruch, aber so ist es nicht.

Ein Mann wird Vater und eine Frau wird Mutter in dem Moment, wenn sie ein Kind bekommen; ihr Vater- und Muttersein ist mit der Geburt ihres Kindes eine Tatsache geworden. Jetzt jedoch müssen sie als Vater und Mutter zu leben beginnen und ihre Stellung als Eltern in der Praxis ihres alltäglichen Lebens unter Beweis stellen. Ebenso ist es mit unserer Heiligkeit. Sie ist unsere Stellung: Wer Jesu Opfer für sich angenommen hat, der steht »heilig, untadelig und schuldlos« vor Gott (Kolosser 1,22). Aber unsere *Heiligkeit vom Status her* erfordert eine Fortsetzung, und das ist unsere *praktische Heiligung*. Tatsächlich werden wir dazu herausgefordert, in der Praxis zu verwirklichen, was bereits vorhanden ist: Wir werden als Heilige zu einem heiligen Leben angespornt. Das bedeutet, dass wir danach trachten, anders zu werden nach dem Bild, das Gott vor Augen hat, wenn er auf uns schaut. Es ist das Bild seines (heiligen) Sohnes.

Mit der Entdeckung, dass es nicht allein darum geht, was wir tun und wie wir uns verhalten, sondern in erster Linie darum, wer wir in Christus *sind,* berühren wir den Kern unserer Heiligung. Es geht nicht um pflichtschuldiges »Wohlverhalten«. Es betrifft nicht unsere Außenseite, sondern eine tief greifende Erneuerung von innen heraus, die eine schrittweise Anpassung an unseren neuen Status bewirkt. Heiligung ist einerseits eine Frucht des Heiligen Geistes, der in uns wohnt und dieses große Werk vollbringt. Andererseits erfordert Heiligung aktiven Einsatz von uns. »Jetzt, da ihr aus der Macht der Sünde befreit und in den Dienst Gottes getreten seid, habt ihr einen *Gewinn* (oder: eine Frucht), der zu eurer Heiligung führt ...«, sagt Paulus in Römer 6,22, während in Hebräer 12,14 zu lesen ist: »*Strebt* ... nach der Heiligung.« Kurz zuvor, im 12. Kapitel des Hebräerbriefes spricht der Schreiber ab Vers 7 über Dinge wie »Züchtigung« und »Übung«, die nötig sind, »damit wir Anteil an seiner (Gottes) Heiligkeit gewinnen«.

Noblesse oblige – Adel verpflichtet

Während der Olympischen Spiele in Atlanta 1996 fiel der niederländische Kronprinz Willem Alexander auf, weil er über die Stränge schlug. Begeistert von den sportlichen Leistungen seiner Landsleute begab er sich spontan in die lautstark und wild herumhüpfende Menge und verhielt sich genauso ausgelassen. Das wurde geschätzt, weil er damit zu erkennen gab, dass er ein normaler Mensch ist. Dennoch wurde Seine Königliche Hoheit später wegen seines Benehmens getadelt, weil sein Verhalten nicht seiner Stellung entsprochen hatte. Als Königskind hat er sich anders zu benehmen als andere Menschen. Vier Jahre später wurde seine königliche Würde deutlicher sichtbar: Der Kronprinz war aufs Neue begeistert über die Medaillen, die die Niederländer in Sydney errangen, aber diesmal zeigte er seine Freude auf eine Weise, die einem Königskind besser ansteht als ausgelassenes Herumhüpfen. Hierdurch bewies er, dass er gereift und in seine königliche Würde hineingewachsen war, er fühlte sich besser darin und benahm sich eines Königssohns würdig.

Paulus ermahnt Christen, »ein Leben zu führen, das des Rufes würdig ist, der an euch erging« (Epheser 4,1). In Philipper 1,27 sagt er, dass sie sich so verhalten sollen, »wie es dem Evangelium Christi entspricht«, und in Kolosser 1,10, dass sie ein Leben führen sollen, »das des Herrn würdig ist«. In 1. Thessalonicher 2,12 ermahnt er sie, »zu leben, wie es Gottes würdig ist, der euch zu seinem Reich und zu seiner Herrlichkeit beruft«. Christen wurde aufgrund ihres Glaubens königliche Würde zuteil, aber jetzt müssen sie lernen, sich wie Königskinder zu verhalten bzw. so, wie es einer »königlichen Priesterschaft, einem heiligen Stamm, einem Volk, das sein besonderes Eigentum wurde« zukommt (1. Petrus 2,9). Wer auserwählt ist, muss sich auch in einer besonderen Weise verhalten. Das ist ein enormes Privileg und eine große Verantwortung.

Eine neue Liebe zum Guten

Wenn Leute den Eindruck haben, Christsein sei etwas, wo man viel muss und wenig darf, liegen sie damit völlig falsch. Wer Christ wird, bekommt keine Zwangsjacke verpasst; er ist frei! Aber er ist durch seine Wiedergeburt auch verändert und deshalb auf andere Dinge orientiert als früher. Ein Christ hat im Augenblick seiner Bekehrung einen »Instinkt« mitbekommen, den man umschreiben könnte als *eine neue Liebe zur Reinheit und einen Widerwillen gegen Sünde*.[10] Er hat gleichsam ein Bündnis mit dem Heiligen Geist geschlossen, der in ihm wohnt, ihn fortwährend begleitet und sich brennend danach sehnt, dass Christus in ihm Gestalt annimmt. Wenn seine Sehnsucht auf einen Christen »übergreift« und in seinem Herzen Aufnahme findet, wächst dort ein heiliges *Wollen*!

In Lukas 19,1-9 wird die Begegnung des Zachäus mit Jesus geschildert. Sie suchen sich gegenseitig: Zachäus ist auf einen Baum geklettert, um Jesus sehen zu können, wenn er vorbeikommt, und Jesus sieht (sucht) ihn. »Komm schnell herunter! Denn ich muss heute in deinem Haus zu Gast sein«, so klingen die überraschenden Worte, die den Oberzöllner blitzschnell den Baum herunterkommen lassen. Zachäus »nahm Jesus freudig bei sich auf«, sagt Lukas. Er erwähnt auch, dass sich die Anwesenden darüber empörten: »Er (Jesus) ist bei einem Sünder eingekehrt.« Ihnen ist nicht klar, dass hier etwas Großartiges geschehen ist: Jesus hat den verachteten obersten Zöllner Zachäus angesprochen und ihm gesagt, dass er in sein Leben kommen will; Zachäus hat ihn in seinem Haus empfangen. Das ist Offenbarung 3,20 in der Praxis: »Ich stehe vor der Tür und klopfe an. Wer meine Stimme hört und die Tür öffnet, bei dem werde ich eintreten, und wir werden Mahl halten, ich mit ihm und er mit mir.«

Jetzt passiert etwas sehr Erstaunliches: Zachäus stellt sich hin und sagt zu Jesus, dass er die Hälfte seines Besitzes den Armen geben und vierfach zurückgeben wird, was er anderen abgenötigt hat. Von solchen Dingen war gar nicht die Rede. Wieso kommt Zachäus darauf? Und warum bringt er das überhaupt zur Sprache? Erpressung gehörte sozusagen zu seinem Beruf, alle Zöllner machten das. Zweifellos hat Zachäus vielen Menschen Schaden zugefügt, ohne dass ihn das je beunruhigt hätte. Und jetzt meldet sich plötzlich sein Gewissen?

Hier sehen wir, wie Heiligung in der Praxis wirkt. Die Begegnung mit Jesus machte aus Zachäus einen neuen Menschen. Die Folge war, dass er, anders als früher, jetzt wohl das Falsche in seinem Gewissen spürte und den Wunsch hatte, die Dinge in Ordnung zu bringen.

Am Schluss einer Tagung, auf der das Thema Heiligung angesprochen worden war, kam eine Frau aufs Podium. Sie sagte vor allen Anwesenden, dass sie vor drei Jahren von ihrem Mann fortgegangen war und eine Beziehung mit einem ungläubigen Mann aufgenommen habe, mit dem sie inzwischen zusammenlebte. Während eines Bibelvortrags auf der Tagung hatte Gott zu ihr gesprochen und ihr war klar geworden, dass ihr Lebensstil in seinen Augen ein Gräuel war. Sie hatte die ganze Nacht nicht schlafen können, und jetzt wollte sie öffentlich bekunden, dass sie ihre Beziehung abbrechen wollte. Unter Tränen bat sie um Fürbitte und Hilfe von anderen, um den Worten Taten folgen zu lassen.

Was war geschehen? Hatten Menschen ihr die Gebote vorgehalten und sie verurteilt? Nein, in dem Vortrag wurde ihr *Jesus* nahe gebracht, und er hatte in ihr den Wunsch geweckt, nach seinem Willen zu leben. Sich auf den Weg zu machen zur Heiligung! Als ich das hörte, musste ich an die Frau denken, die von den Schriftgelehrten und Pharisäern beim Ehebruch ertappt worden war. Als sie die Frau zu Jesus brachten, sprach er sie frei vom Todesurteil, das auf dieses Vergehen stand, und wies sie auf ihre Verantwortung hin, von jetzt an nicht mehr zu sündigen (siehe Johannes 8,1-11). Sie war heilig (rein) gesprochen, von jetzt an sollte sie heilig (rein) leben. Es wird ihr zweifellos schwer gefallen sein, das auch wirklich umzusetzen. Sie musste den Kampf aufnehmen mit ihrer Verliebtheit und mit den Lustgefühlen gegenüber dem Mann, mit dem sie ein ehebrecherisches Verhältnis hatte. Schluss machen mit dem Falschen und für das Gute zu leben beginnen. Auch wenn das schwer war, sie konnte nicht anders, weil sie Jesus begegnet war.

Von Sünden der Unzucht ist in der Heiligen Schrift häufiger die Rede, nicht nur weil Sexualität ein Gebiet ist, wo wir leicht versagen und wovon wir überwältigt werden, sondern auch weil sexuelle Sünden eine Seite haben, die wir oft nicht berücksichtigen: Unzucht betrifft nicht nur uns selbst, sondern auch den Heiligen Geist, der in uns wohnt. »Der Leib ist nicht für die Unzucht da, sondern für den Herrn«, sagt Paulus in 1. Korinther 6,13. »Hütet euch vor der Unzucht! Jede andere Sünde, die der Mensch tut, bleibt außerhalb des Leibes. Wer aber Unzucht treibt, versündigt sich gegen den eigenen Leib. Oder wisst ihr nicht, dass euer Leib ein Tempel des Heiligen Geistes ist, der in euch wohnt und den ihr von Gott habt? *Ihr gehört nicht euch selbst*; denn um einen teuren Preis seid ihr erkauft worden. *Verherrlicht also Gott in eurem Leib!*« (Verse 18-20)

Verherrlicht Gott in eurem Leib ... Auch Ihr Umgang mit der Sexualität soll rein sein. Halten Sie auch da die Hände sauber. In der Praxis ist das offenbar schwierig. Vielleicht ist unsere Unheiligkeit nirgendwo so groß wie auf sexuellem Gebiet. Und nirgendwo hat der Widersacher so viele Siege davongetragen wie gerade auf diesem Gebiet. Die Welt hat ihre Normen so weit verschoben, dass sie sittenlos geworden ist, und ... viele Christen sind in diesem Strudel mittendrin.

»Die Grenzen unseres Gewissens werden fortwährend auf dem Treibsand moralischer Neutralität verschoben«, so las ich einmal. Wir sind nicht so untadelig, wir sind nicht schuldlos, selbst als auserwählte Menschen nicht. Wir tun öfter das, was wir gut *finden* oder als gut empfinden, als das, was gut *ist*, und unterscheiden uns als Gemeinde Christi im Verhalten nicht mehr so auffallend. Wir haben uns an Nacktheit und erotische Filme gewöhnt, an sexuell gefärbte Sprache und Witze, und auch unter uns kommt Ehebruch vor. Vielen Menschen (auch Christen) ist die persönliche *Sicherheit* wichtiger als *Heiligkeit* in ihrem sexuellen Verhalten. Anders gesagt: Persönlicher Schutz vor Geschlechtskrankheiten oder Aids hat oft eine höhere Priorität als Schutz der Ehe.

Auch wenn sich die Zeiten geändert haben und wir 2000 Jahre von der Zeit entfernt sind, als Jesus auf Erden lebte, bedeutet das noch längst nicht, dass Gottes Botschaft nicht mehr aktuell ist. Es gibt Dinge, die ewig aktuell bleiben, weil sie vom Ewigen eingerichtet sind. Auf Ehebruch steht zwar nicht mehr Steinigung, aber das heißt nicht, dass Ehebruch jetzt okay ist. Die Welt kann eine gleichgeschlechtliche Partnerschaft gutheißen (und die Kirche kann sogar bereit sein, einer solchen Lebensgemeinschaft den Segen zu geben), aber das heißt nicht, dass das auch in den Augen Gottes gut ist. Eine verheiratete Christin kann Gefallen finden an einem Flirt oder einer Liebesaffäre am Arbeitsplatz, trotzdem bleibt wahr, dass ihr Verhalten eines Königskindes unwürdig ist. Denn darum geht es letztlich: Nicht dass wir untadelig sind um der Untadeligkeit willen, sondern dass wir die Männer und Frauen werden, die Gott vor Augen hat – Menschen nach seinem

Herzen, die ein Verhalten zeigen, das ihres Königs und ihrer Stellung als Königskinder würdig ist.

Auch nach unserer Bekehrung müssen wir sehr darauf achten, dass wir uns nicht mit »weltlichen Bakterien« infizieren und unsere persönliche Veränderung blockieren. »Wehe der Welt mit ihrer Verführung!«, sagt Jesus. Und dann gebraucht er das Bild von drei Körperteilen, die zum Mittel einer Sünde werden können, und fordert uns auf, kurzen Prozess zu machen: »Wenn dich deine Hand oder dein Fuß zum Bösen verführt, dann hau sie ab und wirf sie weg! ... Und wenn dich dein Auge zum Bösen verführt, dann reiß es aus und wirf es weg!« (Matthäus 18,8-9). Das griechische Wort, das hier mit »das Böse« übersetzt wird, lautet *skandalon* (Stolperstein).

Unsere Hände, Füße oder Augen können uns straucheln lassen oder – noch schlimmer – uns irgendwo hineinrennen lassen. Es sind unsere Hände, mit denen wir nach Dingen greifen, unsere Füße, die uns auf falsche Wege bringen, und unsere Augen, mit denen wir nach Dingen schauen, die nicht für die Augen von Heiligen bestimmt sind. Mehr als uns lieb ist, folgen wir unseren Begierden wie ein Sklave seinem Herrn und sind wir ungezügelt in unserem Verhalten.

Streben nach Heiligung bedeutet, dass wir unseren Begierden den Kampf ansagen und uns ständig (und immer aufs Neue) auf ein heiliges und reines Leben ausrichten. Gewöhnung ist eine gefährliche Sache, und das Abgewöhnen falscher Dinge erfordert eine radikale Entziehungskur, bei der der eigene Einsatz unentbehrlich ist. Wenn man aufhören will zu rauchen, muss man die Finger von den Zigaretten lassen. Will man Übergewicht reduzieren, muss man den Einkauf verführerischer Dinge vermeiden und den Kühlschrank oder die Plätzchendose nicht mehr so oft öffnen. Anfangs klappt das vielleicht recht gut, aber bevor man es sich versieht, fällt man in seine alten Gewohnheiten zurück. So ist es auf anderen Gebieten auch.

In dem Maße, wie die Welt ihre Normen weiter gesteckt hat, sind auch wir in einer Reihe von Dingen bequemer geworden.

In dem Maße, wie die Welt toleranter wird, sind wir es auch. Wir gehen davon aus, dass der Herr voll Liebe und Verständnis mit uns mitgegangen ist. Und da wir nicht die Einzigen sind, die nach und nach Grenzen verschoben haben, machen wir uns weiter keine allzu großen Gedanken darüber. Aber ... auch wenn die Welt in ihrem Denken lockerere Maßstäbe ansetzt, Gottes Sicht der Heiligkeit hat sich nicht geändert. Diese Heiligkeit betrifft unser ganzes Leben – Denken, Reden, Tun und Lassen.

Gnade

Heiligung ist kein automatisch ablaufender Prozess; es ist harte Arbeit, denn unsere alte Natur trumpft regelmäßig auf und weist uns in eine andere Richtung. Geldgier kann tief verwurzelt sein, Unreinheit oder Unfreundlichkeit ebenso. Wir sind diese schlechten Neigungen nicht ohne weiteres los, so gern wir das möchten. Es hat deshalb auch seine Bedeutung, dass Petrus' Ansporn »Seid heilig« eine andere Empfehlung vorangeht: »... setzt eure Hoffnung ganz auf die Gnade, die euch bei der Offenbarung Jesu Christi geschenkt wird« (1. Petrus 1,13).

An der Gnade festhalten (und nicht auf uns selbst zählen) ist ganz wesentlich für einen Heiligungsprozess, wie Gott ihn will. Es ist nur möglich, wenn diese tiefe Verbindung besteht: er in uns und wir in ihm. Wenn unsere Heiligung das Werk unserer eigenen Hände ist, laufen wir Gefahr, pharisäerhaft zu werden. Diese Menschen meinten, sie könnten aus sich heraus heilig sein, kamen aber über Scheinheiligkeit nicht hinaus. Ihre Heiligkeit blieb an der Außenseite. Dass ihre Frömmigkeit nicht nur kein Fundament hatte, sondern vorgetäuscht war, zeigte sich an ihrer Haltung. Die frommen Pharisäer waren von sich selbst völlig eingenommen und zeigten nichts von der Gesinnung Christi. Da ihre Heiligkeit losgelöst war von einer Beziehung zu Gott, wurde der Herr durch sie nicht sichtbar.

Frei, aber nicht gesetzlos

Wie viel Freiheit haben Christen, selbst zu entscheiden, was sie tun und lassen? Die Antwortet lautet: viel! Aber damit ist nicht alles gesagt! Der Herr hat uns mit seinen Zehn Geboten klare Gesetze gegeben, an die wir uns halten sollten. Es sind Gesetze zum Leben, nicht einschränkend, sondern beschützend und als solche Raum schaffend. Wir sind, so sagt Paulus, zur Freiheit berufen: »Zur Freiheit hat uns Christus befreit« (Galater 5,1). Doch diese Freiheit kann missbraucht werden.

Der verlorene Sohn erklärte sich selbst für frei, als er seinen Begierden folgte und sich der Zügellosigkeit überließ. Er verließ die sichere Umgebung des Hauses (und der Hausordnung) seines Vaters, aber entdeckte nach und nach, dass dieser selbst gewählte Weg in den Abgrund führte. Sein buchstäblicher Untergang führte zu dem Entschluss, in sein Vaterhaus zurückzukehren, wo gut zu leben war (Lukas 15,11-32).

In uns allen verbirgt sich jener Drang nach zügelloser Freiheit, den der verlorene Sohn hatte. Auch bekehrte Menschen, die dem Vater angehören, lassen sich regelmäßig doch wieder durch eigene Begierden auf einen Weg bringen, der vielleicht auf den ersten Blick etwas harmlos (und in jedem Falle anziehend) scheint, es aber nicht ist. Wir missbrauchen unsere Freiheit, die Gott uns geschenkt hat. Und so wie der Vater im Gleichnis lässt er uns ziehen!

Paulus äußert sich in Galater 5,13 unmissverständlich zum Missbrauch unserer Freiheit als »Vorwand für das Fleisch«. Wir dürfen nicht zulassen, dass allein unsere Gefühle das Sagen haben, sondern müssen lernen, uns in unserem Tun und Lassen vom Wort und Geist Gottes leiten zu lassen (Kolosser 3,16 und Galater 5,16). Nicht tun, was wir gut finden, sondern was gut ist. Das erfordert ein Umdenken und dass wir uns wirklich am Riemen reißen. Paulus: »Daher soll die Sünde euren sterblichen Leib *nicht mehr* beherrschen, und seinen Begierden sollt ihr *nicht mehr* gehorchen. Stellt eure Glieder nicht der Sünde zur Verfügung als Waffen der Ungerechtigkeit, sondern stellt euch Gott zur Verfügung« (Römer 6,12-13; siehe auch 1. Petrus 1,14).

Gott weiß, dass wir sein Gesetz nicht halten können, und – Gott sei Dank – hängt unser Leben nicht davon ab. Es gab nicht nur den Berg Sinai (den Berg des Gesetzes), sondern danach auch Golgatha (den Berg der Gnade). Dort wurde das Kreuz Jesu zwischen dem Gesetz und Gott errichtet. Golgatha hat bewirkt, dass wir – in Christus – befreit sind von einem verkrampften Leben nach seinen Gesetzen, in der Hoffnung, Gottes Gunst und Zuneigung zu verdienen. Wir sind befreit von der quälenden Unsicherheit im Blick auf unser Heil, vom alles beherrschenden Schuldgefühl, dass wir es nie recht machen und deshalb auch nicht schaffen. Wir schaffen es auch nicht, und aus diesem Grunde ist Jesus gestorben! Sein Tod und seine Auferstehung haben bewirkt, dass wir trotz mangelnder Einhaltung des Gesetzes gerettet werden. Wir sind davon befreit in dem Sinne, dass wir unsere Gerechtigkeit nicht von daher zu erwarten brauchen.

Aber auch wenn wir vom Gesetz frei sind, wir sind nicht gesetzlos! Sollten wir alles über Bord werfen, dann schaden wir uns selbst und anderen. Gottes Gesetz als solches ist nicht selig machend, aber es ist unverändert gut und weist den Weg! Davon redet Psalm 119, ein Lobgesang auf das Gesetz: »Ich freue mich über deine Verheißung wie einer, der reiche Beute gemacht hat. ... Deine Weisung habe ich lieb. ... Alle, die deine Weisung lieben, empfangen Heil in Fülle, es trifft sie kein Unheil« (Verse 162-165).

Wir können Gottes Liebe nicht verspielen, aber Gott wohl enttäuschen und seinem Namen Schande bereiten. Wir können auch unserer eigenen Heiligkeit, die Gott uns geschenkt hat, Gewalt antun, unsere Hände beschmutzen, unsere Seele besudeln.

Gott sei Dank gibt es immer einen Weg zurück, der ebenso wie bei dem verlorenen Sohn mit einer Umkehr beginnt (so dass wir wieder in die richtige Richtung sehen) und mit den Worten: »Vater, ich habe mich versündigt« (Lukas 15,21). Wer diese Umkehr vollzieht, wird erfahren, dass Gott treu, gerecht und bereit ist, uns immer wieder zu vergeben und von allem Unrecht zu reinigen (1. Johannes 1,9).

Neue Menschen – neue Kleidung

Derselbe Paulus, der immer wieder auf unsere Freiheit pocht, zählt in seinen Briefen eine ganze Reihe von Dingen auf, deren wir uns als heiliges Volk enthalten sollten. Es sieht so aus, als würde er uns allerlei neue Regeln auferlegen, denn seine Verbotslisten haben es in sich! Was wir ablegen müssen, sind Dinge wie Unzucht, Unsittlichkeit, ausschweifendes Leben, Götzendienst, Zauberei, Feindschaften, Streit, Eifersucht, Jähzorn, Eigennutz, Spaltungen, Parteiungen, Neid, Trink- und Fressgelage (Galater 19-21); Bitterkeit, Wut, Zorn, Geschrei, Lästerung und alles Böse (Epheser 4,31); Habgier, Sittenlosigkeit sowie albernes oder zweideutiges Geschwätz (Epheser 5,3-4). Und als ob das alles noch nicht reichen würde, nennt Paulus auch noch Wutausbrüche, Bosheit, Lästerungen, Zoten und Lügen (Kolosser 3,8-9). Von derartigen Dingen dürfte seiner Meinung nach nicht einmal die Rede sein: *»wie es sich für Heilige gehört«*, das *»schickt sich nicht«* (Epheser 5,3-4).

Die Listen des Paulus sind lang und detailliert, aber sicher vom Apostel nicht als neues Gesetz gemeint. Es ist eine persönliche Checkliste für unser Verhalten im Privatleben, in der Öffentlichkeit und der Gemeinde. Ich vermute, dass Paulus jene Dinge beim Namen genannt hat, denen er ständig wieder unter Christen begegnete. Vielleicht waren sie sich selbst dessen gar nicht so bewusst, aber er wurde wiederholt damit konfrontiert. Sie sind übrigens ganz aktuell, diese Auflistungen! Zum Beispiel auf dem Gebiet unseres Sprechens: Geschrei und Flüche, Zoten oder albernes Geschwätz, Lästerung, schmutzige Worte und Lügen. Es ist leider wahr, dass Christen sich nicht immer mit einem reinen Sprachgebrauch hervortun. Vielleicht verziehen wir kaum eine Miene oder erröten nicht bei Bemerkungen oder Witzen, die eine Ladung Unzucht oder Gotteslästerung in sich bergen. Wir beteiligen uns vielleicht selbst daran. Es kann eine Frage der Gewöhnung sein, wir hören um uns herum kaum anderes. Auch negatives Gerede ist uns nicht fremd. Wie schnell passiert es, dass wir einen anderen beleidigen oder verletzen? Jesus aber fiel auf, weil Worte der Gnade über seine Lippen kamen.

Die Frucht des Geistes

Immer wieder, wenn Paulus eine Reihe tadelnswerter Dinge nennt, stellt er ihnen schöne gegenüber. Das Ablegen oder Ausrotten des Bösen ist kein Ziel in sich, es geht darum, dass wir uns mit dem Guten bekleiden: Liebe, Freude, Friede, Langmut, Freundlichkeit, Güte, Treue, Sanftmut und Selbstbeherrschung (die Frucht des Geistes; siehe Galater 5,22); Barmherzigkeit und Vergebung (Epheser 4,32); aufrichtiges Erbarmen, Güte, Demut, Milde und Geduld (Kolosser 3,12-14). Diese Eigenschaften – deren Krönung »die Liebe als Band der Vollkommenheit« ist – gehören zu von Gott auserwählten Heiligen und Geliebten. So steht es auch in Kolosser 3,12: »Bekleidet euch damit, denn ihr seid *seine auserwählten Heiligen ...*«

Ganz frappierend ist, dass die Dinge, die wir ablegen müssen, fast ausschließlich *Verhalten* betreffen, während es sich bei den Dingen, mit denen wir uns bekleiden sollen, um *Haltungen* handelt. Verhalten ist etwas, worüber wir ein gewisses Maß an Kontrolle ausüben; wir können uns darum bemühen, nicht gleich wütend loszubrüllen, freundlicher zu sprechen, uns auf sexuellem Gebiet zu beherrschen und bestimmte negative Verhaltensmuster zu durchbrechen. Wir können unser Verhalten nötigenfalls mit Hilfe anderer korrigieren. Uns selbst können wir jedoch nicht neu einstellen, in diesem Sinne, dass wir von innen heraus neu werden. Ein Mensch kann das zwar wollen oder probieren, aber er kann sein Grundproblem, eine von Gott abgewandte Natur, nicht selbst lösen. Er kann nicht am 31. Dezember sagen: »Wenn morgen das neue Jahr beginnt, starte ich als ein neuer Mensch.« Er kann seine guten Vorsätze fürs neue Jahr äußern, aber das macht ihn nicht zu einem neuen Menschen. Wenn er am 1. Januar aufsteht, ist er derselbe Mensch, der er am 31. Dezember war.

Für den, der Jesus kennen gelernt hat, sieht das ganz anders aus. Er hat, so sagt Paulus, bei seiner Wiedergeburt den alten Menschen abgelegt (sogar begraben) und sich mit dem neuen Menschen bekleidet (Epheser 4,20-24). Der neue Mensch ist keine abzählbare Summe guter Eigenschaften, die wir uns nach und nach zu Eigen machen. Es ist Jesus selbst, mit dem wir uns bekleiden müssen (Römer 13,14), und mit ihm bekleiden wir uns mit seiner Gesinnung, mit seiner Liebe, Geduld, Freundlichkeit, Demut, Barmherzigkeit und all den anderen guten Haltungen. Losgelöst von ihm sind sie nicht zu bekommen. In und mit ihm sind sie aber potentiell in uns vorhanden. Sie wachsen in uns als Frucht des Heiligen Geistes.

Paulus' Auflistung von Eigenschaften, die in einem Kind Gottes sichtbar werden können, ist nicht erschöpfend, aber sie zeigt die Richtung. Es geht darum, dass die Gesinnung Jesu in uns Gestalt annimmt. Es ist fast unfassbar, dass Gott etwas so Großes mit uns vorhat und dass wir trotz all unserer Grenzen Ebenbilder Gottes sein dürfen! Von uns aus haben wir gar nichts, was auch nur einigermaßen dem nahe kommt, was Jesus vorlebt. Trotzdem dürfen Christen durch ihre Liebe und Geduld auffallen. Durch die Tatsache, dass wir uns dafür entscheiden, den Weg des Friedens zu gehen, wenn Streit viel näher liegen würde. Durch unsere Freundlichkeit, wenn Bosheit durchaus verständlich wäre. Indem wir vergeben, statt zu hassen oder Rachegefühle zu hegen. Durch Wahrheit an Stelle von Lügen, durch Barmherzigkeit an Stelle von Verurteilung. Wir können nach dem Guten streben und dabei um Gottes Hilfe bitten (und darauf zählen). Er wird unsere guten Entscheidungen segnen und »das Wollen und das Vollbringen bewirken«, mit einem Ziel: dass Gottes Wesen in all seiner Vielseitigkeit und Vielfarbigkeit in seinen Kindern sichtbar wird (siehe Philipper 2,12-13).

Die Begriffe »legt ab« und »bekleidet euch mit«, die in den Paulusbriefen häufig wiederkehren, lassen ans An- und Ausziehen von Kleidung denken. Und so ist es; als Heilige sollen wir Kleidung tragen, die zu unserem Status passt. »Von Herzen will ich mich freuen über den Herrn«, sagt Jesaja, »meine Seele soll jubeln über meinen Gott. Denn er kleidet mich in Gewänder des Heils, er hüllt mich in den Mantel der Gerechtigkeit ...« (61,10). Wie die ersten Menschen von Gott Kleidung bekamen, um ihre Nacktheit zu bedecken (1. Mose 3,21), bekommen auch wir Kleidung: In Christus bedeckt der Herr unsere Nacktheit und

Scham, so dass wir vor ihm als gerechtfertigte, heilige Menschen erscheinen können.

Es gibt verschiedene Abschnitte in der Bibel, in denen etwas über Kleidung gesagt wird. So zeigt eine Vision, die im Buch Sacharja beschrieben ist, den Hohenpriester Josua, der im Beisein des Widersachers seine schmutzige Kleidung (seine Ungerechtigkeit) ablegt und vom Engel des Herrn festliche Gewänder und eine reine Kopfbedeckung bekommt, an der – sehr treffend – eine goldene Plakette befestigt war mit der Inschrift: »Heilig dem Herrn« (siehe Sacharja 3,3-5 und auch 2. Mose 28,36).

In der Josefsgeschichte lesen wir, wie Josef nach seiner Befreiung aus dem Gefängnis prächtig ausgestattet wird: mit einem königlichen Gewand, einem Siegelring und einer Goldkette um den Hals. In den vorangegangenen Jahren wurde ihm zweimal der Mantel weggenommen (1. Mose 37,23; 39,12-13), aber jetzt wird er erhöht und bekommt ein wunderschönes Königsgewand, das seine Stellung als Vizekönig von Ägypten bestätigt (siehe 1. Mose 41,42; 37,23 und 39,12).

Der verlorene Sohn im Gleichnis Jesu tauscht bei seiner Rückkehr zum Vater seine verschlissene und verdreckte Kleidung gegen »das beste Gewand«, einen Fingerring und Schuhe (Lukas 15,22). All diese Menschen – Josua, Josef und der einst verlorene, aber jetzt zurückgekehrte Sohn – bekommen Kleidung, die zu ihrem neuen Status passt. Sie sind geheiligt, und jetzt sollen sie so leben, wie es sich für Heilige gehört.

Wenn wir als neue Menschen in unseren »Kleiderschrank« schauen, entdecken wir Kleidungsstücke, die angesichts unseres neuen Status eigentlich ausrangiert werden müssten. Da liegt ein Pullover, der sich Bitterkeit nennt, eine Bluse, die sich Habgier nennt. Da hängt eine Jacke, die Laster heißt. Es ist sicherlich am Anfang schwierig, nicht mit einem gewissen Automatismus nach diesen alten, vertrauten Kleidungsstücken zu greifen. Wir sind fast damit verwachsen. Aber in dem Moment, in dem wir diesen Kleidungsstücken den Vorzug geben vor unserer neuen Garderobe, haben wir unsere alte Natur über unsere neue siegen lassen. Und eigentlich ... können wir uns in der alten Kleidung nicht mehr sehen lassen! Habsucht, Neid, Laster, das passt nicht zu Heiligen! Heiligung bedeutet, dass wir nach und nach mit unserer neuen Kleidung vertraut werden. Mit dem Pullover, der Freundlichkeit heißt, der Weste, die Geduld heißt, oder der Jacke, die Liebe heißt.

Wir müssen lernen, uns diese schöne Kleidung bewusst anzuziehen und sie nicht nur zu tragen, wenn wir unter Menschen sind, sondern auch dort, wo wir von anderen nicht gesehen werden (aber nie vor Gott verborgen sind). Nach einiger Zeit werden wir dann entdecken: Was zunächst ungewohnt war, wird immer mehr unser Eigenes. In dem Maße nämlich, wie wir Jesus mehr lieb gewinnen, werden wir einen immer stärkeren Widerwillen gegen die Dinge bekommen, die in seinen Augen falsch sind. Wir werden erfahren, dass unser Verstand und unsere Empfindungen in eine andere Richtung gewiesen werden und dass sich unser Verhalten diesem inneren Orientierungswandel anpasst. Wir werden nach und nach stärker nach dem Guten streben, im Denken wie im Verhalten. Das geschieht nicht nur, weil die Gesinnung Christi in uns wächst (Philipper 2,5), sondern weil Christus selbst in uns Gestalt annimmt (siehe Galater 4,19). Das meint Paulus, wenn er ausruft: »Nicht mehr ich lebe, sondern Christus lebt in mir« (Galater 2,20). Und darauf wies Johannes der Täufer hin, als er äußerte, Jesus müsse wachsen und er selbst abnehmen (Johannes 3,30). Das ist ein Prozess, der das ganze Leben andauert. Ein Prozess, in dem ein Christ allmählich ein schönerer Mensch wird, mit Eigenschaften, die ihn schmücken. Nicht zur größeren Ehre seiner selbst, sondern zur Ehre Gottes.

Nach einem alten jüdischen Brauch bekam ein junges Mädchen ein Stück Stoff, das schließlich Teil ihres Hochzeitskleids werden sollte. Sie war jahrelang damit beschäftigt, diesen Stoff zu bearbeiten und mit Stickereien zu verschönern. Das wird recht viel Arbeit gewesen sein, die vielleicht hin und wieder zu Frustration und Tränen geführt hat. Aber in dem Maße, wie diese Arbeit voranging, bekam das Mädchen auch mehr Geschicklichkeit und fand Gefallen daran. Je näher der Termin ihrer Hochzeit rückte, umso schöner war ihr Kleid. Schließlich konnte sie sich an ihrem Hochzeitstag als strahlende Braut mit ihrem perfekten und wunderschönen Hochzeitskleid schmücken.

So ergeht es auch uns. In der Heiligen Schrift wird die Gemeinde Christi als seine Braut bezeichnet. Wir sind, jeder für sich und gemeinsam, im Begriff, uns wie eine Braut zu schmücken. Die Bibel spricht von ihrem Geschmeide (Jesaja 61,10). Es sind die Eigenschaften Christi, die in unserem Leben immer deutlicher sichtbar werden. Gottes Geist macht aus Gottes Kindern schöne Menschen. Unser Kleid kann im Laufe der Jahre zu einem wunderschönen Hochzeitskleid werden, mit dem wir einmal vor Christus treten werden. Darin besteht Heiligung.

Erneut Gnade

Gottes Gnade bedeutet, dass wir in seine Nähe kommen dürfen, so wie wir sind. Im Wesen heilig, aber häufig noch sehr unheilig in unserem Verhalten. Paulus kennt sich da sehr gut aus. Er kann das so schön ausdrücken: »Lege ab – bekleide dich mit«, aber er ist auch ehrlich; es fällt ihm selbst keineswegs leicht: »... das Wollen ist bei mir vorhanden, aber ich vermag das Gute nicht zu verwirklichen. Denn ich tue nicht das Gute, das ich will, sondern das Böse, das ich nicht will.« Seine eigene Ohnmacht führt zu dem Seufzer: »Ich unglücklicher Mensch!« Gleich darauf dankt er Gott von Herzen durch Jesus (Römer 7,18-25). Seine Gnade befreit uns aus Verkrampfungen und setzt uns frei. Sie macht jede Form von Scheinheiligkeit überflüssig.

Neben dem Urteil liegen die Gnade und Barmherzigkeit. Neben der Ablehnung die Einladung. Gott sei Dank, denn wir streben zwar nach Heiligkeit und Rechtschaffenheit, aber erfahren ständig, dass wir es nicht schaffen. Und trotzdem bleiben wir daran, an uns zu arbeiten, weil Gott uns liebt und uns in seinem Sohn heilig gesprochen hat. Und weil er uns zuruft: »Ich bin Gott, der Allmächtige. Geh deinen Weg vor mir, und sei rechtschaffen!« (1. Mose 17,1)

»Geh deinen Weg vor mir«, darin atmet die bedingungslose Liebe eines Vaters, der Freude schöpft aus einem persönlichen und vertraulichen Umgang mit seinen Kindern. »Sei rechtschaffen!«, darin atmet sein Wunsch, dass wir seinem Sohn immer ähnlicher werden. Königskinder, die auffallen in dieser Welt. Menschen, die weder weltkonform noch weltfremd, sondern Christus ähnlich sind. Nahe bei Gott und nahe bei den Menschen. Seine große Liebe und Barmherzigkeit spornen uns an, danach zu streben und ihm durch unser Leben Ehre und Freude zu bereiten.

8. Gott hält sein Wort

Alles hat seine Stunde. Für jedes Geschehen unter dem Himmel gibt es eine bestimmte Zeit«, sagt Davids Sohn Salomo im Buch Prediger. »Es gibt eine Zeit zum Gebären und eine Zeit zum Sterben, eine Zeit zum Pflanzen und eine Zeit zum Abernten der Pflanzen, eine Zeit zum Töten und eine Zeit zum Heilen, eine Zeit zum Niederreißen und eine Zeit zum Bauen, eine Zeit zum Weinen und eine Zeit zum Lachen, eine Zeit für die Klage und eine Zeit für den Tanz, eine Zeit zum Steinewerfen und eine Zeit zum Steinesammeln, eine Zeit zum Umarmen und eine Zeit, die Umarmung zu lösen, eine Zeit zum Suchen und eine Zeit zum Verlieren, eine Zeit zum Behalten und eine Zeit zum Wegwerfen, eine Zeit zum Zerreißen und eine Zeit zum Zusammennähen, eine Zeit zum Schweigen und eine Zeit zum Reden, eine Zeit zum Lieben und eine Zeit zum Hassen, eine Zeit für den Krieg und eine Zeit für den Frieden« (3,1-8).

Wenn wir Abraham in 1. Mose 18 begegnen, hat er viele Dinge erfahren, die Salomo hier genannt hat. Er ist fast 100 Jahre alt und seit etwa 25 Jahren unterwegs mit dem Herrn. Einschneidende Ereignisse, wie sein Wegzug aus Ur, der Abschied von seinem Vater in Haran, das Abenteuer in Ägypten, der Abschied von Lot, die ganze Aufregung wegen Hagars Schwangerschaft und die Geburt Ismaels – das sind alles Dinge, die ihn zutiefst berührt haben. Vor nicht so langer Zeit hat Gott seinen Bund mit ihm geschlossen; er und alle Männer seiner Sippe wurden beschnitten. Wenn man alles auf einen Nenner bringt und Abrahams hohes Alter mit einbezieht, liegt der Gedanke nahe, dass er allmählich genug mitgemacht hat, genug für ein Menschenleben. Nur eines fehlt noch immer: Es ist Sara nicht vergönnt gewesen, ein Kind zu gebären. Sie haben sich nach all den Jahren gedanklich davon verabschiedet, wie sich kurz darauf zeigen wird. Mit Hagars Sohn Ismael ist ein Nachkomme im Haus, und das ist gut so.

»Es gibt für alles eine Zeit«, heißt es im Prediger. Hier, in 1. Mose 18,1, ist es Zeit für ein Mittagsschläfchen. In Mamre bei Hebron, ungefähr 32 Kilometer südlich von Jerusalem, ist es ein Mittag wie jeder andere. Die Sonne steht hoch am Himmel, sengende Hitze. Jeder vernünftige Mensch hat sich in den Schatten seines Zeltes oder unter Bäume auf dem Feld zurückgezogen. Abraham sitzt am Zelteingang und döst: Es gibt eine Zeit zum Arbeiten und eine Zeit zum Ruhen ...

In Mamre wird die Ruhe durch unerwarteten Besuch gestört. »Der Herr erschien Abraham«, so heißt es in 1. Mose 18,1; doch was Abraham sieht, sind drei unbekannte Männer, die aus dem Nichts auftauchen. Als Abraham seinen Blick aufrichtet, stehen sie bereits vor ihm, so geräuschlos sind sie gekommen. Mit einem Male hellwach tritt er ihnen entgegen und verbeugt sich vor ihnen mit den Worten: »Mein Herr, wenn ich dein Wohlwollen gefunden habe, geh doch an deinem Knecht nicht vorbei!«

Die drei Männer werden in der Einzahl angeredet: »Mein Herr!« Einer dieser drei Engel (denn es handelt sich um Boten Gottes) ist der Engel des Herrn. Dieser bleibt bei Abraham, als die anderen beiden später nach Sodom weiterziehen (siehe Vers 22). In jenem Moment jedoch sind sie als Botschafter einer frohen Nachricht gemeinsam gekommen.

Seid gastfreundlich ...

Die Gastfreundschaft, die Abraham und Sara ihren unerwarteten Gästen erweisen, ist großherzig und freigebig. Abraham fordert seine Besucher auf zu bleiben, damit sie sich ausruhen, sich frisch machen und es sich bei Essen und Trinken gut gehen lassen können. Sie bekommen Wasser, um ihre Füße zu waschen, und einen angenehm kühlen Rastplatz unter einem Baum. In der Zwischenzeit macht sich Sara an die Arbeit und backt Fladenbrote. Auch Abraham beteiligt sich an der Betreuung der Besucher; er wählt ein prächtiges Kalb aus, lässt es zubereiten und bedient seine Gäste nach ihren Wünschen (»... er wartete ihnen unter dem Baum auf, während sie aßen« – Vers 8).

In der Zeit und Kultur Abrahams war Gastfreundschaft absolut selbstverständlich und jedermanns Pflicht. Im Alten Testament finden sich eindeutige Verhaltensregeln im Blick auf Rei-
sende und andere, die Nahrung oder eine Unterkunft brauchen.
Dass man Dienern Gottes gegenüber in besonderer Weise verpflichtet war, scheint allgemein bewusst gewesen zu sein, denken wir beispielsweise an die Witwe in Zarpat in 1. Könige 17,
die den Propheten Elia versorgte, und an die Frau in Schunem in
2. Könige 4, die für den Propheten Elisa eine kleine Dachkam-
mer herrichten ließ.

Auch im Neuen Testament ist Gastfreundschaft bezeugt.
Jesus trägt uns auf, Barmherzigkeit zu üben, damit ist es nicht
beliebig, sondern ganz normal. Sie war das, wodurch sich die
Urgemeinde auszeichnete: eine Zuflucht für andere. Von denjenigen, die in der Gemeinde eine Führungsrolle hatten, wurde
fraglos erwartet, dass sie gastfreundlich waren; das gehörte zu
ihrem Amt (siehe beispielsweise 1. Timotheus 3,2 und Titus 1,7-
8). Aber auch andere Christen beteiligten sich daran. Jesus
selbst wurde in vielen Häusern willkommen geheißen, wobei
das von Maria, Marta und Lazarus einer der Orte war, wo er sich
wohl besonders gern aufgehalten hat. Auch Paulus und die
anderen Verkünder der Guten Nachricht waren während ihrer
Reisen auf die Gastfreundschaft der Christen angewiesen. Wenn
Paulus in Römer 12,13 sagt: »... gewährt jederzeit Gastfreundschaft!«, weiß er, wovon er spricht. Er und die Seinen wurden
bei Lydia herzlich aufgenommen, jener Geschäftsfrau, die als
Erste in Europa durch seine Predigt zum Glauben kam (Apostelgeschichte 16,14-15 und 40). Nach einem Schiffbruch verbrachte er auch einmal drei Tage bei Publius, dem angesehensten
Mann Maltas (Apostelgeschichte 28,7). In Kolosser 4,10 trägt er
der Gemeinde auf, Markus, den Cousin des Barnabas, aufzunehmen, »wenn er zu euch kommt«; und im Brief an Philemon geht
er davon aus, dass dieser für eine Unterkunft gesorgt haben
wird, wenn Paulus aus dem Gefängnis kommt.

»Gastfreundschaft ist ein Gabe«, so hört man gelegentlich
(und manchmal wird angefügt: »die ich nicht habe«). Die Heilige Schrift weckt eher den Eindruck eines Auftrags, der Teil des

umfassenderen Gebots der gegenseitigen Liebe ist. In 1. Petrus 4,8-9 spricht Petrus über die Liebe zueinander und eine »Gastfreundschaft, ohne zu murren«. Er spricht hier von *Agape*, Liebe, die sich nach außen richtet und bereit ist, auf die Not eines anderen zu antworten. Offenbar genießen Gläubige dabei einen gewissen Vorrang. Jedenfalls ist es selbstverständlich, dass Christen einander herzlich aufnehmen und wenn nötig eine Unterkunft oder eine Zuflucht anbieten. Angesichts des Drucks, der auf der Gemeinde Christi lastete, ist das nur logisch; vielleicht ist Gastfreundschaft deshalb auch in ehemaligen Ostblockländern und anderen Gebieten so ausgeprägt, wo die Verfolgung und Unterdrückung von Christen an der Tagesordnung ist oder war. Wenn Paulus den Galatern sagt, dass sie allen Gutes tun sollen, fügt er dem hinzu: »... besonders denen, die mit uns im Glauben verbunden sind« (Galater 6,10). Das schließt übrigens nicht aus, dass auch der Fremde bei den Gläubigen freundlich aufgenommen werden soll.

Noch immer ist orientalische Gastfreundlichkeit sprichwörtlich, ein Gast ist König. Auch wenn er unerwartet vor der Tür steht oder unbekannt ist, lässt man im Haus alles stehen und liegen, um ihm einen würdigen Empfang zu bereiten. Vor vielen Jahren ging ich einmal für eine nationale Organisation mit der Sammelbüchse von Haus zu Haus. Als ich während der Essenszeit bei einer marokkanischen Familie klingelte, wurde ich regelrecht bedrängt, hereinzukommen und mit ihnen zu essen. Und als bei einem Bekannten aus dem Jemen zwei fremde junge Männer vor der Tür standen und sagten, sie seien entfernt verwandte Neffen, wurden sie wie selbstverständlich für längere Zeit in seine Familie aufgenommen.

In unserer westlichen, egozentrischen Kultur sieht das meist anders aus. Ich weiß nicht, wie ich an Abrahams Stelle reagiert hätte. Ich bin mir allerdings ziemlich sicher, dass ich nicht vor Begeisterung Freudensprünge machen würde, wenn ich in meinem Schlaf von drei unbekannten Besuchern an der Haustür überrascht würde. Wer einen Mittagsschlaf machen will, zieht manchmal ganz bewusst den Telefonstecker heraus, wodurch er sich für unerreichbar erklärt. In unserer Zeit und Kultur ist eine unerwartete Ankunft bei jemandem nicht ohne weiteres möglich. Wir haben übervolle Terminkalender, und die Tür ist hermetisch abgeriegelt, um unerwarteten oder unerwünschten Besuchern den Zugang zu unserem Haus zu versperren. In bestimmten Gegenden mag es glücklicherweise noch anders zugehen, aber im Allgemeinen ist es so: Wenn jemand etwas von uns will, wird der Terminkalender gezückt und geschaut, ob irgendwo – in einem Monat oder so – noch etwas Freiraum ist. Diese Entwicklung bedeutet eine gewisse Verarmung, und zwar nicht nur weil wir uns wegen unserer beschränkten Gastfreundlichkeit einen Besuch von Engeln im eigenen Haus versagen könnten (siehe Hebräer 13,2), sondern auch, weil Gastfreundschaft zur Mitmenschlichkeit und damit wesentlich zu unserem Menschsein gehört.

Während meiner Reisen in Süd- und Osteuropa werde ich meist bei Christen zu Hause aufgenommen, und das ist immer eine besondere Erfahrung. Ich erinnere mich an ein besonders herzliches Willkommen bei einer Familie in Südeuropa, die mir und drei anderen Unterkunft gewährten. Wir waren zu Bibelvorträgen unterwegs, die ich an verschiedenen Orten hielt. Die Familie wohnte in einem Außenbezirk der Stadt. Direkt hinter der Wohnung lag ein kleiner Kartoffelacker, da standen ein paar Orangenbäume und ein Feigenbaum, und in einer Scheune grunzte eine dicke Sau mit zehn Ferkeln. Wir entdeckten sehr bald, dass unsere Gastgeberin mit ihrem Mann ins Wohnzimmer umgezogen war, um uns ihr eigenes Schlafzimmer anbieten zu können. Wir bemerkten ebenfalls, dass unser Gastgeber gegen halb sechs Uhr morgens ein Holzfeuer anzündete, damit wir warmes Wasser zum Duschen hatten. Beim Frühstück wurden wir von einer strahlenden Familie bedient. Beim Abschied sagte unsere Gastgeberin, sie hätten sich durch unseren Besuch geehrt gefühlt. Eine Woche, bevor wir ankamen, sei ihr in einer Nacht klar geworden, dass wir nicht irgendwelche Gäste wären, sondern Diener des Herrn. In dem Moment, so sagte sie, hätte sie den Entschluss gefasst, alles aus dem Schrank zu holen und uns wie Könige zu empfangen. Ihre Worte bewegten mich und es brachte mich ein wenig in Verlegenheit, eine solche Gastfreundlichkeit zu erfahren. Ich erfahre das jedes Mal von neuem als einen großen Segen und einen Ansporn für mich selbst, anderen gegenüber ein weites Herz zu haben.

Abraham ist in seiner Gastfreundschaft gegenüber anderen sehr großzügig. Er leidet nicht am westlichen Individualismus. Ihm wird es nicht zur Last, wenn er gestört wird. Er ist ein Mann Gottes, der sein Herz und sein Haus für andere öffnet. Er ist nicht nur ein Segen, sondern wird selbst auch gesegnet. Denn mit seinen drei unerwarteten Gästen holt er sich den Herrn selbst (1. Mose 18,13) und mit ihm die Verheißung neuen Lebens in sein Haus.

Die Botschaft, die sie mitbringen, ist an sich nicht neu. Gott hat Abraham in 1. Mose 17,19 wissen lassen, dass seine Frau Sara einen Sohn bekommen wird. Sara selbst weiß davon offenbar nichts. Das entnehme ich ihrer überraschten Reaktion (1. Mose 18,12), aber auch der Tatsache, dass sich der Engel vergewissert, dass Sara in Hörweite ist, bevor er seine Botschaft verkündet (Vers 9). Es ist nicht unmöglich, dass sie vor allem ihretwegen gekommen sind. Ein weiterer Grund für den Besuch könnte sein: Die Botschaft wird wiederholt, um deutlich zu machen, dass die Sache bei Gott feststeht. So hat der Pharao Jahre später zweimal den gleichen Traum, was wie folgt gedeutet wird: »Dass der Pharao gleich zweimal träumte, bedeutet: Die Sache steht bei Gott fest, und Gott wird sie bald ausführen« (1. Mose 41,32). Hier, in 1. Mose 18,10, wird Gottes Versprechen eines Sohnes wiederholt und somit bekräftigt, und dem wird angefügt: »Nächstes Jahr um diese Zeit werde ich wieder zu dir kommen; dann wird Sara einen Sohn haben« (Vers 14). Die Sache steht bei Gott fest und wird zur gegebenen Zeit ausgeführt.

Die Engel bringen eine frohe Botschaft; trotzdem ist Sara, die hinter dem Zeltvorhang dem Gespräch zuhört, nicht hellauf begeistert, als sie hört, dass sie noch ein Kind bekommen wird. Sie braucht daran im Alter von 90 Jahren ehrlich gesagt nicht mehr zu denken. Abraham und Sara sind »alt und in die Jahre gekommen. Sara erging es längst nicht mehr, wie es Frauen zu ergehen pflegt«, so lesen wir in Vers 11. Die Jahre der

Menstruation liegen weit hinter ihr, auch die Wechseljahre hat sie bereits durchlebt. Sara muss deshalb auch über die unerwartete Nachricht lachen und denkt: »Ich bin doch schon alt und verbraucht und soll noch das Glück der Liebe erfahren? Auch ist mein Herr doch schon ein alter Mann!« (1. Mose 18,12). Das Lachen vergeht ihr mit einem Schlag, als der Herr (in Vers 13 wird er als solcher identifiziert) Abraham auf ihre Reaktion anspricht und sagt: »Ist beim Herrn etwas unmöglich?« – und darauf folgen die Worte: »Nächstes Jahr um diese Zeit werde ich ...« (Vers 14)

Abraham und Sara begegnen dem Allmächtigen. Ihre Unfruchtbarkeit zu heilen übersteigt nicht seine Macht; ihr Alter ist ebenso wenig ein Hindernis für ihn. Jahrelang haben sie mit ihrem eigenen Unvermögen gehadert, und jetzt wird das Unmögliche sozusagen im Handumdrehen durch den Herrn möglich! In diesem kurzen Gespräch stehen sie Auge in Auge mit Gottes Allmacht. Von Abraham wird gesagt, dass er Gott glaubte, von Sara hören wir das nicht ausdrücklich, obwohl Petrus sie zu den Frauen zählt, die ihre Hoffnung auf Gott setzten (1. Petrus 3,5-6). Soweit wir wissen, ist dieses Ereignis das erste und vielleicht auch das einzige Mal gewesen, wo sie Gott selbst hat sprechen hören. Fürs Erste fehlen ihr die Worte und sie ist vielleicht etwas beschämt hinter das Zelttuch gekrochen, überwältigt von dem, was da gerade passiert ist. Nach den Worten des Engels hat sie in sich hineingelacht und bei sich gedacht: »Das ist absurd.« Sie hat das nicht laut geäußert, aber der Engel scheint ihre Gedanken gelesen zu haben! Ein Jahr darauf wird Isaak geboren, der Sohn des Wunders.

Unvermögen akzeptieren

Abraham und Sara hatten alle Hebel in Bewegung gesetzt, um die Geburt eines Sohnes zu ermöglichen. Voreilig im Blick auf Gottes Handeln zu der von ihm bestimmten Zeit hatten sie selbst die Regie übernommen. Nach der Geburt Ismaels hatten sie den

Gedanken an einen gemeinsamen Sohn endgültig aufgegeben. Sie hatten sich davon verabschiedet, es gab nichts mehr zu überlegen oder zu regeln. Sara war ihr ganzes Leben lang unfruchtbar gewesen, und jetzt waren sie obendrein alt. Zu alt, um an eine Wende zu denken. Sie hatten sich damit abgefunden, dass Ismael ihr Erbe sein würde; sie hatten es akzeptiert. Genau das, dieser Moment ihres akzeptierten Unvermögens war das Tor zum Wunder und der Zeitpunkt, wo Gott auf den Plan trat. Gottes Allmacht wurde sichtbar und greifbar, als sie ihre eigene Ohnmacht erkannt und alle Hoffnung auf menschliches Eingreifen aufgegeben hatten.

Ich hörte einmal jemanden sagen, einer der bedeutsamsten Beiträge Saras in der Geschichte sei ihr erstauntes Lachen gewesen, mit dem sie der Überzeugung ihres eigenen Unvermögens Ausdruck verlieh. Wenn sie nicht gelacht hätte, dann hätten wir die kräftigen Worte des Herrn vielleicht nie so deutlich gehört: »Ist beim Herrn etwas unmöglich?« Die Worte sind ein Ansporn, weiter an Wunder zu glauben, weiter zu hoffen, auch wenn sich menschliche Hoffnung verflüchtigt hat. Weil der Herr der ist, der er ist, gibt es in der Welt noch Wunder und können wir auch dort, wo unsere eigene Ohnmacht erwiesen ist, noch hoffen und glauben. Gott kann Dinge tun, die unser eigenes Vermögen und unseren Verstand übersteigen (siehe Epheser 3,20).

Gott lässt sich durch unsere Begrenztheit nicht hindern; er ist auf unsere Kraft nicht angewiesen. Er geht seinen Weg mit uns trotz allem. Durch ihn kann in unserem Leben geschehen, was normalerweise unmöglich ist. Wo wir vor verschlossenen Türen stehen und nicht weiter wissen oder können, wo wir mit den Worten am Ende sind, da ist es Gott, der weitergeht! Abraham und Sara brauchten lediglich auf die Allmacht und Kraft Gottes in ihrem Leben zu setzen. Sie brauchten nur im Glauben die Tür zu öffnen und so den Weg für Gott frei zu machen. Er aber ging nicht unabhängig von ihnen vor! Gott bezog Abraham und Sara bei der Ausführung seiner Pläne mit ein. Er ließ sie seine Macht am eigenen Leibe erfahren, indem er ihnen Kraft gab, selbst Vater und Mutter zu werden.

Gott hält sein Wort

In den Monaten nach dem Besuch der Engel ist es keineswegs friedlich und ruhig. Sodom und Gomorra werden durch eine Feuersbrunst verwüstet.

Am Morgen nach der Katastrophe geht Abraham bereits früh zu dem Ort, wo zuvor ein sehr intensiver Dialog zwischen dem Herrn und ihm stattgefunden hat (siehe 1. Mose 18,16-33). Mit Entsetzen sieht er, dass das ganze Land in der Gegend um Sodom und Gomorra nach dem alles vernichtenden Brand unter glühender Asche liegt.

Sein Neffe Lot, der sich mit seinen Töchtern mit knapper Not gerettet hat, hat in einer Höhle in den Bergen Zuflucht gefunden, während Abraham selbst nach der Katastrophe von Mamre in den Süden fortzieht. Er lässt sich als Fremder in Gerar nieder und erlebt dort ein gefährliches Abenteuer, vergleichbar mit seinem früheren Abenteuer in Ägypten. Kurzum, es spielen sich genug Tragödien ab, die Gottes Verheißung eines Sohnes ein wenig in den Hintergrund rücken könnten. Aber Gott steht seine Verheißung noch immer vor Augen, und in 1. Mose 21 ist es so weit.

»Der Herr nahm sich Saras an, wie er gesagt hatte, und er tat Sara so, wie er versprochen hatte. Sara wurde schwanger und gebar dem Abraham noch in seinem Alter einen Sohn zu der Zeit, die Gott angegeben hatte«, so lesen wir in Vers 1-2. Dreimal wird hier hervorgehoben, dass der Herr seine Versprechen erfüllt; dreimal, was gleichzeitig unterstreicht, dass die Geburt dieses Kindes der Verheißung Gottes ganz wichtig ist.

»Isaak« bedeutet »er lacht« und Sara lacht erneut, aber diesmal geschieht das aus reiner Freude und tiefer Dankbarkeit gegenüber Gott (»Gott ließ mich lachen« – Vers 6). In ihrem 90. Lebensjahr erhebt sie stolz ihr Haupt: Sie ist Mutter geworden.

Leider wird ihr das Lachen bald vergehen, denn ihr steht ein sehr schmerzliches Geschehen bevor, auf das wir im nächsten Kapitel näher eingehen werden.

Ist beim Herrn etwas unmöglich?

Wer mit der Heiligen Schrift vertraut ist, wird bei den Worten Gottes in 1. Mose 18,14 eine gewisse Übereinstimmung mit einem Ereignis entdecken, das im Lukasevangelium beschrieben ist. Im Gegensatz zu 1. Mose 18 begegnen wir dort nicht einer alten verheirateten Frau, die unfruchtbar ist, sondern einem jungen ledigen Mädchen, das Jungfrau ist. Ihr Name ist Maria.

»Alles hat seine Stunde. Für jedes Geschehen unter dem Himmel gibt es eine bestimmte Zeit«, sagt der Prediger Salomo. Nun, Maria hat, so wie wir ihr in Lukas 1,27 begegnen, noch nicht so ganz viel mitgemacht, denn sie ist erst etwa 16 Jahre alt. Und wo Abraham auf seine alten Tage im Vorzelt döste und ein wenig über frühere Zeiten nachsann, träumt die junge Maria von ihrer Zukunft. Sie ist mit einem Zimmermann verlobt und vielleicht im Haus oder in der Küche beschäftigt, versunken in Gedanken über ihre Aussteuer, die Gästeliste für die Hochzeit oder den großen Tag selbst, als auch sie durch unerwarteten Besuch überrascht wird. Es ist der Engel Gabriel, der in der Rangordnung der Engel eine Sonderstellung einnimmt als der Engel, »der vor Gott steht«.[11]

Ich bin immer wieder überrascht darüber, dass Maria nicht außer Fassung und total erschrocken war, als sie so plötzlich ihrem unerwarteten hohen Besuch gegenüberstand – ich nehme jedenfalls an, dass Gabriel sichtbar war, er war immerhin »eingetreten« (siehe Lukas 1,28). Er ließ ihr übrigens auch nicht viel Zeit zu erschrecken, denn er fiel sozusagen mit der Tür ins Haus: »Sei gegrüßt, du Begnadete, der Herr ist mit dir.«

So etwas sollte einem mal passieren! Man ist gerade mit irgendwelchen Alltagsdingen beschäftigt, und plötzlich wird man völlig überrascht von jemandem, der eine andere, größere Welt verkörpert und etwas ausspricht, was bestimmt nicht alltäglich ist. Auge in Auge mit diesem »Höheren« scheinen unsere Beschäftigungen mit normalen Dingen und unsere Gedanken über Sachen wie eine Trauung oder die Gästeliste für das Hochzeitsfest mit einem Mal fast profan.

Maria »erschrak« bei den Worten Gabriels, und während sie noch damit beschäftigt ist, deren Bedeutung zu erfassen, ergreift der Engel erneut das Wort: »Fürchte dich nicht ...« (Vers 30). Hat sie Angst oder ist sie vor allem überwältigt und befangen von der Größe dieser Begrüßung, in der sie als Gottes Begnadete bezeichnet wird? Ihre Regung deutet auf ein tiefes Bewegtsein, ein völliges Überwältigtsein. Es ist klar, dass das, was hier passiert, auf sie einen tiefen Eindruck macht.

In unserem Sprachgebrauch wird das Wort »begnadet« manchmal verwendet, um jemanden als sehr begabt zu charakterisieren. Du bist ein begnadeter Künstler, Maler oder ein Pianist mit besonderen Gaben. Das ist hier im Lukasevangelium nicht so zu verstehen; Maria ist nicht begnadet aufgrund von etwas in ihr selbst, worauf sie sich berufen könnte, sondern dank der Gnade Gottes, die ihr zuteil wird. Dies, und nicht die Tatsache, dass sie viel geleistet hat oder wegen ihrer Gaben besonders angesehen ist, macht ihr Begnadetsein aus: Gott sieht etwas in ihr. Er sieht ein Herz, das für ihn empfänglich ist; so, wie er seinerzeit in Ur den Viehzüchter Abram sah und in ihm die Möglichkeit, ein Mann Gottes zu werden.

Als Maria die freudige Botschaft vernimmt, ist sie ebenso verwundert wie vor ihr Sara. Es ist nicht so, dass der Gedanke ans Kinderkriegen bei ihr nie aufgekommen wäre; in ihrer Aussteuer werden sicher Tücher und Windeln für diesen Fall bereitgelegen haben. Doch in dem Moment ist das nicht aktuell, und deshalb fragt sie den Engel, wie das geschehen soll, da sie noch nicht mit einem Mann zusammen war. Die Antwort ist möglicherweise noch verwirrender: »Der Heilige Geist wird über dich kommen...« Fast beiläufig wird ihr auch gesagt, dass ihre viel ältere und bis dahin kinderlose Cousine Elisabeth inzwischen im sechsten Monat schwanger ist. Und darauf folgen diese Worte: »... für Gott ist nichts unmöglich« (Verse 35-37).

»Fürchte dich nicht«, mit diesen Worten hat der Engel Gabriel begonnen. Gottes Beruhigung (denn das war es) hat Maria wahrscheinlich die Ruhe gegeben, die nötig war, um die Botschaft ganz aufzunehmen. Denn Maria hört diese enorme Nachricht ohne Zeugen, es sind keine anderen Personen anwesend, die sie nachher befragen kann, ob sie vielleicht geträumt hat und was da genau gesagt wurde. Sie muss die Worte gut in sich aufnehmen und bewahren. Vielleicht ist das auch der Grund, dass sie sich nach dem Besuch des Engels gleich auf den Weg zu Elisabeth macht, weil sie annehmen kann, dass auch die irgendetwas gehört hat. Elisabeth selbst ist jedenfalls auch überrascht, aber wohl sechs Monate weiter, denn so weit ist ihre unerwartete Schwangerschaft, als Maria bei ihr eintrifft. Ja, in der Tat, für Gott ist nichts unmöglich!

Während Sara nach den Worten des Herrn nervös hinter dem Zeltvorhang lachte und nachher erklärte, sie habe nicht gelacht, reagiert die junge Maria erstaunlich gelassen auf die Botschaft des Engels: »... mir geschehe, wie du es gesagt hast« (Vers 38). Das ist Hingabe! Es ist großartig, weil für dieses junge Mädchen große Dinge auf dem Spiel stehen. Ihre Heirat mit Josef – das an erster Stelle –, denn es ist ja noch fraglich, ob er ihrem Bericht über diese wundersame Begegnung Glauben schenken wird. Ihr Ruf steht auf dem Spiel – denn wenn Josef ihr nicht glaubt, wird sie als ledige Mutter bloßgestellt sein. Auch ihre Beziehungen zu anderen Menschen sind gefährdet – denn wer unverheiratet schwanger ist, bekundet dadurch ein ausschweifendes Leben und läuft Gefahr, verstoßen zu werden. Kurzum, Marias ganze Zukunft steht auf dem Spiel. Jedenfalls nach menschlichem Ermessen!

Durch ihren bedingungslosen Gehorsam gegenüber Gott liegt Marias Zukunft in Gottes Händen. Und wenn für ihn nichts unmöglich ist, dann wird er nicht nur sein Versprechen im Blick auf ihren Sohn erfüllen, sondern auch seine anderen Verheißungen: sein Versprechen der Treue gegenüber allen, die an ihn glauben; das Versprechen seiner Gegenwart in ihrem Leben, seiner Führung und seines Segens. Maria ist beim Herrn in sicheren Händen. Daran wird sie sich klammern und festhalten müssen, denn ihr Weg wird, ebenso wie der von Abraham und Sara, nicht durch einen Rosengarten führen. Ihre Mutterschaft, gerade bei diesem Sohn, wird neben Freude auch sehr viel Kummer in ihrem Leben auslösen. Nicht immer bringt Gehorsam gegenüber

Gott die Art Glück, die wir erwarten; er bringt eben häufig Leiden mit sich.

Als Gabriel Maria die Geburt eines Sohnes verheißt, spricht er vom »Sohn des Höchsten«, dem sie den Namen Jesus geben soll (Lukas 1,31-32). Als jüdisches Mädchen wird Maria die Stelle im Buch Jesaja 7,14 gekannt haben, in der die Ankunft des Messias prophezeit wird. Der Zusammenhang zwischen den Worten des Propheten und ihrer eigenen Situation wird ihr in dem Moment wahrscheinlich nicht bewusst gewesen sein, ihr Herz war wohl voll von dem, was sie gerade erfahren hatte.[12] Von einem Moment auf den anderen hat sich sozusagen der ruhig dahinfließende Bach ihres Lebens in eine gigantische Stromschnelle verwandelt. Neun Monate später gebiert sie nach einer langen, ermüdenden Reise in einem Stall in Bethlehem ihren Sohn Jesus.

Die Ewigkeit in unserem Herzen

Ich begann dieses Kapitel mit Worten aus Prediger 3. Salomos Aufzählung der verschiedenen Phasen in unserem Leben und von Ereignissen, die ständig wechseln, endet mit einem Seufzer: »Welchen Vorteil hat jemand davon, wenn er sich anstrengt?« (Vers 9). Im 1. Kapitel hat Salomo bereits etwas über seinen Versuch gesagt, in dem, was auf der Erde geschieht, einen roten Faden zu entdecken: »Ich hatte mir vorgenommen, das Wissen daraufhin zu untersuchen und zu erforschen, ob nicht alles, was unter dem Himmel getan wurde, ein schlechtes Geschäft war ...« Sein Ergebnis ist nicht positiv. Die Untersuchung als solche ist eine Qual und das Resümee gleichfalls (»Das Ergebnis: Das ist alles Windhauch und Luftgespinst«). Dann kommt er zu dem Schluss, dass zu viel Nachdenken über Dinge nur Kummer mit sich bringt (Verse 13-14+17-18).

Im 3. Kapitel ist er ein Stückchen weitergekommen. Das ist seinen Worten in Vers 11 zu entnehmen: »Gott hat das alles zu seiner Zeit auf vollkommene Weise getan.« Dem fügt er hinzu: »Jetzt erkannte ich: Alles, was Gott tut, geschieht in Ewigkeit.

Man kann nichts hinzufügen und nichts abschneiden, und Gott hat bewirkt, dass die Menschen ihn fürchten« (Vers 14).

Was will Salomo damit sagen? Wenn ich auf das Leben der Menschen schaue, deren Spuren wir in diesem Buch folgen, kann ich mir vorstellen, dass sie längst nicht immer verstanden, was in ihrem Leben geschah. Im Gegensatz zu ihnen können wir ihre Lebensgeschichte überschauen, weil diese vom Anfang bis zum Ende aufgeschrieben und darüber hinaus auch noch gedeutet ist. Das ist so wie die Stickerei, von der Corrie ten Boom gerne sprach als Sinnbild, um unsere beschränkte Sicht der Dinge aufzuzeigen. Wer sie von der Rückseite anschaut, sieht nur ein Wirrwarr von Fäden. Dennoch haben all die verschiedenen Fäden, kurze, lange, in verschiedene Richtungen laufende, hier und dort scheinbar verwickelt und verknotet, einen Sinn. Das sieht man jedoch erst, wenn man sich die Vorderseite anschaut, denn dort entsteht ein wunderschönes, harmonisches Werk. Die Rückseite ist unser Leben, wo so viele verschiedene Dinge stattfinden, dass wir manchmal nicht wissen, wie wir sie einordnen sollen. Manche Ereignisse sind so verwirrend, manchmal scheinbar sinnlos oder sogar widerlich, dass sie eine Qual sind. Je länger wir darüber nachdenken, desto komplizierter wird es. Als Christin muss ich mich immer wieder daran erinnern, dass ich nur die Rückseite der Stickerei meines Lebens sehe. Der Herr, dem ich mein Leben anvertraut habe, erfüllt inzwischen seine ewigen Pläne, woran ich einen Anteil habe, da ich sein Kind bin.

Der Prediger sagt, dass der Mensch das Werk, das Gott verrichtet, vom Anfang bis Ende nicht verstehen kann. Es ist nicht so angenehm, das zu hören, aber dennoch logisch, weil wir nun einmal die Dinge Gottes mit unserem Menschenverstand nicht begreifen können. Doch ist das nicht ganz wahr. Der Prediger sagt auch, Gott habe die Ewigkeit in unser Herz hineingelegt (3,11). Das bedeutet: Auch wenn wir das meiste nicht verstehen, haben wir doch eine Ahnung, dass da mehr ist. Mit anderen Worten: *Wir wissen mehr, als wir verstehen.*

Ist das nicht das Geheimnis des Glaubens: »Feststehen in dem, was man erhofft, Überzeugtsein von Dingen, die man nicht sieht« (Hebräer 11,1)? In der Praxis unseres alltäglichen Lebens bedeutet das, dass unser Blick sich nicht in dem Wirrwarr der Fäden verliert, weil wir von einer wunderschönen Stickerei wissen, an der gearbeitet wird. Wer sich dessen bewusst wird, bekommt eine Sensibilität für die Größe der Einladung Gottes: »Folge mir nach.« Wenn wir darauf unser Ja sagen, wird unser Leben über das Alltägliche hinausgehoben, weil es sich um ewige Pläne handelt, die in unserem Leben vom Ewigen ausgearbeitet werden.

Weder Abraham, noch Sara, noch Maria konnten Gottes Pläne ergründen. Aber sie bekamen Anteil daran, als sie dem Ewigen ihr bedingungsloses Ja sagten und damit seinen Plänen mit ihrem Leben vorbehaltlos zustimmten. Auf Abrahams Ja folgte die Geburt Isaaks und auf Marias Ja die Geburt seines Nachkommens Jesus. Beide Geburten waren eine Erfüllung der Verheißungen Gottes an Abraham: Er würde eine große Nachkommenschaft bekommen, die sowohl ein großes Volk wie eine Menge von Völkern umfassen würde (1. Mose 12,2 und 17,4). Das große Volk verweist auf das Volk Israel, dessen Stammvater Abraham ist. Es besteht aus Nachfahren Isaaks. Er war der Sohn des Wunders, von alten Eltern geboren und von einer Mutter, die ihr Leben lang unfruchtbar gewesen war. Die Menge von Völkern verweist auf Menschen aus allen Völkern und Kulturen, die durch den Glauben an Jesus Christus (dessen Geburt auch ein Wunder war, weil seine Mutter Jungfrau war) zum Volk Gottes kommen werden. Als Sohn von Josef und Maria war Jesus Nachkomme Abrahams; die Heilige Schrift nennt ihn »Stern aus Jakob«. Abraham bekommt in Gottes Heilsgeschichte einen besonderen Platz als Stammvater der Juden und Vorfahr von Jesus und außerdem als Mensch, der uns zeigt, was es heißt, an Gott zu glauben. Denken wir an Paulus' Aussage in Galater 3,7 (»die, die glauben, sind Abrahams Söhne«).

Abraham und Sara, Maria und Josef glaubten Gott auf sein Wort hin und sagten ja zu seinen Plänen mit ihnen. So wird auch von uns nichts anderes gefordert, als Gottes Wort zu glauben und danach zu leben.

Unser persönlicher Gehorsam dem Herrn gegenüber kann auch uns viel abverlangen; auch wir wissen nicht, welche Konsequenzen das langfristig haben wird bzw. welche Kreise es ziehen wird. Tatsache ist, dass derjenige, der sein Leben in Gottes Hände legt, Anteil bekommt an Dingen, die seinen Verstand übersteigen. Wir dürfen darauf vertrauen, dass unser Leben Sinn hat und dass unser persönlicher Gehorsam Früchte abwerfen wird. Wie das genau aussehen wird, liegt bei Gott. Er hält Ausschau nach offenen Händen und einem freien persönlichen Terminkalender, in den er seine Pläne eintragen darf – hin zu einem unbefangenen Ja und einem »Mir geschehe nach deinem Willen«.

9. Von Menschen verlassen

Ich denke, jeder Mensch zweifelt wohl schon mal am Sinn seines Lebens oder stärker noch: kennt das Gefühl, wertlos zu sein. Solche Gedanken können einem tief verwurzelten Minderwertigkeitskomplex entspringen oder die Folge negativer Erfahrungen sein. Nicht selten spielen diese Dinge ineinander.

Es würde mich nicht wundern, wenn Hagar solche Gefühle gehabt hätte. Wir sind ihr in 1. Mose 16 an einem Tiefpunkt in ihrem Leben begegnet. In 1. Mose 21 begegnen wir ihr aufs Neue, und auch da befindet sie sich (buchstäblich und im übertragenen Sinn) in einer Wüste. Sie ist von ihrem Mann aus dem Haus verstoßen worden. Sie hat nur für ein paar Tage Proviant mitbekommen, und für ihre Zukunft sind keine Vorkehrungen getroffen worden; sie hat keine Aussicht auf eine Arbeit, Unterhalt oder irgendwelche Sozialhilfe. Sie hat darüber hinaus einen Sohn im Teenager-Alter, für den sie sorgen muss, und dieser Sohn, Ismael, ist ziemlich geknickt durch das, was sie durchlitten haben.

So steht sie da, eine allein stehende Mutter. Abgelehnt und in die Wüste geschickt. Obdachlos und ihrem Schicksal überlassen. Wie etwas Wertloses auf die Straße gesetzt, ohne dass jemand so für sie aufgekommen wäre, dass man eine Alternative für sie gesucht und gefunden hätte.

Hagar und ihr Sohn wurden nach dem Entwöhnungsfest von Isaak fortgeschickt, weil Ismael sich dort schlecht benommen hatte. Ach, was heißt schlecht benommen? War es nicht nur pubertäres Benehmen (das übrigens sehr lästig sein kann)? Oder steckte hinter dem provokativen Verhalten ein Stück Schmerz, war es ein Schrei nach Aufmerksamkeit? Als Abrahams erstgeborener und einziger Sohn hatte Ismael immerhin jahrelang eine Sonderstellung in der Familie eingenommen. Er war am selben Tag wie sein Vater beschnitten worden, wodurch er an seinem Körper ein

Zeichen trug, das besagte, dass er dazugehörte (siehe 1. Mose 17,24-27). Doch mit der Geburt seines kleinen Halbbruders wurde er gleichsam vom Thron gestoßen. Und jetzt, etwa drei Jahre später, wird er als »Sohn der Magd« vor die Tür gesetzt.

Welche Hoffnung haben Hagar und Ismael? Welchen Wert hat ihr Leben, welchen Wert haben sie selbst? Mutter und Sohn scheinen lediglich ein Spielball von Menschen und Umständen zu sein. Eben noch schien es, als würde Abraham ihnen helfen. Er tat sich schwer mit ihrem erzwungenen Fortgang, aber auch er tat letztlich nicht mehr, als einen Krug Wasser für sie zu füllen und ein paar Butterbrote für sie zu bereiten. Daraufhin schickte er sie fort, um danach mit seiner Frau und dem jüngsten Sohn den Faden seines Lebens wieder aufzunehmen.

Es ist ein Szenario, das in unsere Zeit passt. Als allein stehender Elternteil können Sie sich stark im Stich gelassen fühlen. Ihr ehemaliger Partner scheint sein oder ihr Leben nach der Scheidung wieder recht gut auf die Reihe gebracht zu haben, Sie sind das Opfer, das mit leeren Händen zurückgeblieben ist. Sie mussten Ihr Haus verlassen, sind in eine Mietwohnung gezogen und müssen schauen, wie Sie mit den Kindern weiterkommen. Sie haben auch Freunde verloren, weil eine Scheidung nun mal mit Parteiungen einhergeht. Es scheint niemanden zu geben, der Ihre Not sieht, niemanden, der für Sie und Ihre Kinder aufkommt. Wie ungerecht kann das Leben sein!

Wir haben weiter oben gesehen, dass Hagar während ihrer Schwangerschaft von ihrer Familie weglief; auch da waren Spannungen zwischen der ersten Frau und der Nebenfrau vorausgegangen. In der Wüste bekam Hagar dann den Auftrag, demütig in den Haushalt zurückzukehren, dem sie einst in Ägypten angegliedert worden war. Das tat sie, aber es wird nichts darüber mitgeteilt, wie es ihr dann weiter ergangen ist. Mit der Geburt Ismaels gab sie ihrem Herrn und ihrer Herrin den von ihnen so ersehnten Sohn, obwohl ...? Der Herr hatte ihr in der Wüste mitgeteilt, dass Ismael *ihr* Sohn sein würde und dass er aus diesem Jungen ein großes Volk entstehen lassen würde. Ob Hagar das in der Familie zur Sprache gebracht hat? Wahrscheinlich nicht, sie war und blieb eine Magd, und Mägde haben nun mal nicht das Recht, das Wort zu führen. So wird es nicht einfach gewesen sein in den 17 Jahren seit ihrer Rückkehr.

Manchmal findet eine Versöhnung statt, ohne dass Beziehungen wirklich wieder heilen. Es ist zu viel geschehen, zu viel Schaden angerichtet, um weiter unbefangen miteinander umgehen zu können. 1. Mose 21 erweckt den Eindruck, dass es zwischen den beiden Frauen nie gut geworden ist. Sie sind vielleicht mit einer bestimmten Distanz miteinander umgegangen, haben einander gegrüßt, aber nicht viel mehr. Hagar hat Sara gedient und hatte im Übrigen nicht viel zu sagen.

Vielleicht konnte man so leben, auch wenn es nicht optimal war. Mit Isaaks Geburt jedoch änderte sich die Situation grundlegend. Sara hatte plötzlich einen eigenen Sohn, und das Kind, das aus ihrem eigenen Schoß geboren war, stand ihr näher als der Sohn der Magd, dessen Geburt durch das ganze Drumherum sowieso schon nicht ohne Spannungen verlaufen war. Und so stehen die beiden Frauen sich in 1. Mose 21 erneut gegenüber – sei es indirekt, denn Sara macht sich nicht einmal mehr die Mühe, Hagar selbst anzusprechen, sondern regelt das über ihren Mann. Der kleine Vorfall auf dem Entwöhnungsfest wird zu einem bedeutenden Ereignis aufgebauscht; Hagar und Ismael müssen dafür büßen. »Verstoß diese Magd und ihren Sohn!«, fordert Sara in Vers 10. Mit diesen distanzierenden Worten sind Hagar und Ismael plötzlich namenlos geworden. Sara ist dermaßen verbittert, dass sie nur noch in neutralen, unpersönlichen Begriffen über sie sprechen kann: »die Magd und ihr Sohn«.

Abraham ist entsetzt. Die Aussage in Vers 11, dass Saras Worte ihn sehr verdrossen, ist eine schwache Übersetzung dessen, was tatsächlich vor sich ging. Er wird fast vor Wut explodiert sein, so der Ton im Originaltext. Verständlich, denn Ismael ist nicht nur der Sohn der Magd, er ist auch sein Sohn. Schon früher ist er für ihn eingetreten, und zwar in dem Moment, als Gott ihm einen eigenen Sohn aus seiner Ehe mit Sara versprach. Er hat gehofft, dass Ismael doch genügte, auch in Gottes Augen. Aber Gott hat dann über Isaak gesprochen (1. Mose 17,18-20). Und jetzt, in 1. Mose 21, bestätigt der Herr, dass Ismael weggeschickt werden soll (Vers 12).

Hier stehen vier Menschen vor den Konsequenzen eines eigensinnigen Handelns. Abraham und Sara haben voreilig die Geburt eines Sohnes selbst mit Hilfe einer Sklavin geregelt. Jetzt sollen diese Magd und deren Sohn davongejagt werden. Doch nicht Ismaels ungehöriges Benehmen auf dem Entwöhnungsfest seines kleinen Bruders ist der Grund dafür. Ebenso wenig ist es so, dass der Herr diesen Menschen nicht zugetan wäre. Nein, da spielt viel mehr mit. Es geht hier im Tiefsten um den Heilsplan Gottes mit der Welt, um die Entstehung des Volkes Israel, dessen Erzväter Abraham, Isaak und Jakob sein sollen, sowie um die Geburt des Messias aus der Nachkommenschaft des Isaak.[13]

Es ist sehr spannend, 1. Mose 21 mehrmals durchzulesen und die Aufmerksamkeit jedes Mal auf eine andere Hauptperson zu richten. Jede dieser vier beteiligten Personen hat ihre eigenen Gedanken und Gefühle in dieser Situation. Jede hat ihre eigene Geschichte. Und trotzdem geht es letztlich um Gottes »Geschichte«.

Aus Hagars Blickwinkel ist das, was ihr und ihrem Sohn angetan wird, gemein und ungerecht; sie sind vor allem Opfer Saras, die ihrem eigenen Sohn den Vorzug gibt. Dieser Gedanke ist menschlich gesehen legitim und verständlich. Auch Ismael wird sich vermutlich als Opfer gesehen haben. Begreiflich ist auch Abrahams Mühe mit der entstandenen Situation, und das gilt ebenso für Saras Frustration. Doch es geht hier um die Sichtweise Gottes, um seine Pläne. Er hat sie in 1. Mose 17 klar dargelegt, als Abraham für Ismael eintrat: »Nein, deine Frau Sara wird einen Sohn gebären, und du sollst ihn Isaak nennen. Ich werde meinen Bund mit ihm schließen als einen ewigen Bund für seine Nachkommen« (Vers 19).

Hier in 1. Mose 21,12 erklärt es der Herr Abraham erneut: »Sei wegen des Knaben und deiner Magd nicht verdrossen! Hör auf alles, was dir Sara sagt! Denn nach Isaak sollen deine Nachkommen benannt werden.«

Saras schroffe Worte – »Verstoß diese Magd und ihren Sohn!« – werden von Gott bekräftigt; das ist schwer zu verarbeiten. Aber obwohl ihre Worte äußerst unangenehm sind – der Inhalt dessen, was sie sagt, entspricht Gottes Plänen. Vielleicht war diese Krise nötig, um die Familie auseinander zu brechen, so dass Gott seinen Weg mit Isaak gehen konnte. Das Maß ist voll für Sara, aber ... eigentlich auch für den Herrn. Die Tatsache, dass Isaak nicht mehr gestillt zu werden braucht, deutet auf eine neue Phase in seinem Leben. Aus dem Säugling ist ein Kleinkind geworden, das vom Schoß der Mutter herunter ist und nun auf eigenen Beinen steht. Es ist die gleiche Lebensphase, in der der junge Samuel für seinen Dienst an Gott abgesondert wurde. So muss jetzt auch Isaak abgesondert werden. Deshalb muss Ismael gehen.

Menschlich gesprochen sieht es so aus, als würde eine Hand achtlos ein paar Figuren auf einem Schachbrett versetzen. Eine davon darf bleiben, die andere wird aus dem Spiel genommen. Aber dem ist nicht so. Es ist Gottes Hand, die hier eingreift. Diese Tatsache wirft ein ganz anderes Licht auf das, was hier passiert. Dass Isaak den Vorzug bekommt, ist notwendig für Gottes ewige und weltumspannende Pläne. »Isaak ist das Kind der Verheißung Gottes, während Ismael Menschenwerk ist«, so las ich einmal. Es klingt grausam, aber im Licht der Pläne Gottes ist das so. Dennoch macht Isaaks Vorrang Ismael nicht überflüssig (auch wenn er das vielleicht so erfahren hat). Der Herr hat Ismaels Vater gesagt, dass er dessen Gebete für seinen ältesten Sohn gehört hat, und er hat ihm versprochen, auch dieses Kind zu segnen, es fruchtbar und sehr zahlreich zu machen und zu einem großen Volk werden zu lassen (1. Mose 17,20). Hier in 1. Mose 21 beruhigt Gott Abraham ein weiteres Mal: »Aber auch den Sohn der Magd will ich zu einem großen Volk machen, weil auch er dein Nachkomme ist« (Vers 13).

Damit muss sich Abraham begnügen. Und ... damit muss sich Hagar begnügen. Auch sie hat jedenfalls aus dem Mund des Engels vernommen, dass Gott ihren Sohn sieht. Er selbst hat ihr aufgetragen, ihn Ismael (das bedeutet »Gott hört«) zu nennen. Er hat auch zu ihr persönlich gesagt: »Deine Nachkommen werde ich zahlreich machen« (1. Mose 16,10-11).

Es ist schwierig, solche Dinge in einer Situation festzuhalten, die nur negativ und schmerzlich ist. Hagar erfährt, dass sie abgeschoben wird. Es verstößt darüber hinaus auch noch gegen die Regeln, denn eine Nebenfrau hatte bestimmte Rechte in der Familie, der sie angehörte. Sie hatte das Recht auf Unterkunft und Schutz, Regeln, die hier mit Füßen getreten werden.

Gottes Quellen

Es ist Abraham (und nicht Sara), der am Morgen nach dem Entwöhnungsfest früh aufsteht, um Hagars Proviant fertig zu machen; es ist Abraham, der sie dann fortschickt (Vers 14). Es ist nur eine Nacht darüber vergangen, eine Nacht, in der niemand gut geschlafen haben dürfte, in der vielleicht viel gebetet wurde, aber in der sich nichts änderte; denn Hagar muss weg. Und so geht sie erneut in die Wüste. Mit einem großen Unterschied, wenn man das mit ihrem Weggang in 1. Mose 16 vergleicht; diesmal gibt es kein Zurück!

In 1. Mose 21,14 sehen wir Hagar in der Wüste von Beerscheba umherirren. Wir sehen, dass ihr Wasservorrat ausgeht und dass sie in ein bereits bekanntes Verhaltensmuster verfällt: Sie kehrt ihren Problemen den Rücken zu. Einst lief sie von Sara weg, jetzt läuft sie von ihrem sterbenden Sohn weg. Sie setzt sich einen Bogenschuss weit entfernt von ihm hin, weil sie sein Leiden nicht mit ansehen kann. Und dann weint sie laut (Verse 15-17). In dem Moment geschieht etwas ganz Bemerkenswertes. Vers 17 sagt, dass Gott die Stimme des Knaben hörte und dass der Engel Gottes danach aus dem Himmel Hagar zurief. Auffallend ist, dass Gott die Stimme des Jungen hörte, obwohl der, soweit wir wissen, nichts sagte (das ist auch schwierig, wenn man im Sterben liegt).

Gott kann unausgesprochene, ja sogar noch nicht in Worte gefasste Gedanken lesen, er kann einen Seufzer oder ein Wimmern wahrnehmen. Er sah Ismael und »hörte« seine Not. Er hörte auch seine Mutter. Entdecken wir hier etwas von der Kraft des Gebets für andere? War es vor allem Hagars Fürbitte für Ismael, was Gott hörte? Sie und nicht Ismael ist diejenige, die Antwort bekommt. Eine Antwort, die auf den ersten Blick seltsam ist, denn die Frage, die der Herr stellt – »Was hast du, Hagar?« –, klingt wie die Frage nach dem Weg, den man schon kennt! Der Herr sieht doch, wie die Situation ist.

»Was hast du, Hagar?«, mag wie eine überflüssige Frage erscheinen, es ist aber eine einfühlsame Frage. Vielleicht können wir sie so interpretieren: »Hagar, was ist mit dir? Du brauchst keine Angst zu haben. Ich bin doch da.« Und in der Tat, die folgenden Worte lauten: »Fürchte dich nicht, Gott hat den Knaben dort schreien gehört, wo er liegt« (Vers 17). Es sind unglaublich beruhigende Worte, ausgesprochen von derselben Stimme, die schon früher zu ihr sprach in jener anderen Wüstenerfahrung, die Jahre zurückliegt. Vielleicht hat sie bei aller Rührung und allen Emotionen vergessen, dass sie damals selbst gesagt hat: Sie hätte den Gott Israels kennen gelernt als einen Gott, der sieht. Sie hatte ihn als »Gott, der nach mir schaut« bezeichnet (16,13). Durch negative Erfahrungen ist diese Erinnerung vielleicht in den Hintergrund gerückt. Aber der Gott aus dieser Erinnerung ist nicht verschwunden, keine Vergangenheit, nein, er lebt! Und ... er sieht diese Frau, die von Menschen beschämt und verlassen worden und im Begriff ist, jetzt auch noch ihren einzigen Sohn zu verlieren.

Erneut bekommt Hagar den Auftrag umzukehren, das heißt ihren Problemen nicht zu entfliehen, sondern sich mit ihnen auseinander zu setzen und eine Lösung zu finden. Erneut bekommt sie diesen Auftrag in dem sicheren Rahmen der Gegenwart und Fürsorge Gottes: »Ich habe gehört ...«

War der Auftrag Jahre zuvor schon schwierig gewesen (»Geh zurück zu deiner Herrin und ertrag ihre harte Behandlung« – siehe 16,9), diesmal ist er möglicherweise noch schwieriger. »Steh auf, nimm den Knaben und halt ihn fest an deiner Hand« (21,18). Es erscheint angesichts der Umstände ein etwas absurder Auftrag, und ich könnte mir vorstellen, dass Hagar so hätte reagieren können: »›Steh auf?‹ Herr, ich kann nicht mehr! ›Nimm den Knaben und halt ihn fest an deiner Hand?‹ Herr, er liegt im Sterben! Außerdem bin ich nicht mehr in der Lage, für ihn zu sorgen, denn meine Vorräte sind aufgebraucht und auch ich selbst bin am Ende!«

Ich bekam einmal einen Brief von einer Bekannten, die ebenso wie Hagar am Ende ihrer Kräfte war. Aufgrund ernster Probleme ihres Mannes war ihre Ehe und ihre Familie aus dem Gleichgewicht geraten. In den Jahren zuvor hatte es zwar gelegentlich kleine Lichtblicke gegeben und Karin (nicht ihr wirklicher Name) hatte sich jedes Mal wieder aufgerichtet im Vertrauen auf Gottes Hilfe und Gegenwart, jetzt aber war sie am Ende. »Lass mich nur«, schrieb sie, »ruf mich nicht an und schreib mir nicht. Ich kann einfach nicht mehr. Mein Glaube ist sehr schwach, aber ich habe nicht mehr die Kraft, daran etwas zu ändern.«

»Lass mich nur ...« Wird Hagar auch so gedacht haben – allein mit ihrem dahinsiechenden Sohn in der Wüste ihres Lebens? Als Mutter trug sie zweifellos auch seinen Kummer mit, und dieser Kummer war überwältigend! Ismael hatte seine eigene Spannung und seinen Kummer, auch er litt unter der Trennung seiner Eltern. Seine Trauer hatte schon viel früher begonnen. Es muss ihm wehgetan haben, seinen kleinen Halbbruder auf den Schultern seines Vaters zu sehen, die Zuneigung Saras zu dem kleinen Kerlchen zu spüren. Er wusste, dass seinem Vater mehr an der Verbindung mit Sara gelegen war als an der Beziehung zu seiner Mutter Hagar. Ihm war klar, dass er weniger wichtig war als dieser kleine Junge, den Sara noch in ihrem hohen Alter geboren hatte.

Ich sehe in Ismael das von Sehnsucht erfüllte Kind, das seinen Vater mit seiner neuen Familie sieht, während es selbst mit seiner Mutter beiseite geschoben ist. Und wie sehr sich seine Mutter auch darum bemüht, mit ihm eine neue Familie zu bilden – sie bleibt unvollständig und unvollkommen. Es fehlt ein Rand um das Nest, und der Junge fühlt sich unsicher. Ich bezeichne das Leid von Scheidungskindern und des Elternteils, bei dem sie aufwachsen, als das Halbe-Nest-Syndrom.

Was hat Hagar ihrem Kind zu bieten? Was kann sie überhaupt noch aufbringen? Wie soll sie auf die Worte des Engels des Herrn reagieren, der ihr aufträgt, aufzustehen und ihr Kind fest an die Hand zu nehmen? Selbst ist sie zu nichts imstande, aber ... hier steht sie Auge in Auge mit dem Allmächtigen, der ihr die Hand reicht. Es ist ein großer Moment, in dem Hagars Situation als allein stehende Mutter sich tiefgreifend wandeln kann. Wenn ...! Wenn sie die zu ihr ausgestreckte Hand greift und festhält. Wenn sie das tut, wird aus dieser allein stehenden Mutter eine allein-stehende-Mutter-mit-Gott. Hier stehen wir unmittelbar vor einer großen Wahrheit: dem Wirken der Kraft Gottes. In dem Moment, wo Hagar Gottes ausgestreckte Hand festhält, verändert sich etwas Wesentliches. Auch wenn sie eine allein stehende Mutter bleibt, ist sie trotzdem nicht allein. Wenn sie erneut erkennt, dass Gott sie sieht, und wenn sie im Gehorsam gegen ihn erneut aufsteht, wird sie die notwendige Kraft bekommen, um weiterzugehen, Kraft für sich selbst und für Ismael.

In 1. Mose 21 geschieht ein Wunder. In Vers 19 lesen wir, dass Gott Hagars Augen öffnete und sie einen Brunnen sah. Im übertragenen Sinne gedeutet: Er öffnete ihr die Augen für die Quelle seiner Kraft. Ich weiß nicht, ob Hagar diesen Brunnen entdeckt hatte, bevor oder nachdem sie aufgestanden war; vielleicht geschah das, als sie sich bewegte. Vielleicht begann Hagar sich aufzurichten und ihre Augen wurden allmählich geöffnet. In jedem Fall entdeckte sie einen Wasserbrunnen und damit die Antwort auf ihr erstes Lebensbedürfnis: Wasser, Kraft zum Leben!

Es ist sehr wahrscheinlich, dass dieser Brunnen immer da war, Hagar ihn aber nicht bemerkt hatte, weil sie durch ihre Tränen und ihre Not nicht mehr viel wahrnahm. An verschiedenen Orten in der Wüste befanden sich Brunnen, von denen jene Menschen, die regelmäßig durch die Wüste zogen, genau wussten. Diese Brunnen, auf denen ein Deckel lag, waren nicht selten von einer Sandschicht überdeckt und dadurch nicht direkt sichtbar. Aber da die Stellen bekannt waren, wurden sie von denen, die in der Wüste unterwegs waren, aufgespürt, geöffnet und benutzt, um Menschen mit Wasser zu versorgen und die Kamele zu tränken. Hagar aber hatte sie nicht bemerkt.

Die Parallele ist eindeutig. Gott gibt uns seine Wasserbrunnen, sogar in der Wüste gibt es sie. Nur muss man ein Auge dafür bekommen, das heißt darauf vertrauen, dass Gott für alles sorgen wird, was nötig ist (siehe Philipper 4,19). Sie müssen es wagen aufzustehen, im Wissen, dass Sie beim Tun Kraft für das bekommen werden, was vor Ihnen liegt. Heute bekommen Sie Kraft für heute, morgen für morgen. Auch in der Wüste Ihres Lebens! Wo der Herr ist, wird selbst die Steppe »blühen wie eine Lilie«, »in der Wüste brechen Quellen hervor und Bäche fließen in der Steppe; der glühende Sand wird zum Teich und das durstige Land zu sprudelnden Quellen« (Jesaja 35,2+6-7). Jesaja sieht hier etwas, was noch in der Zukunft liegt, aber auf ein Prinzip hindeutet, das ewig und demnach auch aktuell ist: Gott bringt Leben und Heilung. Aus diesem Grunde sagt Jesaja in demselben Kapitel: »Macht die erschlafften Hände wieder stark und die wankenden Knie wieder fest!« (Vers 3). Worte, die in Hebräer 12,12 wiederkehren, ein Ansporn nicht zu resignieren, sondern weiterzugehen, mit Ausdauer den Wettlauf zu bestreiten, der vor uns liegt, und unser Auge allein auf Jesus zu richten, weil wir ohne ihn nichts vermögen! Diese Dinge erfordern Glauben, das ist ein Ausschauhalten und ein Festhalten an Dingen, die noch nicht sichtbar sind.

Hagar braucht Glauben, um wieder aufzustehen. Sie muss bewusst auf den Herrn schauen und seine Worte festhalten: »Fürchte dich nicht, denn Gott ...«; »Steh auf, ..., denn ich will ...« (1. Mose 21,17-18). Als sie verwundert ihr Gesicht hebt und ihm ihr Ohr zuwendet, öffnet er ihre Augen für das, was bislang unsichtbar war: sein Brunnen in ihrer Wüste. In Vers 19 tut sie das, was jede Mutter tun würde: »Sie ging hin, füllte den Schlauch mit Wasser und gab dem Knaben zu trinken.« Ihr erster Gedanke richtet sich auf ihr Kind, erst danach kommt sie selbst an die Reihe. Oder? Sie ist bereits an der Reihe gewesen, denn Gott hat ihr Kraft gegeben, um zu tun, was getan werden muss. In dem Moment, als sie im Gehorsam aufgestanden ist, hat er ihre Knie gestärkt und ihre Augen geöffnet für seinen Beistand. Diese Unterstützung erweist sich als so stark, dass genug da ist für sie selbst und für ihr Kind. Da ist mehr, als sie für sich allein braucht, sie kann auch dem Kind geben, was es braucht.

Karin schrieb in ihrem Brief: »Lass mich nur ...« In der Beziehung ist sie vielleicht wie Hagar, die auch keinen Ausweg mehr sah. Karin hat im Gegensatz zu Hagar ein Dach überm

Kopf und einen Ehemann, mit dem sie gemeinsam lebt, aber ihr Mann ist aufgrund seiner eigenen Probleme nicht verfügbar und deshalb ist auch sie in Wahrheit eine allein stehende Mutter. Sie hat geäußert, dass ihr Glaube nur sehr schwach brennt, und dadurch befindet sie sich in einer gefährlichen Situation. Denn diese kleine Flamme kann erlöschen, ... aber sie kann auch angefacht werden!

Eine armselige kleine Flamme ist zu vergleichen mit einem winzig kleinen Senfkorn, das dem Herrn genügt, um daraus etwas zu machen. Ich bete für Karin, dass sie in ihrer so dürren Wüste ein Auge für Gottes Wasserbrunnen bekommt. Vielleicht muss sie den allein entdecken. Vielleicht ist Fürbitte alles, was ihre Freunde in diesem Moment für sie tun können. Aber das Gebet ist ein starkes Mittel, das so manches in Bewegung setzt. Für Karin ist es nötig, dass ihr erneut die Augen geöffnet werden für den Allmächtigen, der ihr, ihrem Mann und ihren Kindern Vater sein will. Aus einer Frau, die allein ist, kann auch sie zu einer Frau-mit-Gott werden.

Das Geheimnis der Wasserbrunnen Gottes ist der Herr selbst. Er ist diese Quelle. Das sagt Jesus auch viele Jahre später in Samaria zu einer Frau, die ebenfalls am Ende ist. Wenn sie von dem Wasser trinkt, das er ihr geben will, wird sie keinen Durst mehr haben. Er wird ihre Kraft sein und ihr helfen aufzustehen (Johannes 4,13-14; siehe auch 7,37).

Ist der Herr uns genug? Haben wir entdeckt, dass er für alles sorgt, was wir brauchen, und dass er unsere Kraft ist? Jesaja sagt: »So spricht der Herr, dein Schöpfer, der dich im Mutterleib geformt hat, der dir hilft: Fürchte dich nicht ...« (44,2). Hier sehen wir von neuem die feinfühlige Liebe des Allmächtigen. Er will uns als unser Vater beschützen, er will uns helfen und trösten. Auch wenn wir wie Hagar von Menschen verlassen sind und nicht mehr wissen, wie es weitergehen soll.

In unserer Sehnsucht nach menschlicher Nähe und Trost übersehen wir bisweilen denjenigen, der sich unser Tröster nennt. Die Worte »Fürchte dich nicht, ich bin mit dir« drücken einen so umfassenden Trost aus, wie wir ihn nur von Gott erfahren können. Natürlich bleibt menschliche Tröstung wichtig, und wir sind einander auch geschenkt, um füreinander Trost und Hilfe zu sein. Aber unser Trösten bleibt beschränkt. Es gibt niemanden, der so trösten kann wie der Ewige, der uns geschaffen hat. Ich sage das nicht leichtfertig oder weil ich meine, dass ich als Christin so reden müsste. Ich sage es als jemand, der Gottes Trost am eigenen Leib erfahren hat in einer Zeit des Kummers und der Trauer, in der menschlicher Trost, wie gut gemeint und wie wichtig er auch sein mochte, doch nicht ausreichte.

Menschlicher Trost schenkt Geborgenheit und baut auf, kann aber nicht unsere Seele heilen, unsere Einsamkeit und unseren Schmerz. Menschen können einer Witwe einen Gefallen tun und ein Stück Trost bieten, indem sie sie besuchen, ihr zuhören, vielleicht auch mit ihr beten. Doch wenn sie fortgegangen sind, ist sie wieder allein und schweigen die Wände wie vorher. Es gibt nur einen, der bleibt: Er, unser Vater, der sich unser Arzt (2. Mose 15,26) und Hirte nennt. Er will unsere Wunden mit dem Balsam seiner liebevollen Gegenwart verbinden. Er will uns wie seine Lämmer in seine Arme nehmen und uns, wenn wir uns ausgeweint haben, mit seinem Trost stärken und mit seinem Frieden erfüllen. Jesu Worte »Kommt her zu mir alle, die ihr mühselig und beladen seid« (Matthäus 11,28) sind keine bloßen Worte, sondern Wirklichkeit. Menschlicher Trost ist beschränkt und zeitlich, der himmlische Trost ist vollkommen und dauerhaft. Er richtet uns auf.

In 1. Samuel 1,9 wendet sich Hanna tief betrübt an Gott. Sie ist kinderlos geblieben, und mit ihrem anhaltenden Kummer und ihrer Traurigkeit sucht sie ihr Heil im Tempel. Da steht wörtlich: »Hanna war verzweifelt, betete zum Herrn und weinte sehr« (1,10). Sie betet so lange vor dem Herrn, dass es den Priester befremdet.

Hat Hanna in ihrer unmittelbaren Umgebung keine Tröster? Ja, die hat sie, ihr Mann ist einer von ihnen. Er liebt sie sehr und versucht sie jedes Mal wieder mit Aufmerksamkeiten, Worten und Geschenken zu trösten (siehe Verse 5 und 8). Aber es ist nicht genug, denn es kann den Schmerz nicht aus ihrer Seele löschen. Nun könnte Hanna ihren Kummer auch im Alkohol ertränken. Sie wäre nicht die Erste gewesen, die zur Flasche griff in einem Versuch, einem inneren Schmerz zu entkommen, und das ist tatsächlich das, wessen sie der Priester Eli verdächtigt. Als er ihr Trunkenheit vorwirft und ihr aufträgt, sie solle dafür sorgen, dass sie ihren Rausch loswird, ist ihre Antwort ganz klar und ernüchternd: »Nein, Herr! Ich bin eine unglückliche Frau. Ich habe weder Wein getrunken noch starkes Getränk; ich habe nur dem Herrn mein Herz ausgeschüttet ..., denn nur aus großem Kummer und aus Traurigkeit habe ich so lange geredet« (Verse 15-16). Elis Erwiderung auf ihre Worte unterscheidet sich wie Tag und Nacht von seiner ersten Reaktion. Sein »Geh in Frieden!« sind Worte, die genau sitzen, weil sie den Kern dessen, was da passiert ist, treffen: Gott selbst hat Hanna getröstet und ihr neue Hoffnung für die Zukunft gegeben. Sie kann ihren Weg in Frieden gehen und in diesem Frieden den Faden ihres Lebens wieder aufnehmen.

Menschlicher Trost ist wichtig, aber reicht nicht weit genug oder schießt übers Ziel hinaus. In unserer hektischen, individualistisch geprägten Gesellschaft kann es vorkommen, dass die Traurigkeit oder der Kummer des anderen übersehen wird. Manchmal liegt es auch an unserer Ohnmacht, dass wir von einem trauernden Menschen zu schnell erwarten, dass er wieder zur Tagesordnung übergeht, weil »das jetzt lang genug gedauert hat«. In solchen Fällen reicht Trost nicht weit genug.

Manchmal jedoch schießt Trost übers Ziel hinaus. Das geht dann so weit, dass der andere nicht mehr richtig auf die Beine kommt. Wenn die Umgebung Trost so interpretiert, dass sie dem anderen alles aus der Hand nimmt, bleibt der andere in seiner Position der Hilflosigkeit stecken. Das Verwöhntwerden, wobei er oder sie eine Weile Kind sein darf, ist anfänglich angenehm, doch wenn es zu lange dauert, ist das schädlich. Dann wird das Versorgtwerden so bequem und sicher, dass man sich mit Widerwillen darauf einlässt, wieder eigene Verantwortung auf sich zu nehmen. In dem Falle ist eine liebevolle Begleitung nötig, damit jemand wieder zu seiner Selbständigkeit findet.

Gottes Trost ist weder das eine noch das andere, sondern – buchstäblich – der goldene Mittelweg. Wir bekommen Raum, Kummer zu haben und ihn auch zu äußern.

Wir finden beim Herrn nicht eine kurzfristige Zuflucht, sondern einen dauerhaften Ort der Geborgenheit, weil er selbst diese Zuflucht ist. Wir finden bei ihm die Antwort auf unsere Verzweiflung – er schenkt uns Geborgenheit und darin auch liebevolle Zuwendung. Ja, auch liebevolle Zuwendung! In Jesaja 66,12-13 ist die Rede von einem auf den Armen Getragen- und auf den Knien Geschaukelt-Werden, und es ist der Herr, der diese Worte von sich selbst sagt: »Wie eine Mutter ihren Sohn tröstet, so tröste ich euch.« Auch ein Erwachsener darf bei ihm Kind sein, darf sogar in vielerlei Hinsicht Kind bleiben, solange das Reifen weitergeht.

Das Schöne ist, dass wir fortwährend von Gottes Trost »trinken« dürfen und können, ohne unselbständig zu werden. In seiner tröstlichen, liebevollen Zuwendung nämlich liegt auch der kraftvoll-zärtliche Ansporn, wieder aufzustehen. Es ist kein Entweder-oder, beides ist in vollkommenem Gleichgewicht. Das ist auch die wahre Bedeutung von Trost, dass Liebe konkret erfahrbar wird, aber nicht übertrieben. Dass der andere Gelegenheit bekommt aufzustehen – nicht gezwungenermaßen, sondern begleitet. Trost ist ein Auffangen in Liebe und ein Anspornen aus Liebe.

Wir kehren zurück zu Hagar, über die wir nach ihrer zweiten Wüstenerfahrung nicht mehr viel hören. In 1. Mose 21,20 lesen wir, dass Gott mit ihrem Sohn war, dass er heranwuchs, sich in der Wüste niederließ und dort ein Bogenschütze wurde. Seine Mutter vermittelte seine Heirat mit einer Frau aus Ägypten (Vers 21). In 1. Mose 25 sehen wir Ismael wieder beim Begräbnis seines Vaters Abraham (Vers 9), und im selben Kapitel lesen wir, dass er zwölf Söhne bekam (die »zwölf Fürsten, je einer für einen Stamm«); dass Ismael starb, als er 137 Jahre alt war, und mit seinen Vorfahren vereint wurde (Verse 12-17). Eine der Töchter Ismaels heiratet später Isaaks Sohn Esau (1. Mose 28,9).

10. Liebst du mich?

Abraham ist schon viele Jahre mit dem Herrn unterwegs, als dieser ihn einer sehr schweren Prüfung unterzieht. Der Ausgang soll zeigen, wie es um Abrahams Vertrauen und seine Liebe zu Gott bestellt ist. Ist er in diesen Dingen gewachsen? Ist sein Glaube an Gott so gefestigt, dass er in die Tiefe zu springen wagt? Ist seine Liebe zu Gott so stark geworden, dass er ihm mehr wert ist als irgendetwas sonst? Dass er bereit ist, ihm alles zu geben? Im Gedanken an diese Frage ruft Gott seinen Freund.

Abraham wird auf die Probe gestellt

Abraham ist in hohem Alter und Isaak ein junger Erwachsener, als Gott von neuem spricht. Er sagt lediglich »Abraham«, und dieser reagiert sofort mit den Worten: »Hier bin ich« (1. Mose 22,1). Es ist eine Reaktion, die viel über Abrahams gewachsenes Vertrauen und seine unbefangene Beziehung zu Gott aussagt.

Gleich darauf kommt Gottes Auftrag: »Nimm deinen Sohn, deinen einzigen, den du liebst, Isaak, und bring ihn ... als Brandopfer dar« (Vers 2). Es ist wahr, zu dem Zeitpunkt ist Isaak Abrahams einziger Sohn, denn Ismael ist schon vor einer Weile mit seiner Mutter Hagar fortgegangen. Abraham liebt dieses einzige übrig gebliebene Kind, den Sohn seiner alten Jahre und das Kind der Verheißung Gottes, in besonderer Weise.

Wenn Gott mir etwas gegeben hätte, wonach ich mich jahrelang gesehnt habe, und mich dann auffordern würde, das (buchstäblich) zu opfern, würde mir diese Aufforderung den Atem nehmen, mehr noch, ich wäre völlig entsetzt. Ich würde denken (oder sagen): »Wie ist das möglich? Das habe ich nicht richtig verstanden! Warte einen Moment, Herr, das kannst du so nicht gemeint haben! Alles will ich tun, aber das? Jahrelang hast du mich warten lassen, und jetzt willst du mir wieder nehmen, was du mir endlich gegeben hast!«

Es ist sehr auffällig, dass in Abrahams Reaktion kein Hauch von Stress oder Panik zu spüren ist. Das liegt nicht daran, dass ihm an seinem Sohn nicht viel lag. Isaak war die Erfüllung eines 25 Jahre lang gehegten Traums. Er war ein Geschenk Gottes. Abraham wusste, dass seine Nachkommenschaft von diesem Jungen abhing. Isaak war in der Tat das Liebste, was er hatte.

Und dennoch ... als Gott ihm sagt, dass er Isaak als Brandopfer hingeben soll, macht er sich ohne zu zögern daran, das zu tun. Abraham stellt keine Frage, er sträubt sich nicht. Er geht, wie damals. Denn als Gott Abram in 1. Mose 12 rief, reagierte er ebenfalls sofort: »Da zog Abram weg, wie der Herr ihm gesagt hatte.« Auch da scheint es kein Zögern gegeben zu haben, wenngleich wir aus dem Verlauf der Geschichte wissen, dass Abrams Nachfolge und Hingabe mit Sicherheit nicht einfach war.

Jetzt, in 1. Mose 22,2, sind wir viele Jahre und Erfahrungen weiter und ist der Auftrag weitaus schwieriger, eigentlich unmenschlich: »Nimm deinen einzigen Sohn ... und geh ... und opfere ihn.« Nüchtern und sachlich steht in Vers 3: »Frühmorgens stand Abraham auf, sattelte seinen Esel, holte seine beiden Jungknechte und seinen Sohn Isaak, spaltete Holz zum Opfer und machte sich auf den Weg zu dem Ort, den Gott ihm genannt hatte.« Die Beschreibung mutet fast so an, als sei das ein entspannter Vater-Sohn-Ausflug gewesen. Eine kleine Reise von ein paar Tagen, denn man brauchte drei Tage, um den Berg Morija zu erreichen, den Ort, den Gott angewiesen hatte. Drei Tage, die Abraham vielleicht wie eine Ewigkeit erfahren haben wird.

Ein englischer Theologe schreibt in seinem Kommentar zu diesem Ereignis: »Das ist gleich eine der dramatischsten und theologisch gewichtigsten Episoden in 1. Mose. Der grausame Auftrag, Isaak zu opfern; der bewegende Bericht über diesen einsamen Marsch bergauf, den Vater und Sohn auf dem Weg zum Ort für das Opfer unternahmen; den schmerzlichen Vorgang des Fesselns und Niederlegens des Sohnes auf den Altar und das Eingreifen des Himmels in letzter Sekunde; aus all dem entsteht eine der besten Erzählungen in der Weltliteratur. Aber es ist viel mehr als das. Es war die letzte große Glaubensprüfung Abrahams (...). Auch wenn wir wissen, dass Gottes Auftrag ein Test war, für Abraham jedenfalls war dieser Auftrag absolute Realität. Es war sowohl emotional als auch theologisch entsetzlich, denn alle Segensverheißungen Gottes ruhten auf Isaak. Abrahams Zwiespalt zwischen der Liebe zu seinem Kind und seinem Gehorsam gegenüber Gott zerriss ihm das Herz – welche Wahl blieb ihm? Doch Schritt für Schritt triumphierten Glaube und Hoffnung über Furcht und Zweifel.«[14]

Es muss menschlich gesehen so gewesen sein, dass Abraham mit einem ganz von Schmerz erfüllten Herzen den Berg bestieg. Oder hatte er seinen inneren Kampf in der Nacht vor seinem Aufbruch und in den drei Tagen auf dem Weg zu dem Berg ausgefochten? Wir bekommen nichts mit von seinen Gefühlen oder Gedanken. Doch muss ein tiefer innerer Kampf stattgefunden haben, sonst wäre nicht die Rede von einer Prüfung gewesen. Was Gott hier Abraham abverlangt, ist auch die größte Prüfung für einen Vater oder eine Mutter; alles im Menschen lehnt sich dagegen auf.

Als Abraham mit seinem Sohn den Berg besteigt, trägt Isaak das Holz und er selbst das Becken mit glühenden Kohlen und das Messer. Diese Szene ist zutiefst bewegend. Isaak vertraut vollkommen darauf, dass sein Vater weiß, was er tut. Abraham spürt indessen, dass das Messer und das Kohlenbecken in seinen Händen brennen. Und dann kommt irgendwo unter dem Holzbündel hervor Isaaks unbefangene Frage: »Papa, wir haben Holz und Feuer, aber kein Opfer!« Und Abraham erwidert: »Mein Junge, Gott selbst wird sich das Opferlamm aussuchen« (Verse 7-8). Es ist ein prophetisches Wort, das aus einem felsenfesten Vertrauen heraus gesagt wird.

Abrahams Antwort gibt auch dem Jungen Vertrauen. Die glaubende und vertrauende Haltung seines Vaters spricht eine deutliche Sprache, Isaak hat keine Fragen mehr. Und so gehen sie zusammen weiter; Isaak mit dem Holzbündel auf den Schultern, Abraham mit dem Messer und dem Kohlenbecken und mit einem Herzen voll ...? Ja, wovon ist es erfüllt? Sorgen, Angst,

Kummer? Oder war er ruhig, weil er wusste, dass es gut ausgehen würde? Es sieht so aus, als sei es Letzteres gewesen, denn Abraham hat am Fuße dieses Berges zu seinen Knechten gesagt: »Ich will mit dem Knaben hingehen und anbeten; dann kommen wir zu euch zurück« (Vers 5).

Das Wort »anbeten« klingt in dieser Situation etwas bizarr. Abraham ist auf dem Weg, seinen Sohn zu opfern, und spricht von Anbetung. Doch genau das ist es! Abraham ist im Begriff, das Liebste, was er hat, Gott zu geben, um dem Herrn mit einem Opfer eine Freude zu bereiten. In seinem Herzen findet sich keine Verbitterung, nur Hingabe. Es ist menschlich unmöglich, das zu verstehen, aber die Bereitschaft, mit der Abraham sich auf den Weg macht, um seinen Sohn zu opfern, ist ein Akt der Liebe par excellence.

Als sie an dem angewiesenen Ort angekommen sind, baut Abraham einen Altar; er schichtet das Holz auf und bindet danach seinen Sohn darauf fest. Nirgendwo steht, dass Isaak sich wehrte, dass er seinen Vater fragte, warum er das tue, dass er nach seiner Mutter gerufen hat. Nirgendwo steht, dass Abraham Gott angefleht hat, er möge eingreifen, dass er, geblendet von seinen eigenen Tränen, sein Messer nicht sehen konnte. Im Gegenteil: »Schon streckte Abraham seine Hand aus und nahm das Messer, um seinen Sohn zu schlachten« (Vers 10). Es ist ein unheimlicher, erschütternder Moment, eine Frage von Sekundenbruchteilen, bevor der Himmel aufreißt. In dem Augenblick, als Abraham im Begriff ist, seinen Sohn zu töten, durchbricht die Stimme des Engels des Herrn die Stille und Abraham hört erneut seinen Namen: »Abraham, Abraham!« Und wiederum antwortet er nichts anders als: »Hier bin ich« (Vers 11).

Gleich darauf kommt es zur Lösung dieses Dramas; Abraham vernimmt Gottes machtvolle Worte, die sein Herz wahrscheinlich vor Freude fast bersten lassen: »Streck deine Hand nicht gegen den Knaben aus und tu ihm nichts zuleide! Denn jetzt weiß ich, dass du Gott fürchtest; du hast mir deinen einzigen Sohn nicht vorenthalten« (Vers 12). Als Abraham sich umschaut, sieht er einen Widder, der sich mit seinen Hörnern im

Gestrüpp verfangen hat. Gott hat für das Opfer gesorgt. Abraham kann seinen Sohn losbinden, vom Altar herunternehmen und an seiner Stelle den Widder töten und opfern. Da gibt er dem Ort einen Namen, der alles sagt: »Der Herr sieht«, er hat für uns gesorgt (Vers 14).

Liebst du mich?

Abraham ist in seinem Gottvertrauen enorm gewachsen. Als er zu seinem Sohn sagt: »Gott wird sich das Opferlamm aussuchen«, drückt er damit aus: »Gott hat die Macht, diese Situation zu einem guten Ende zu führen.« Aus Hebräer 11,19 entnehmen wir, dass Abraham tatsächlich so dachte: »Er verließ sich darauf, dass Gott sogar die Macht hat, Tote zum Leben zu erwecken.« Abraham war absolut davon überzeugt, dass Gott seine Versprechen einhalten würde, auch wenn das, was er jetzt tun sollte, in krassem Gegensatz dazu zu stehen schien. Wie sollte sich eine große Nachkommenschaft noch verwirklichen lassen, wenn Isaak nicht mehr da war? Das war eine handfeste Frage, die Abraham aber nicht selbst versuchte zu beantworten. Er wollte nur gehorsam sein, alles Übrige lag bei Gott.

Das ist Hingabe! Und das ist eine ganz andere Haltung, als wir sie früher bei Abraham gesehen haben. Seinerzeit wollte er mit Hagar selbst seine Nachkommenschaft regeln, weil er dachte, dass es auf anderem Wege nicht möglich wäre. Mittlerweile hat er etwas entdeckt; Gott hat die Macht, viel mehr zu tun, als wir erbitten oder als uns bewusst ist. Gott ist ... der Allerhöchste, der Allmächtige, der Ewige.[15] Gott ist derjenige, der für uns sorgt. Aber auch: Gott ist einzigartig, in keiner Weise mit anderen Göttern zu vergleichen. Im Götzendienst zu Abrahams Zeiten waren Menschenopfer, und sicher das Opfern des Erstgeborenen, nicht ungewöhnlich. Vielleicht ist das in Abraham aufgekommen, als Gott von ihm seinen Sohn forderte. Hier jedoch entdeckt er das Wesen Gottes, dem er dient. Es ist ein Gott, der sich nicht mit anderen Göttern vergleichen lässt. Für ihn zählen unsere Liebe und Treue weit mehr als unsere Opfer.

Gott seinerseits hat die tiefe Liebe Abrahams gesehen. Abraham ist mit Recht ein Mann des Glaubens und ein Freund Gottes; er hat das Liebste, was er besaß, geringer geachtet als seine Beziehung zum Herrn. Dieser gibt Abraham seinen Sohn mit einer Verheißung für die Zukunft zurück.

Wie ist unser Verhältnis zu Menschen und Dingen, die uns unendlich viel bedeuten? Wer oder was ist unser persönlicher Isaak? Halten wir krampfhaft daran fest oder können wir loslassen, wenn der Herr das verlangen würde? Ist unsere Liebe zum Herrn so groß, dass wir in einem solchen Moment denken: Alles lieber, als dich zu verlieren? Haben wir ein so großes Gottvertrauen, dass er unsere Erwartungen und Träume zerstören darf, weil wir auch dann wissen, dass er in jedem Falle das Gute im Sinn hat? Hält unser Vertrauen in seine Güte und die Tatsache, dass er für uns sorgen wird, stand, wenn die Dinge nicht nur noch nicht sichtbar sind, sondern durchkreuzt zu werden scheinen?

Kurz bevor Abraham und Isaak den Rückweg nach Hause antreten, spricht der Herr erneut. Er bekräftigt sein früheres Versprechen, stärker noch: Er schwört einen Eid bei sich selbst, mit dem er garantiert, dass der Erfüllung seiner Verheißungen nichts mehr im Wege steht. Abraham hat die Prüfung bravourös bestanden und sein Gehorsam hat bewirkt, dass Gott sein Versprechen noch einmal endgültig bestätigt: »Weil du das getan hast und deinen einzigen Sohn mir nicht vorenthalten hast, will ich dir Segen schenken in Fülle und deine Nachkommen zahlreich machen wie die Sterne am Himmel und den Sand am Meeresstrand. Deine Nachkommen sollen das Tor ihrer Feinde einnehmen. Segnen sollen sich mit deinen Nachkommen alle Völker der Erde, weil du auf meine Stimme gehört hast« (1. Mose 22,16-18).

Dieses dramatische Geschehen auf dem Berge Morija, wo ein geliebter Sohn als lebendiges Opfer herhalten muss, verweist auf das große Opfer auf Golgatha. Auch dort geht es um einen einzigen Sohn, der von seinem Vater nicht verschont wird (vgl. Römer 8,32 und Johannes 3,16). Es ist Gottes Sohn, Jesus Christus. Wir sahen bei Isaak keinen Protest, bei Jesus sehen wir das ebenfalls nicht, obwohl sein Kampf unermesslich schwer ist (»Vater, ... nicht mein, sondern dein Wille soll geschehen« – Lukas 22,42). Aber während der Allmächtige eingriff und Isaaks Sterben verhinderte, öffnet sich der Himmel beim Sterben Jesu nicht. Umstehende spotten darüber: »Wir wollen sehen, ob Elia kommt und ihm hilft« (Matthäus 27,49). Es geschieht aber nichts. Es gibt kein Eingreifen von oben, keinen Widder, kein anderes Lebewesen, das an Jesu Stelle sterben könnte: Jesus wird als Lamm für unsere Sünden geschlachtet. Die Erde verdunkelt sich, als der geliebte Sohn Gottes stirbt.

Als Jesus stirbt, ist unter seinen Jüngern einer, dessen Herz durch Gewissensbisse und Ohnmacht zerrissen ist. Es ist Petrus. Er gehörte zu den drei intimsten Freunden des Herrn. Kurze Zeit vorher noch hat er aus tiefstem Herzen gesagt: »Herr, ich bin bereit, mit dir sogar ins Gefängnis und in den Tod zu gehen« (Lukas 22,33). Bei der Verhaftung Jesu hat er mannhaft sein Schwert gezückt, niemand durfte seinem Herrn etwas antun (Lukas 22,50 und Johannes 18,26)! Er war sich seiner Liebe und Treue zu Jesus so sicher. Aber in dem Maße, wie sich die Situation zuspitzte und ihm die Hölle heiß gemacht wurde, sind diese Dinge stark verblasst. Er ist mitgegangen zum Haus des Hohenpriesters und dort ... hat er gekniffen.

Petrus hatte ebenso wie Abraham gut begonnen. Er hatte seinen Beruf als Fischer aufgegeben und war Jesus ohne zu zögern gefolgt (siehe u.a. Lukas 5,11). Drei Jahre lang durch dick und dünn, drei Jahre lang Verzicht, drei Jahre lang ein tägliches Arbeitspensum, vor dem man allen Respekt haben musste, drei Jahre lang nicht wissen, wo man in der nächsten Nacht schlafen kann. Drei Jahre gemeinsam durchlebter Zeit und wachsender Verbundenheit. Petrus hat viel für seine Freundschaft mit Jesus aufgegeben, aber als sein Leben bedroht wird, wird es ihm zu viel. Seine Liebe zu Jesus ist eine Tatsache, aber die Angst wiegt schwerer; wenn es darauf ankommt, hat sein eigenes Leben Vorrang. Er möchte Anteil nehmen, aber bei aufkommender Gefahr nicht ins Schussfeld geraten.

In Johannes 21 begegnen wir Petrus am See. Nach dem Tod seines Meisters ist er in seinen früheren Beruf zurückgekehrt, er ist beim Fischen mit einigen der Jünger, seinen früheren Gefährten. Sie haben aber kein Glück. Nachdem sie eine Nacht lang gefischt haben, sind sie auf dem Heimweg mit leeren Netzen, eine Erfahrung, die die Gefühlslage des Petrus wahrscheinlich haarscharf widerspiegelt: leere Hände!

Sie sitzen noch im Boot, als sie in der Morgendämmerung am Ufer einen unbekannten Mann wahrnehmen. Er ruft ihnen zu, ob sie etwas zu essen haben. Ihre Antwort ist kurz: »Nein!« Darauf sagt der Fremde: »Werft euer Netz an der rechten Seite des Schiffes aus und ihr werdet fündig.« Seltsamerweise folgen sie seinem Rat. Sie sind erfahrene Fischer und haben eine Nacht mit leeren Netzen hinter sich, und trotzdem fassen sie wieder Mut und werfen die Netze noch einmal über Bord. Warum? Ist es etwas in der Stimme dieses unbekannten Mannes, das ihnen Mut gibt? Sie erkennen ihn nicht. Bis zu dem Moment, wo sie alle Mann an Deck brauchen, um ihre übervollen Netze einzuholen. Da durchzuckt es Johannes: »Leute, das ist der Herr!« Petrus zögert keine Sekunde, impulsiv wie immer gürtet er sich das Obergewand um und springt über Bord, um so schnell wie möglich das Land zu erreichen.

Was ist da in Petrus vorgegangen? Sind ihm bei den Worten des Johannes plötzlich die Augen aufgegangen? Hat er die wundersame Parallele zwischen diesem Fischfang mit übervollen Netzen und einem früheren erkannt? Er wurde seinerzeit ja in einer ähnlichen Situation gerufen, Jesus zu folgen! Auch damals hatten sie eine ganze Nacht gefischt, ohne etwas zu fangen. Auch damals hatte Jesus am Ufer des Sees gestanden. Er war zu Petrus (der zu dem Zeitpunkt noch Simon hieß) ins Boot gestiegen und hatte vom Schiff aus zu der Menge gesprochen, die am Ufer zusammengeströmt war. Anschließend hatte er ihnen aufgetragen, tieferes Wasser aufzusuchen und die Netze auszuwerfen. Der Fischfang damals war so groß, dass die Netze zu zerreißen drohten. Das war der Moment, in dem Petrus die Augen aufgingen und sein Leben eine Wende nahm: Er wurde als Nachfolger Jesu ein Menschenfischer (siehe Lukas 5,1-11).

Als die Jünger jetzt, drei Jahre später, von Bord gehen, steht Jesus erneut da. Er ist dabei, ein paar Fische und etwas Brot auf einem Kohlenfeuer vorzubereiten. Ein ... Kohlenfeuer! Es sind nur ein paar Tage vergangen, seit Petrus Jesus bei einem Kohlenfeuer verleugnete. Er hat dort dreimal behauptet, er kenne Jesus nicht. Wird ihm das in dem Moment bewusst? Manchmal genügt ein bestimmter Duft und bestimmte Erinnerungen drängen sich einem auf. Petrus bekommt hier viele Erinnerungen zum Verarbeiten: ein wunderbarer Fischfang, Jesus am Ufer des Sees, ein Kohlenfeuer ...

Von diesen Dingen wird jedoch nichts gesagt. Jesus bittet die Jünger, etwas von den Fischen aus ihren Netzen zu holen. Petrus geht an Bord und schleppt das schwere, übervolle Netz mit, als ob sein Leben davon abhängen würde. Und dann bittet Jesus sie zum Mahl mit einem »Kommt her und esst!« (Vers 12). Wiederum so ein Moment der Erinnerung. Sie feiern »Gemeinschaft«, so wie sie es taten, bevor ihnen der Herr genommen und getötet wurde. Und niemand wagt zu fragen, wer er ist. Sie wissen es ja alle.

Es sind tief bewegende Momente. Dann, nach dem Essen, kommen die Fragen des Herrn. Es sind drei, die sich an Petrus richten. Drei Fragen bei einem Kohlenfeuer, ebenso wie einige Tage zuvor. Dort hatte die Frage, die ihm dreimal gestellt wurde, gelautet: »Kennst du ihn?« Darauf erwiderte er dreimal: »Nein!« Jetzt lautet die Frage: »Liebst du mich?« Diese Frage ist so wichtig, dass Jesus sie dreimal mit einer zunehmenden Intensität stellt. Dreimal antwortet Petrus: »Ja, Herr, du weißt es.« Beim dritten Mal fügt er, sichtlich getroffen, hinzu: »Herr, du weißt alles.«

»Ich liebe dich« ist schnell und manchmal leicht gesagt. Bisweilen bedeutet das lediglich: »Ich finde, dass du ein sympathisches Mädchen oder ein netter Bursche bist.« Manchmal bringt es ein Gefühl der Zuneigung zum Ausdruck, das schon am nächsten Tag vorbei ist. Unsere Empfindungen sind nun mal nicht so stabil; was ich heute von Herzen meine, kann morgen, ebenso aufrichtig gemeint, doch ganz anders sein. Ich liebe dich, solange du oder ich ...

Jesus fragt jedoch nicht nach einem Gefühl. Er fragt nach einer Liebe, die beständig sein will. Dieses Bewusstsein schneidet tief in Petrus' Seele, als die Frage »Liebst du mich?« nicht einmal, sondern dreimal gestellt wird und er – daran führt kein Weg vorbei – immer wieder an das erinnert wird, was geschehen ist. Er weiß jetzt, dass dieses »Ich liebe dich« alles bedeutet und ihm alles abverlangt. Als er es früher ausgesprochen hat, da meinte er es von Herzen, doch er hat erfahren, dass seine Liebe sozusagen nicht hitzebeständig war, dass er, als es drauf ankam, sich selbst der Nächste war. Er wird jetzt nicht mehr so schnell sagen: »Für dich tue ich alles, und wenn es mein Leben kostet!« Petrus ist sich seiner eigenen Schwachheit zutiefst bewusst. Er weiß, dass auch sein Herr weiß, was in ihm vorgeht: »Herr, du weißt alles ...«

Derjenige, der die Frage »Liebst du mich?« stellt, ist selbst die persönliche Verkörperung vollkommener Liebe. Als Sohn Gottes kann er ein Urteil sprechen, doch er kommt dem als Heiland mit seiner Gnade zuvor. Als Petrus vor ihm steht, findet kein Verhör statt, es kommt zu keiner Anklage und zu keiner Bestrafung. Jesus schaut in erster Linie auf das Herz des Petrus und sucht seine Liebe. Das ist alles, das reicht.

In den Momenten hier in den frühen Morgenstunden am See offenbart der Herr sein Herz. Zuerst kommt die Herausforderung: »Werft eure Netze aus!« Darauf folgt die Einladung: »Kommt und esst mit mir!« Und schließlich die Frage, die zur Heilung und zu einem neuen Auftrag führt: »Liebst du mich?«

Für Jesus muss der Verrat des Petrus wie ein Dolchstoß gewesen sein, es war ein schlimmes Versagen. Aber auch wenn diese Tat als solche falsch war – aus dem Fortgang der Geschichte zeigt sich, dass Petrus Jesus lieb hatte. Sein tiefer Kummer und seine Reue über seine Sünde sagten Jesus mehr als sein Verrat. Petrus war gleichsam am Boden zerstört, dass er seinen Herrn verleugnet hatte. Seine innere Zerrissenheit sprach Bände über seine Liebe. Hätte er Jesus nicht geliebt, so hätte er vielleicht eine Weile wegen der Spannung und Enttäuschung geweint, aber danach hätte er das ganze Geschehen von sich weggeschoben und wäre weitergegangen. Tatsächlich war er dermaßen getroffen, dass er nicht mehr weiter wusste. Deshalb kam ihm Jesus entgegen.

Als Jesus auf Petrus schaut, sieht er ihn nicht als »den Verräter«, er sieht seinen Freund. Und er sieht sein Herz. Und jetzt geht er auf diesen Bruder zu, der in die Irre gegangen ist, und gibt ihm vor aller Ohren eine überdeutliche und sehr liebevolle Bestätigung. Statt ihn peinlich lange zu fragen (»Warum hast du das getan?« – »Wie konntest du so etwas tun?« – »Ist dir klar, wie weh du mir getan hast?«), stellt er nur die eine Frage: »Liebst du mich?« Statt ihn abzuweisen, gibt er ihm seine Ehre zurück, ja mehr noch: Er befördert ihn. Er tut das nicht wegen Petrus' Taten, sondern aufgrund seiner (Jesu) vorbehaltlosen Liebe zu ihm.

Woran zeigt sich unsere Liebe zu Jesus? Ach, werden Sie vielleicht sagen, ich bin in der Gemeinde aktiv, engagiere mich für karitative Aufgaben, unterstütze gute Zwecke und bemühe mich, das Böse zu unterlassen. Das ähnelt jener Antwort, die ein Mann gab, als seine Frau ihn fragte, ob er sie noch liebe: »Ich verdiene den Lebensunterhalt für dich und die Kinder«, erwiderte er, »ich helfe im Haushalt, mache Reparaturen, bringe den Mülleimer nach draußen und kaufe regelmäßig einen Blumenstrauß für dich.«

All diese Dinge haben ihren Wert, doch als Antwort auf die gestellte Frage reichen sie nicht. Die Frau möchte hören, dass ihr Mann sie liebt und es schön findet, bei ihr zu sein, gemeinsam etwas zu unternehmen, einander zu sagen, was sie innerlich bewegt. So sucht auch der Herr in erster Linie ein Herz, das Sehnsucht nach ihm hat. Wenn unser Umgang mit ihm hauptsächlich ein äußerliches Tun vor ihm ist und unser Gehorsam eine Frage der Pflichterfüllung, so tun wir ihm damit weh. Gott sucht Menschen, die aus einer innigen Verbundenheit mit ihm leben. Ihm geht es nicht um Religiosität oder Formen, ihm geht es um eine Liebesbeziehung!

Ein brennendes Herz

Lieben ist eine Einstellung des Herzens, eine Sehnsucht, beim Geliebten zu sein. Wenn Jesus in einer Offenbarung an Johannes zur Gemeinde von Ephesus sagt: »Ich werfe dir vor, dass du deine erste Liebe verlassen hast« (Offenbarung 2,4), spricht er sie auf ihre unterkühlte Liebe an, die in keinem Verhältnis zu jener brennenden Liebe steht, die sie einst zu ihm hatten. Es war eine leidenschaftliche und überwältigende Liebe, vergleichbar mit den Gefühlen, die einen Menschen bei einer starken Verliebtheit überkommen. Man wird davon beherrscht und kann an nichts anderes mehr denken. Alles in einem ist auf den anderen gerichtet, die Sehnsucht, in seiner oder ihrer Nähe zu sein, beherrscht alles, der dringliche Wunsch, ihn oder sie besser kennen zu lernen – all das verursacht eine totale Umstellung in den eigenen Prioritäten. Da fühlt man sich wie der junge Mann, der blind für die Welt rings um ihn mit der Graffiti-Farbdose durch die Stadt lief und auf jede kahle Wand, auf die er stieß, den Namen seiner Geliebten sprühte. Einfach, weil sein Herz von ihr erfüllt war. Ist es nicht das, was Paulus mit den Worten ausdrückt, er sei ergriffen von Christus? Es macht ihn zu einem stark motivierten Menschen, der alles daransetzt, den Herrn immer tiefer kennen zu lernen (Philipper 2,12).

Gottes Herz ist voll von uns, und sein Wort atmet seine intensive Liebe zu uns. Es ist eine starke und leidenschaftliche Liebe, die uns fortwährend und dringend sucht. Gottes »Wo bist du?« aus 1. Mose 3,9 ist bis auf die letzten Seiten der Heiligen Schrift hörbar. Die gleiche Liebe sucht Gott in uns. Eine Liebe zu ihm, die die Merkmale einer ersten Liebe hat – unbefangen, mit einer starken Sehnsucht. Gott sucht ein Herz, das ganz von der Sehnsucht zu ihm erfüllt ist (siehe auch Psalm 42,2 und 143,6). Besonders im Hohen Lied der Heiligen Schrift wird diese Seite des Allmächtigen beispielhaft beschrieben. Es schildert zwar die exklusive Liebe zwischen Mann und Frau, aber dieses Buch hat noch eine tiefere Schicht: Es geht auch um die Beziehung zwischen Christus und seiner geliebten Gemeinde. Wir sehen ihn da als Bräutigam, der sich leidenschaftlich nach seiner Braut und einer unbefangenen, offenen Beziehung mit ihr sehnt. Wir sehen, wie er sie lockt und einlädt, zum Vorschein zu kommen (»Meine Taube im Felsennest, versteckt an der Steilwand, dein Gesicht lass mich sehen, deine Stimme hören!« – 2,14). Wir sehen auch, wie er vor den kleinen Dingen warnt, die der

Beziehung im Wege stehen können, und sagt, dass diese rigoros beseitigt werden müssen (»Fangt uns die Füchse, die kleinen Füchse! Sie verwüsten die Weinberge, unsere blühenden Reben« – 2,15).

Jede Beziehung ist der Gefahr einer Gewöhnung ausgesetzt. Es kommt vielleicht ein Moment, in dem man miteinander vorlieb nimmt, ohne sich noch aus ganzem Herzen zu lieben. Bereits in dem Moment hat sich eine Entfremdung vollzogen. Vielleicht sind auch Dinge passiert, die in der Beziehung Risse verursacht haben. Vielleicht haben Sie den Mut verloren, um noch etwas daran zu ändern, oder andere Dinge sind für Sie wichtiger geworden. Möglicherweise nehmen Sie auch die kleinen Ärgernisse oder Spannungen, die regelmäßig in Ihrer Beziehung mitspielen, nicht ernst. Das ist keine gute Sache. Und was da gilt, gilt auch für unsere Beziehung zum Herrn: Wir müssen radikal abrechnen mit allem, was unserer Beziehung zu ihm im Wege steht, selbst wenn es scheinbar kleine oder unbedeutende Dinge sind.

Wie steht es um unsere Sehnsucht nach unserem himmlischen Bräutigam? Ist es ein leidenschaftliches Verlangen oder ist unsere Suche nach ihm eine Nebensache und eher sporadisch (geworden)? Was tun wir dafür, diese Sehnsucht lebendig zu erhalten und zu nähren, damit sie zunimmt? Sind wir darauf bedacht, ihm nicht nur einen Gefallen zu tun, sondern noch mehr: ihm zu gefallen? Ist unsere Liebe zu ihm so tief, dass wir ohne ihn nicht leben können? Sind wir bereit, uns von allem abzuwenden, was unser Einssein mit ihm stören kann? Darauf zielt Jesus ab, wenn er fragt: »Liebst du mich?«

Ich denke an die wunderschönen Worte von zweien der Jünger Jesu, die ihm als Auferstandenem begegnen, als sie auf dem Weg nach Emmaus sind. Sie erkennen Jesus nicht sofort; erst während des gemeinsamen Mahls gehen ihnen die Augen auf. Im selben Augenblick ist Jesus ihrem Blick entzogen. Wie sie dann so dort sitzen, mit offenem Mund und einem Herzen, das ganz aus dem Rhythmus gekommen ist, sagen sie zueinander: »Brannte uns nicht das Herz in der Brust, als er unterwegs mit uns redete und uns den Sinn der Schrift erschloss?« (Lukas 24,32)

»Brannte uns nicht das Herz in der Brust ...?« – das sagt etwas über den immensen Eindruck einer Begegnung mit Jesus. Er weckt in uns etwas, das unser Herz schneller schlagen lässt. In der englischen Sprache gibt es das Wort »passion«, ein wunderschöner und starker Ausdruck, der eine leidenschaftliche Zuneigung, ein ungestümes Wünschen der Seele bezeichnet. Solch eine leidenschaftliche Liebe wünscht sich Gott, dieses sehnliche Wünschen unserer Seele: »Du sollst den Herrn, deinen Gott, lieben mit ganzem Herzen, mit ganzer Seele und mit ganzer Kraft« (5. Mose 6,4-5; Markus 12,30). Es ist nicht möglich, den Herrn mit geteiltem Herzen zu lieben, die Liebe zu Gott ist unteilbar. Und es ist der Heilige Geist, der dieses Feuer der Liebe zu Gott in uns entzünden will.

Zum Schluss

Liebe ist nicht innerhalb eines Tages ausgereift und erwachsen, Liebe wächst. Das Schöne ist, dass Gott sich genauso über das kleine bisschen Liebe von uns freut wie über die reife Liebe eines anderen. Liebe, soweit wir dazu fähig sind. Doch bei jedem Menschen soll die Liebe wachsen. Gott will uns mehr von seiner Liebe zeigen und verlangt danach, dass unsere Liebe zu ihm größer und tiefer wird.

Abraham war zeit seines Lebens Viehzüchter, ein Mann vom Lande. Er hatte sich im Lauf der Jahre einen beachtlichen Wohlstand angeeignet, hatte ziemlich viel Besitz und Personal und einen Sohn, auf den er 25 Jahre gewartet hatte. Als der Herr von ihm verlangte, diesen Sohn zu opfern, war er ein alter Mann. Seit über 30 Jahren war er mit Gott unterwegs gewesen. Er hatte eine reiche Lebenserfahrung erworben, einschließlich seiner Erfahrungen mit Gott. Diesen alten Freund Gottes konnte so leicht nichts mehr erschüttern; sein Glaube war mittlerweile gefestigt. Das Gleiche gilt für seine Liebe zu Gott, die im Laufe der Jahre immer tiefer geworden war.

Petrus war ein Fischer, ein Mann, der das Wasser kannte. Er war ein impulsiver Typ, etwas vollmundig, aber kleinmütig.

Er hatte seinen Beruf aufgegeben, um Jesus zu folgen. Drei Jahre lang war er mit Jesus unterwegs und hatte hohe Erwartungen im Blick auf die Zukunft. Und dann ... wendete sich das Blatt. Alles und alle schienen sich gegen Jesus und seine Jünger zu wenden, und die Tage der Wunder und großen Zeichen wandelten sich in Tage der Bedrohung und des Todes. Der robuste Petrus war davon überzeugt, er könne einiges aushalten, aber als es darauf ankam, versagte er.

Abraham stieg mutig auf den Berg, als Gott von ihm verlangte, seinen einzigen Sohn zu opfern. Petrus versagte, als sein Meister geopfert werden sollte und er selbst mit hineingezogen zu werden drohte. Da scheint ein Unterschied wie Tag und Nacht zu liegen, doch der Herr sieht bei beiden Männern die Liebe zu ihm. Er sieht sie bei dem einen in der ungeteilten Zuneigung und dem radikalen Gehorsam und bei dem andern in dessen herzzerreißendem Kummer über sein Versagen.

Die Liebe des Petrus ist nach seiner bitteren Erfahrung gewachsen. Wenn wir ihm später in der Apostelgeschichte begegnen und seine Briefe lesen, finden wir einen Menschen mit einer brennenden Liebe zu Jesus. Ergriffen und angesteckt von der bedingungslosen Liebe Jesu hat sich Petrus nach seinem Versagen von neuem auf den Weg gemacht. Er ist stärker als vorher, nicht weil sein Selbstvertrauen gewachsen ist, sondern weil sein Gottvertrauen zugenommen hat. Sein Herz brennt für Jesus, er ist ihm lieber als irgendjemand sonst. Wenn eine Sache für ihn überzeugend klar geworden ist, dann diese: Er kann und will nicht ohne Jesus leben.

II. Teil

So werden wie er

Einführung

Abraham

Wir haben dieses Buch mit Abraham begonnen und sind ihm einige Jahre gefolgt. Was sein Leben so faszinierend macht, ist die große Geschichte hinter den Ereignissen seines Lebens. Diese große Geschichte ist Gottes allumfassender Plan mit der Welt, den er durch diesen Mann aus Ur in Gang setzt. Das gibt den Ereignissen in 1. Mose 12 (Abrahams Berufung und Gottes Verheißung an ihn) ein ganz besonderes Gewicht: Sie markieren einen Wendepunkt in der Menschheitsgeschichte.

Die ersten elf Kapitel der Bibel beschreiben die Schöpfung, den Sündenfall (Hochmut, dem Verderben und Untergang folgen), die Sintflut (ein Neubeginn mit Noah und den Seinen) und den Turmbau zu Babel (erneut Hochmut). Es ist eine aufregende Geschichte, die für den Herrn an sich nicht überraschend ist. Er weiß, dass sich die Welt weiter in eine ausweglose Situation manövriert, es sei denn, dass eine Lösung »von oben« kommt; davon hat er bereits in 1. Mose 3,14-15 gesprochen.

In 1. Mose 12 beginnt der Herr mit der Verwirklichung eines universellen Heilsplans mit Abraham, der »dem Herrn glaubte« (was ihm als Gerechtigkeit angerechnet wird – siehe 1. Mose 15,6). Aus seiner Nachkommenschaft wird der Messias geboren werden. Jeder, der an ihn glaubt, wird trotz seiner Ungerechtigkeit vor dem Untergang bewahrt werden.

Dass der Herr mit diesem einen Menschen etwas so Großes vorhat, ist überwältigend. Nicht weniger stark beeindruckend ist, dass er Abraham seine Pläne mitteilt. Paulus sagt in Galater 3,8-9: »Die Schrift aber hat es vorausgesehen, dass Gott die Heiden durch den Glauben gerecht macht. Darum verkündigte sie dem Abraham: ›In dir sollen alle Heiden gesegnet werden.‹ So werden nun die, die aus dem Glauben sind, gesegnet mit dem gläubigen Abraham.«

Die Botschaft des Evangeliums liegt verborgen in Gottes Verheißung an Abraham: »Ich werde dich zu einem großen Volk machen« (1. Mose 12,2) und: »Ich mache dich sehr fruchtbar und lasse Völker aus dir entstehen« (1. Mose 17,6). Der bekannte englische Theologe John Stott nennt 1. Mose 12,1-4 »einen einzigartigen Text, in dem Gottes gesamte Ziele zusammengefasst sind, dass er nämlich die Völker, die aus Abraham hervorgegangen sind, durch Christus segnen wird«.

Jesus

Was Gott mit Abraham beginnt, findet seinen Höhepunkt in der Geburt Jesu. Dessen Herabsteigen auf diese Erde ist der entscheidende Schritt in Gottes universellem Heilsplan, denn durch ihn werden alle Dinge neu.

Frappierend ist, dass das Matthäusevangelium mit dem griechischen Wort »Genesis« beginnt: »*Stammbaum* Jesu Christi, des Sohnes Davids, des Sohnes Abrahams ...« Ein englischer Theologe schreibt dazu: »Ein jüdischer Leser denkt bei diesem Wort unmittelbar an 1. Mose 2,4 und 5,1, wo in der griechischen Übersetzung des hebräischen Textes genau der gleiche Ausdruck verwendet wird. ... Dieses Echo aus 1. Mose ist beabsichtigt, um uns entdecken zu lassen, dass die Ankunft Jesu des Messias einen Beginn markiert oder besser: eine neue Schöpfung. Gott beginnt etwas Neues.«[16] Als Jesus auf Erden lebt, wird dieses Neue sichtbar und die Menschen hören die universelle Botschaft: Alle, die ihn im Glauben annehmen, werden Kinder Gottes und als solche auch Kinder Abrahams.[17]

Jesus kam als Sohn von einfachen Leuten aus Nazareth zur Welt. Er verbrachte einen Großteil seines Lebens in diesem Ort und lernte als Heranwachsender das Zimmermanns-Handwerk. Dennoch war er keineswegs ein gewöhnlicher Mensch, sein Kommen sollte die Zukunft der Welt radikal verändern.

Die Welt war auf dem Weg zum sicheren Untergang; die Erde war dunkel geworden. Und Finsternis kann nur vom Licht durchbrochen werden. 400 Jahre nachdem der letzte Prophet seine Stimme hatte hören lassen, bricht Gottes Licht kraftvoll herein. Führende Wissenschaftler im Osten sehen einen auffallenden *Stern* (»der Stern des Königs der Juden« – siehe Matthäus 2,2) und folgern daraus, dass irgendwo auf der Welt die Geburt eines Königs stattgefunden haben muss. Sie brechen sogleich auf zu einem feierlichen Besuch und lassen sich auf ihrer Reise von einer nicht zu erklärenden Erscheinung leiten: »... der Stern, den sie hatten aufgehen sehen, zog vor ihnen her bis zu dem Ort, wo das Kind war« (Matthäus 2,9). Auch einfache Hirten sehen das Licht und finden auf diese Weise zu Jesus.

Von Sternen ist im Zusammenhang mit Jesus häufiger die Rede. So wird er selbst *als Stern, der in Jakob aufgeht* (4. Mose 24,17), bezeichnet und nennt sich *strahlender Morgenstern* (Offenbarung 22,16). Das Erste (Stern, der in Jakob aufgeht) verweist auf die leiblichen Vorfahren Jesu; Jakob war Isaaks Sohn und demnach ein Enkelkind Abrahams. Diese drei Männer, Abraham, Isaak und Jakob, werden als die Erzväter des Volkes Israel betrachtet. Das Zweite (der strahlende Morgenstern) verweist auf das einzigartige Wesen Jesu und somit auch auf seine Abstammung von Gott her. Mit dem Morgenstern wird traditionell der Planet Venus bezeichnet, der kurz vor Sonnenaufgang besonders hell leuchtet. Es ist das Licht, das die Finsternis durchbricht. Die Parallele ist eindeutig: Jesus ist das Licht (Johannes 8,12; siehe auch 12,46).

Wir, Gottes Kinder

Bevor Jesus diese Erde verließ, um zu seinem Vater zurückzukehren, gab er seinen Jüngern, »Abrahams Söhnen« (Galater 3,7), den Auftrag, sein Werk auf Erden fortzusetzen und in seinem Namen und in seiner Kraft selbst das Licht der Welt zu sein (Matthäus 5,14). Paulus spiegelt das gleichsam wie in einem Echo, wenn er im Philipperbrief sagt, dass wir gerufen sind, »als Lichter (oder *Sterne*) in der Welt« (2,15) zu leuchten, das heißt durch unser Leben Jesus auf dieser Erde sichtbar zu machen, sein Licht leuchten zu lassen, bis er wiederkommt.

In den nächsten, abschließenden Kapiteln dieses Buches denken wir über diesen Auftrag nach und orientieren uns am Leben Jesu, als er auf Erden wandelte. Wodurch zeichnete er sich aus und in welcher Weise war er Licht in der Welt? Was können wir, die wir ihm folgen, von ihm lernen?

11. Jesus, der geliebte Sohn
(Thema: Identität)

Das Wort (Jesus) hat unter uns gewohnt«, sagt Johannes (1,14). Nach seiner Geburt wohnte Jesus kurze Zeit in Ägypten und wuchs anschließend in Nazareth auf. Von seinem 30. Lebensjahr an hatte er drei Jahre lang, während der Zeit seines öffentlichen Wirkens, keinen festen Aufenthalts- und Wohnort (siehe beispielsweise Lukas 3,23). »Ihr wisst, was im ganzen Land der Juden geschehen ist ...«, schreibt Petrus. »Jesus zog umher, tat Gutes und heilte ...« (Apostelgeschichte 10,37-38). Und Matthäus sagt: »Jesus zog durch alle Städte und Dörfer, lehrte in ihren Synagogen, verkündete das Evangelium vom Reich und heilte alle Krankheiten und Leiden« (9,36).

Jesus kam auf die Erde als Sohn Gottes und als Menschensohn. Was zeichnete ihn als Menschen aus? Wer und wie war er? Und was können wir von seinem Leben auf der Erde lernen? Im Folgenden achten wir bei Jesus auf drei Dinge: seine Identität, seine Sendung und seinen Lebensstil (Kapitel 11, 12 und 13).

Identität – *»Du bist mein geliebter Sohn ...« (Lukas 3,22)*

Wenn Menschen einander vorgestellt werden, so werden meist zusätzlich zum Namen ein paar Dinge gesagt, womit man jemanden besser einordnen kann. Wir sagen etwas über seine familiäre Situation, über seinen oder ihren Beruf oder erwähnen ein markantes Ereignis, in dem dieser Mensch eine bestimmte Rolle spielte. Es ist schon bezeichnend, dass wir immer nach Titeln, Beruf oder Aktivitäten suchen, um ein Bild von jemandem (oder von uns selbst) zu geben. Diese Etiketten beschreiben aber lediglich einen Teil von uns und nicht unser Wesen. Sie sagen nicht, wer wir wirklich sind.

Als Jesus auf Erden lebte, versuchten die Menschen auch ihn in eine bestimmte Schublade zu stecken. Immer wieder wird gefragt: »Ist das nicht der Sohn Josefs, des Zimmermanns?« (Lukas 4,22) – »Kommt er nicht aus Nazareth?« – »Ist das nicht der Zimmermann, der Sohn der Maria und der Bruder von Jakobus, Joses, Judas und Simon? Leben nicht seine Schwestern hier unter uns?« (Markus 6,3)

In Lukas 4 betritt Jesus die Kanzel in dem Ort, wo er aufgewachsen ist. Es ist Sabbat und er ist, wie gewohnt, in die Synagoge gegangen. Er hat gerade eine sehr einschneidende Zeit hinter sich: 40 Tage der Einsamkeit in der Wüste, 40 Tage, in denen er vom Teufel versucht worden ist. Er hat diese Prüfungen glänzend bestanden, und jetzt steht er am Beginn seines öffentlichen Wirkens auf Erden.

Als Jesus in Nazareth vor den Gottesdienstbesuchern steht, wird ihm der Bibelabschnitt für diesen Tag gereicht. Es ist eine Prophezeiung über den kommenden Messias aus dem Buch des Propheten Jesaja. Es kann kein Zufall sein, dass gerade Jesus diesen Text vorliest: »Der Geist Gottes, des Herrn, ruht auf mir; denn der Herr hat mich gesalbt. Er hat mich gesandt, damit ich den Armen eine frohe Botschaft bringe ...« (61,1-2)

Als Jesus das Buch geschlossen und Platz genommen hat, sind die Augen aller Anwesenden erwartungsvoll auf ihn gerichtet (Lukas 4,21). Seine ersten Worte finden ihre Zustimmung: »Heute hat sich das Schriftwort, das ihr eben gehört habt, erfüllt.« Die Menschen nicken und sind neugierig, was jetzt kommt. Erstaunt »darüber, wie begnadet er redete« (Vers 22), flüstern sie: »Ist das nicht der Sohn Josefs?« Ein paar Sekunden später jedoch weicht ihr Erstaunen dem Abscheu und der Feindseligkeit. Jesus, der Junge, der bei ihnen aufgewachsen ist und mit ihnen auf der Straße gespielt hat, besitzt die Unverschämtheit zu behaupten, er sei die Erfüllung der Prophezeiung des Jesaja! Er sei der erwartete Messias!?

Die zunächst gelassene Atmosphäre ist mit einem Mal äußerst gespannt. Die Anwesenden sind über die Anmaßung Jesu empört und tief erzürnt. Sie springen auf, treiben ihn aus der Stadt hinaus und wollen ihn von einem steilen Bergabhang hinunterstürzen. Aber ebenso ruhig, wie Jesus die Synagoge betreten hat, aufstand und vorlas, sich setzte und sprach, schreitet er nun mitten durch die Menge und geht fort (Lukas 4,14-30). Dieses Ereignis, wie schrecklich es auch sein mag, rüttelt in keiner Weise an seiner Identität. Jesus weiß, wer er ist: Gottes Sohn, der verheißene Messias.

Einige Zeit später, während eines Gesprächs mit einer samaritischen Frau, zeigt Jesus dieselbe ruhige Sicherheit im Blick darauf, wer er ist. Als sie zu erkennen gibt, dass sie weiß, dass der Messias kommen wird, der Christus genannt wird, sagt er: »Ich bin es, ich, der mit dir spricht« (Johannes 4,26). Und als Thomas ihn später bittet: »Zeig uns den Vater!«, antwortet er ohne einen Moment zu zögern: »Wer mich gesehen hat, hat den Vater gesehen ... Glaubst du nicht, dass ich im Vater bin und dass der Vater in mir ist?« (Johannes 14,8-10)

Nach und nach kommt es zu Konfrontationen und Streitgesprächen. Vor allem die Geistlichen sind überhaupt nicht von der Botschaft Jesu angetan. Abgesehen davon, dass er in ihren Augen ein Gotteslästerer ist, stellt das, was er verkündet und vorlebt, ihr sorgfältig errichtetes religiöses System komplett in Frage. Jesus untergräbt ihre bis dahin unangefochtene Stellung unter den Juden. Aber auch jetzt, da die Spannungen zunehmen, bleibt seine Botschaft eindeutig: »Ich bin es!« Es ist dasselbe »Ich bin«, mit dem sich Gott einst dem Mose vorstellte (2. Mose 3,14). – In Johannes 8 werden wir Zeugen eines Streitgesprächs, das sich immer mehr zuspitzt. Die Juden berufen sich darauf, dass sie Abrahams Nachkommen sind, und fragen Jesus, ob er sich etwa einbilde, er sei mehr als ihr hochverehrter Vorvater (Verse 39 und 53). Sie unterstreichen, dass sie alle letztlich einen Vater haben: Gott (Vers 41). Ihre hitzigen Worte: »Wir stammen nicht aus einem Ehebruch«, sind eine Reaktion auf seine Äußerung in Vers 39: »Wenn ihr Kinder Abrahams wärt ...« Könnte ihre Bemerkung sogar suggestiv im Blick auf Jesu Geburt und Abstammung sein? Jesus lässt sich jedoch in keiner Weise beirren. Er unterstreicht, dass er mehr ist als die Erzväter, indem er unumwunden sagt: »Noch ehe Abraham wurde, bin ich« (Vers 58)[18] und festhält: »Ich bin von Gott ausgegangen und gekommen« (Vers 42).

Wie heftig die Kritik auch sein mag, wie schwer die Beschuldigungen und wie verletzend die Anklagen auch sein mögen – Jesus lässt sich nicht aus der Fassung bringen und bleibt er selbst. Seine Überzeugung, dass er zu seinem himmlischen Vater gehört, hat ganz tiefe Wurzeln; nichts und niemand kann diese Wahrheit untergraben. Hier steht ein Mensch, der keine Bestätigung von außen braucht, keine Lobeshymnen, um ihm das Gefühl zu vermitteln, dass er jemand ist. Er braucht sich nicht auf eine bestimmte Ausbildung, auf Titel oder Leistungen zu berufen. Jesus ist der, der er ist. Dieses tiefe Wissen ist die Basis seiner Unerschütterlichkeit; sein innerer Friede beruht darauf, dass er Gottes Sohn ist, vom Vater gekannt und geliebt. Jesus ist in der Welt, aber er ist nicht abhängig von der Meinung, Bestätigung oder Billigung der Welt, weil er nicht von der Welt ist. Jesu Identität reicht viel weiter als seine irdischen Wurzeln. Er ist zwar Josefs Sohn, aber vor allem ist er Gottes geliebter Sohn. Gottes Zusage bei seiner Taufe ist fest in seinem Herzen verankert: »Du bist mein geliebter Sohn, an dir habe ich Gefallen gefunden« (Lukas 3,22).

Wissen, wer man ist

»Meine Ehre empfange ich nicht von Menschen«, sagt Jesus in Johannes 5,41. Darauf ist er nicht angewiesen, weil er weiß, wer er ist: Gottes Sohn. Natürlich, das »Hosanna« ist erfreulich zu hören und das »Tötet ihn« abscheulich. Aber das eine bringt ihm nicht mehr für seine Identität und das andere nimmt sie ihm nicht. Das eine schafft nicht sein Selbstvertrauen, und das andere bricht ihn nicht. Jesus ruht in dem, was er vor Gott ist. Das und nichts anderes macht ihn unerschütterlich.

Würden Psychologen Jesu früheste Erfahrungen untersuchen, so würden sie dort zweifellos Auslöser für mögliche spätere Probleme finden. Es wäre für sie keine Überraschung, hätte sich Jesus zu einer unsicheren Persönlichkeit entwickelt. Die ersten Monate der Schwangerschaft seiner Mutter waren sicherlich nicht sorglos; sie war als Ledige schwanger mit einem Kind, das nicht von ihrem Verlobten gezeugt worden war. Maria und Josef wussten von Gott, wie das zu erklären war, aber das änderte nichts daran, dass ihre Ehe anders begann als sie, und sicher auch ihre Umgebung, erwartet hatten. Die Brautzeit war nicht mehr unbefangen – in Eile musste alles Mögliche geregelt werden, und darüber wurde geredet, das steht fest. Der Beginn ihrer Ehe war auch anders, als sie erwartet hatten; Josef war nicht mit seiner Frau zusammen bis nach der Geburt Jesu. Als Maria mit ihm hochschwanger war, mussten sie eine lange Reise nach Bethlehem unternehmen, wo sie dann eine Weile auf der Suche nach einer Unterkunft umherirrten. Sie wurden abgewiesen und mussten sich schließlich mit einer Notunterkunft begnügen. Aufgrund dieser Umstände fand die erste Entbindung der jungen Frau nicht zu Hause oder in einem Kreißsaal statt, im Beisein vertrauter Menschen, sondern in einem Kuhstall. Kurz nach der Geburt ihres Sohnes mussten sie nach Ägypten fliehen, wo sie eine Zeit lang als Fremde lebten.

In der Summe hätten diese dramatischen Ereignisse durchaus zu persönlichen Schwierigkeiten führen können. Ich sehe das psychologische Gutachten schon vor mir: »Der Patient hatte einen schwierigen Start ins Leben. Die Schwangerschaft kam für die Eltern unerwartet, die Entbindung fand unter schwierigen Umständen statt. Gleich darauf mussten die Eltern im Zusammenhang mit einer lebensbedrohlichen Situation flüchten. In den ersten Jahren Asylbewerber in Ägypten.« Aber Gott begleitete sie!

Vielleicht waren die Umstände unserer Geburt auch nicht ideal, möglicherweise waren wir sogar unerwünscht in der Familie, in die wir hineingeboren wurden. Ein Mensch kann das Gefühl haben, dass er oder sie nicht hätte sein müssen. Und dennoch! Psalm 139 macht deutlich, dass wir unsere Existenz dem Herrn verdanken, wir sind von ihm erschaffen. Unser himmlischer Vater hat von uns gewusst, sogar bevor unsere eigene Mutter sich ihrer Schwangerschaft bewusst war; er hat unsere Entwicklung im Mutterleib verfolgt und war dabei, als wir geboren wurden. Der Gott des Himmels und der Erde hat sich uns gewünscht und Sehnsucht nach unserem

Geborenwerden gehabt. Diese Tatsache ist ein solides Fundament für unser Dasein!

Aber da ist noch mehr! Vom Tag unserer Geburt an hat sich unser Schöpfer danach gesehnt, dass wir unser Leben in seine Hände legen. Wer Jesus als Heiland und Herrn persönlich annimmt, empfängt neues Leben und wird ein Sohn oder eine Tochter Gottes (Johannes 1,12). Unser himmlischer Vater hat unsere Geburt zu diesem neuen Leben eingeleitet und begleitet. Er will, dass wir sein Vaterherz immer tiefer kennen lernen, womit für uns immer greifbarer wird, wer wir als Sohn oder Tochter Gottes sind. Unsere Identität als sein Kind soll ganz tief in unserem Bewusstsein verankert werden, wie das Wissen seiner vorbehaltlosen Liebe, in dem wir geborgen sind.

Heimkehren zu Gott bedeutet, zum Ursprung und zu den Wurzeln zurückzukehren und ... Wurzeln zu schlagen (Epheser 3,17-19). Es bedeutet, festen Boden unter den Füßen und ein Dach überm Kopf zu haben. In 5. Mose 33,27 ist die Rede von den Armen des Ewigen, die uns tragen. Vielleicht wurde uns die menschliche Heimat genommen oder sie erbebt in diesem Moment in ihren Grundfesten. Vielleicht sind wir von Menschen beschämt und verlassen worden und haben das Gefühl, nicht nur rechtlos und geächtet, sondern auch bedeutungslos zu sein. Es könnte sein, dass wir keine allzu hohe Selbstachtung haben und mit Minderwertigkeitsgefühlen kämpfen. Vielleicht aber fühlen wir uns selbst gerade ziemlich wichtig in einer bestimmten Rolle oder Funktion und zehren davon, solange das dauert.

Wem oder was verdanken wir unsere Identität? Was geschieht mit uns und in uns, wenn wir bestimmte »Mäntelchen« verlieren? Wenn andere uns nicht mehr schätzen, wenn wir nicht mehr eine bestimmte Rolle erfüllen oder unsere Arbeit verlieren, wenn wir vor anderen oder in unseren eigenen Augen versagen ... Was bleibt dann übrig von uns?

Wenn wir ehrlich sind, müssen wir doch alle zugeben: Wir wissen, wie das ist, wenn man innerlich unsicher ist, gerade wenn man das große Wort führt. Innere Unsicherheit kann ein Hindernis oder vielleicht sogar eine Achillesferse sein. Sie erklärt unsere Empfindlichkeit für Kritik, dass wir so schnell beleidigt sind, wenn uns jemand auf Dinge anspricht, die einer Korrektur bedürfen. Aus innerer Unsicherheit legen wir so viel Wert auf unseren sozialen Status und meinen so oft, uns selbst beweisen zu müssen. Die Unsicherheit flüstert uns auch ein, dass wir Masken tragen sollen, um wer zu sein.

Titel und Rollen mögen in den Augen der Welt zählen, aber daran können wir nicht unsere Identität festmachen, allein schon, weil jeder in seinem Leben wechselnde Rollen und Funktionen hat. Wer seine Identität und Sicherheit darauf baut, dass er Gärtner, Lehrer oder Medizinstudent ist, dass er Vater oder Mutter ist, dass er ein Amt in der Kirche hat oder es auf der gesellschaftlichen Leiter ziemlich weit gebracht hat, der verliert sich selbst, sobald sich diese Rolle ändert oder jemand anderes den Platz einnimmt. Wer seine Identität auf seinen geschäftlichen Erfolg aufbaut oder auf die Wertschätzung, die er mit der Arbeit erntet, die er macht, ist ein armer Mensch, wenn dieser Erfolg oder diese Wertschätzung irgendwann zu Ende ist. Wer jemand zu sein glaubt, weil er ein blendendes Aussehen und einen gesunden Körper hat, wird alles tun müssen, um das Älterwerden hinauszuzögern, weil das Altern und Nachlassen der Kräfte eine persönliche Bedrohung darstellen. All diese Dinge sind relativ und unbeständig. Unsere Identität findet sich hinter oder unter unseren Etiketten, im Innersten unseres Wesens.

Hundertprozentig immun gegen die Meinung anderer werden wir nie sein, weil wir auch als Christen gewöhnliche Menschen mit normalen emotionalen Bedürfnissen sind. Aber wir können weniger verletzbar werden von den Meinungen anderer, in dem Sinne, dass wir nicht automatisch am Boden zerstört sind, wenn Menschen uns wehtun oder ablehnen, und nicht nur dann glücklich, wenn wir bestätigt und bejubelt werden. Der Schlüssel dafür liegt darin, in Christus verankert zu sein. Wer damit vertraut ist (und sich darin übt), den wirft es nicht um, wenn andere ihn enttäuschen oder wenn Rollen oder Titel wegfallen. Er weiß sich als wertvolles und hoch geschätztes Menschenkind (siehe Jesaja 31,1-7), als geliebtes Kind Gottes. Dieses Wissen ist übrigens nicht etwas, was wir von einem Tag auf den anderen erwerben und nie mehr verlieren; wir müssen es immer wieder neu bewusst aufgreifen. In dem Maße, wie wir in diesen Dingen wachsen, werden wir uns nach und nach wohler in unserer Haut fühlen. Seine Wurzeln in Christus haben, ist ein Prozess, der Früchte abwirft: Wir werden stärker und unerschütterlicher.

In Jesus gegründet und verwurzelt

Wie findet ein Mensch seine Wurzeln in Jesus? Wir lesen in Kolosser 2,6-7: »Ihr habt Christus Jesus als Herrn angenommen. Darum lebt auch in ihm! Bleibt in ihm verwurzelt und auf ihn gegründet.« Der Prozess des Wurzelnschlagens beginnt mit unserer Geburt zum neuen Leben, mit unserem Ja zu Christus und wird anschließend verstärkt durch unseren Lebenswandel in ihm, wohlgemerkt: Wandelt *in* ihm!

Kürzlich habe ich in meinem Garten einen Pflaumenbaum gepflanzt. Er wurde in gute Erde gesetzt und bekam einen Stützpfahl. Ich behalte ihn im Auge und sorge dafür, dass er hin und wieder gedüngt wird und bei Trockenheit extra Wasser bekommt. Mehr kann ich nicht tun. Das Wurzelnschlagen ist eine Sache des Baumes. Er selbst wird seine Wurzeln immer tiefer in den Boden schlagen müssen und sich die Nährstoffe aus der Erde holen. Er muss Sauerstoff aufnehmen und sich dem Licht zuwenden. Wenn das geschieht, wird er in absehbarer Zeit die ersten Blüten treiben und danach die ersten Früchte tragen.

Wenn wir starke Männer und Frauen Gottes werden wollen, müssen wir »oben« Wurzeln schlagen. Wir sind dort eingepflanzt durch unsere Wiedergeburt, jetzt müssen wir Wurzeln schlagen und gedeihen. »Richtet euren Sinn auf das Himmlische und nicht auf das Irdische!«, sagt Paulus in Kolosser 3,2. Dort ist Ihr Zuhause, denn »... euer Leben ist mit Christus verborgen in Gott« (Vers 3). Schlagen Sie also dort Wurzeln, in der »himmlischen Erde« bzw. in Christus. Ernähren Sie sich mit der Nahrung, die Gott gibt, das heißt: Suchen Sie Gemeinschaft mit ihm und ernähren Sie sich von seinem Wort und von ihm selbst.

Seien Sie sich bewusst: Sie sind mit dem Herrn verbunden und gänzlich von ihm abhängig. Dann werden Sie Früchte tragen, die Ihrer Identität als Kind Gottes entsprechen. Das ist der Kern der Aussage Jesu: »Bleibt in mir, dann bleibe ich in euch. ... Wer in mir bleibt und in wem ich bleibe, der bringt reiche Frucht; denn getrennt von mir könnt ihr nichts vollbringen« (Johannes 15,5).

In seinem Brief an die Epheser spricht Paulus vom Gegründetsein und Wurzeln in der Liebe Christi. Er drückt zunächst einen Wunsch aus: »Durch den Glauben wohne Christus in eurem Herzen.« Darauf sagt er: »In der Liebe verwurzelt und auf sie gegründet, sollt ihr ... dazu fähig sein, die Länge und Breite, die Höhe und Tiefe zu ermessen und die Liebe Christi zu verstehen, die alle Erkenntnis übersteigt ...« (3,17-18)

Zu Beginn dieses Kapitels habe ich erwähnt: Die Identität Jesu gründet darin, dass er Gottes geliebter Sohn ist – nicht nur Sohn, sondern *geliebter* Sohn! Gott sagt das auch seinen Kindern auf Erden; wir sind in seinen Augen wertvoll. Über die Identität hinaus schenkt unser Sohn- bzw. Tochter-Sein die tiefste Geborgenheit, die ein Mensch sich wünschen kann. Gott liebt uns! Paulus sagt, dass wir in dem Prozess des Wurzelnschlagens in Christus entdecken werden, wie groß diese Liebe ist, wie breit, wie lang, wie hoch und tief, wie vorbehaltlos. Kein Wunder, dass Paulus mit solcher Begeisterung Jesus tiefer kennen lernen möchte. Kein Wunder, dass er in seine Beziehung mit dem Herrn investiert. Er sehnt sich danach, dass ihm Gottes Welt vertraut und sein Eigen wird.

12. Jesus, vom Vater gesandt

(Thema: Berufung)

Im vorigen Kapitel haben wir uns die massive Kritik und Ablehnung vor Augen geführt, die Jesus entgegenschlug, als er als Mensch auf Erden lebte, und gesehen, wie er mit erhobenem Haupt seinen Weg ging: Er war sich seiner Identität bewusst und sagte unumwunden: Ich bin Gottes einziger und geliebter Sohn. Wir kommen jetzt zu einem weiteren Aspekt: seiner Sendung. Wozu lebte dieser Mensch, und was können wir als Kinder Gottes daraus lernen über den Sinn unseres eigenen Lebens?

Die Berufung Jesu – *»Ich bin vom Himmel herabgekommen, um den Willen dessen zu tun, der mich gesandt hat ...«* *(Johannes 6,38)*

Jesu Ankunft auf der Erde war Teil (oder lieber: Höhepunkt) eines göttlichen Plans. Seine Geburt war unlösbar mit einer göttlichen *Sendung* verbunden: Er kam zur Welt, um Gott sichtbar werden zu lassen und seine Pläne auszuführen. Galater 4,4: »Als die Zeit erfüllt war, sandte Gott seinen Sohn, geboren von einer Frau und dem Gesetz unterstellt.« Hier haben wir auf der einen Seite den göttlichen Aspekt (es handelt sich um Gottes Sohn, der von ihm ausgesandt ist) und auf der anderen den menschlichen Aspekt (er ist von einer Frau geboren und untersteht dem Gesetz). Paulus unterstreicht das Menschsein Jesu in Philipper 2,7, als er sagt, dass Jesus »den Menschen gleich« wurde und »sein Leben das eines Menschen war«. Hier haben wir einen Menschen wie andere Menschen, und dennoch ist niemand so wie er, denn er ist der Christus.

Der Mensch, dem die Zeitgenossen Jesu begegneten, war ein Mensch aus Fleisch und Blut, er war einer von ihnen. Trotzdem war er ganz anders. Er war ein hoch motivierter Mensch, der sich seiner göttlichen Berufung sehr bewusst war. Von klein auf wusste er, was der Sinn seines Lebens war. Er sprach diese Dinge auch deutlich aus; er sagte, er müsse »in dem sein, was meinem Vater gehört« (Lukas 2,49).

Verschiedentlich wird der missionarische Charakter seines Lebens sichtbar. In dem Streitgespräch mit den Juden in Johannes 8 sagt er beispielsweise: »Ich bin nicht in meinem eigenen Namen gekommen, sondern er (Gott) hat mich *gesandt*« (Vers 8). An anderer Stelle sagt er: »Ich bin vom Himmel herabgekommen, um den Willen dessen zu tun, der mich gesandt hat« (Johannes 6,38).

Mit diesen letzten Worten wird sich jeder Christ, der nicht nur Christ, sondern auch Jünger sein will, identifizieren können. Trotzdem ist das ein großes Wort zu sagen: »Ich lebe, um Gottes Willen zu tun.« Wer so etwas sagt, gibt damit zu erkennen, dass alles Übrige, das heißt alle Entscheidungen, die er oder sie im Leben fasst und noch fassen wird, dem Willen Gottes und seinen Plänen mit ihm untergeordnet sind. Denn das gehört zum Kern des Christseins: Wer wirklich Jünger sein will, strebt danach, den Willen Gottes in seinem persönlichen Leben zu erfüllen. Er kann nicht länger eigenmächtige Entscheidungen treffen, sondern lebt in der Abhängigkeit von ihm! Dinge wie die Wahl eines Studiums oder Partners, einer Laufbahn, die Weise, wie wir leben und unser Geld ausgeben, werden zu Angelegenheiten, die wir mit dem Herrn überlegen. Die Entscheidung, jenes schöne Haus zu kaufen, an das wir unser Herz gehängt haben, kann nicht getroffen werden, bevor wir es Gott vorgelegt haben. Wir können nicht sagen: »Und jetzt verbringen wir unser Rentenalter in Spanien«, bevor wir wissen, ob das auch wirklich der von Gott für uns bestimmte Ort ist.

Der Inhalt der Berufung Jesu

Vom Moment seiner Geburt an ist Jesus unterwegs nach Jerusalem. Die Jahre, in denen er zu Hause bei seinen Eltern aufwächst und den Beruf eines Zimmermanns erlernt, sind Jahre der Vorbereitung auf das, was schließlich nur drei Jahre intensiver Verkündigung werden, die in seine Gefangennahme, Kreuzigung und Auferstehung in Jerusalem münden: »Der Menschensohn ist ... gekommen ..., sein Leben hinzugeben als Lösegeld für viele« (Markus 10,45).

Mit menschlichen Augen betrachtet war Jesus Josefs Sohn, ein Zimmermann (Markus 6,3) und Rabbi oder Lehrer. Aber hinter diesen »Etiketten« steckte die tiefere Schicht seines Wesens und seiner göttlichen Aufgabe auf der Erde: Jesus war auf diese Erde gekommen, um Menschen aus ihren Sünden zu retten und Gottes Reich auf Erden zu errichten. Das Endziel seines irdischen Weges war Jerusalem, wo er sterben und auferstehen sollte. Aus diesem Grund verließ er mit etwa 30 Jahren sein Elternhaus und die Werkstatt seines Vaters; deswegen führte er ein paar Jahre ein Wanderleben und ließ sich nicht dazu bewegen, etwas zu tun, was Gottes Plänen mit ihm im Wege gestanden hätte.

In Lukas 9,15 sind wir Zeugen eines ganz wichtigen Augenblicks, worauf eine neue Phase beginnt: »Als die Zeit herankam, in der er in den Himmel aufgenommen werden sollte, entschloss sich Jesus, nach Jerusalem zu gehen.« Es ist ein bedeutsamer, markanter Moment im Lukasevangelium, in dem Jesus den Gürtel seines Gewands fester schnürt und sich aufmacht für den letzten Teil der Wegstrecke, der großes Leid mit sich bringt. Nicht viel später hören wir, dass er im Garten Gethsemane im Innersten aufgewühlt betet: »Vater, wenn du willst, nimm diesen Kelch von mir!« Es ist ein Moment tiefen Schmerzes und Entsetzens über das, was kommen wird. Aber auch dann bleibt Jesus seiner Berufung treu: »Nicht mein, sondern dein Wille soll geschehen« (Lukas 22,42-43).

In den Jahren seines öffentlichen Wirkens hat Jesus immer das große Ziel vor Augen. Er tut weit mehr als nur herumzuziehen: Er sieht ganz klar, was Gott mit der Welt und mit seinem eigenen Leben vorhat, und er trifft seine Entscheidungen (wozu sage ich ja, wozu nein?) im Einklang damit. Jesus lässt sich nicht von dem bestimmen, was auf ihn zukommt oder was Menschen von ihm erwarten; er wird immer überlegen, inwieweit das, was er tut, der Erfüllung seines großen Auftrags dient. Dass Gottes Pläne sein Leben bestimmen, ist das Geheimnis seines ruhigen und gelassenen Lebens. Jesus hat keinen Grund, am Sinn seiner Existenz zu zweifeln. Er ist von Gott gerufen. Die großen Linien der Pläne Gottes mit seinem Leben bieten einen Rahmen und geben Orientierung angesichts all der (großen und kleinen) Dinge, mit denen er sich auf Erden beschäftigen soll. Sie weisen ihn auf ein Ziel hin, geben ihm inneren Frieden und helfen ihm, Prioritäten zu setzen. Sie schaffen auch Raum, flexibel und spontan zu sein.

Die Berufung eines Christen

Was wissen wir von Gottes Plänen mit der Welt und mit unserem eigenen Leben? Wie sehr beschäftigen uns diese Dinge? Inwieweit spielen sie in unserem Tun und Lassen eine Rolle?

Der amerikanische Historiker und Futurologe Tom Sine beobachtet bei vielen Christen einen schmerzlichen Mangel an »Vision«. Wir verwenden, so sagt er, nicht genügend Zeit, darüber nachzudenken, *warum wir tun, was wir tun*.[19] Wir lassen uns in der Strömung mitreißen von dem, was auf uns zukommt und was als »normal« bezeichnet wird; wir tun und unternehmen Dinge, ohne den Herrn zu fragen, ob das in der Linie seiner Pläne mit uns liegt. Wir folgen dem Trend unserer Kultur und nehmen oft Gewohnheiten an, ohne uns wirklich zu fragen, ob das dahinter steckende Gedankengut im Einklang mit der Bibel steht. Die Folge ist, dass das Leben vieler Christen weit hinter dem zurückbleibt, was es sein könnte, weil ihm die Fülle eines Lebens nach Gottes Plänen fehlt.

Haben Christen eine klare Berufung?

Ja! Wir sind gerufen, unseren Weg mit Gott zu gehen, ihn durch unser Leben zu ehren und an seinen Plänen mit der Welt teilzuhaben. Wir tun das auf verschiedenen Gebieten, jeder nach seinen Möglichkeiten. Aber alle haben wir kulturelle, diakonische und missionarische Verantwortung. Jeder von uns soll sich diesen Auftrag nicht nur vor Augen halten, sondern ihn in seinem täglichen Leben verwirklichen.

Der kulturelle Auftrag: Herrschen über die Schöpfung

»Der Himmel ist der Himmel des Herrn, die Erde aber gab er den Menschen«, so heißt es in Psalm 115,16. Die Menschen haben die Verantwortung für die Verwaltung der Erde aus Gottes Hand empfangen. Sie, die Krone seiner Schöpfung (Psalm 8,6), sollen »herrschen über die ganze Erde« (1. Mose 1,26).

In den ersten Kapiteln der Bibel befindet sich die Schöpfung in optimalem Zustand. Es finden sich keinerlei Unvollkommenheiten, da braucht nichts nachgebessert, korrigiert oder repariert zu werden. Adam und Eva dürfen herrschen und weiterbauen an dem, was der Schöpfer perfekt vorbereitet und angelegt hat. Sie dürfen ihren Verstand, ihre Kreativität und Phantasie anwenden, nicht nur um Gottes Schöpfung zu bewahren und zu pflegen, sondern um ihr zusätzlich etwas Eigenes aufzuprägen, das Werk ihrer Hände. Dieser kreative Beitrag der Kinder Gottes zur Schöpfung wird manchmal vernachlässigt. Manchmal sind Christen sich nicht bewusst, wie schön diese Aufgabe ist und welche Herausforderung darin liegt, auch selbst schöpferisch zu sein und unseren einzigartigen Beitrag dieser Welt zu schenken, gemäß den Gaben, die Gott uns geschenkt hat.

Infolge des Sündenfalls leben wir heute mit der Gebrochenheit; seit 1. Mose 3,6 haben Tod und Verderben ihren Einzug gehalten. Das »Schauspiel« hat Schaden erlitten, und wir, die »Spieler«, ebenfalls. Die Unvollkommenheit ist in unserem täglichen Leben schmerzlich präsent; auf allen Gebieten des Lebens gibt es Stückwerk und wird Unvollkommenes produziert. Aber Gott sei Dank ist damit nicht alles gesagt!

Obwohl die Menschen die Schöpfung nie in ihren ursprünglichen Zustand zurückversetzen können, sind wir trotzdem nicht der Gebrochenheit ausgeliefert. »Das Reich Gottes ist in Macht gekommen«, sagt Jesus in Markus 9,1. Die Dinge, die er hier auf Erden gewirkt hat, haben Gottes erneuernde Kraft offenbart. Menschen, die ihn aufnahmen, haben neues Leben empfangen.

Sie dürfen sich im Glauben sicher sein, dass der Herr mit ihrer Geburt zum neuen Leben begonnen hat, sie zu heilen. Sie sind eine neue Schöpfung in einer gebrochenen Welt. Die Schöpfung seufzt, sagt Paulus in Römer 8,22. Auch Menschen seufzen. Aber Befreiung und Erneuerung haben mit Christus bereits eingesetzt. Christen spielen dabei eine wichtige Rolle; sie dürfen dieses Neue in der Welt sichtbar werden lassen und von innen heraus an diesem Heilungsprozess mitwirken. Wir müssen von der Ungerechtigkeit ablassen, sagt Paulus. Wir haben »eine ehrenvolle Bestimmung«. Wir sind geheiligt, nicht nur für uns selbst, sondern damit wir »für den Herrn brauchbar, zu jedem guten Werk tauglich« sind (2. Timotheus 2,21). Man beachte die drei Worte: geheiligt, brauchbar und tauglich!

Unser (kultureller) Auftrag hat sowohl einen physischen wie auch einen moralischen Inhalt. Beim physischen Teil unseres Auftrags geht es um die Sorge für die Umwelt als Lebensraum und als Klima zum Leben. Das betrifft den achtsamen Umgang mit der Erde und den Schutz des Lebens ihrer Bewohner, den Umgang mit Boden, Luft, Wasser, Flora, Fauna und der Krone der Schöpfung Gottes, dem Menschen.

Beim moralisch-ethischen Teil unseres Auftrags geht es um das Zusammenleben zwischen Menschen, um unsere Zivilisation, Normen, Werte, Umgangsformen und Lebenskunst. Christen haben den Auftrag, die Welt zu einem Leben nach Gottes Plänen zu inspirieren. Sie sind Vorreiter und ergreifen Initiativen, indem sie in dieser gebrochenen Welt Dinge wie Gerechtigkeit und Wahrheit, Ganzheit und Schönheit sichtbar werden lassen. Nicht in erster Linie predigend, sondern aus dem täglichen Leben heraus. Gottes Reich wird unter anderem durch heile Beziehungen sichtbar, durch Ehrlichkeit, Kreativität und das Feiern des Lebens, durch Freude und Hoffnung. Der Herr will seine Kinder weiter bahnbrechende Werke für sein Reich tun lassen, um Heilung zu verkünden und zu bringen, um unsere Kultur bzw. unser Lebensumfeld zum Guten hin zu beeinflussen und auf diese Weise erneuernd zu wirken. »In jedem Volk ist ihm (Gott) willkommen, wer ihn fürchtet und tut, was recht ist«, sagt Petrus in Apostelgeschichte 10,35.

Wenn unser Leben zur weiteren Ausbreitung des Reiches Gottes auf dieser Erde beitragen soll, muss unser Dasein und jeder Lebensbereich der Autorität des Herrn unterstellt werden. Dann kann sich unser Christsein nicht auf den Sonntag beschränken und auf ein oder zwei andere christliche Aktivitäten pro Woche oder im Monat; es muss unser ganzes Leben prägen, auf jedem erdenklichen Gebiet. Im familiären oder gesellschaftlichen Bereich, im Gesundheitswesen, im Erziehungswesen, in der Kultur, in der Politik, in der Kunst oder Ökologie übernehmen wir unsere Verantwortung, die Gott uns anvertraut hat, und versuchen, so zu leben, dass er geehrt wird. Diese große Berufung prägt unser ganzes Leben und all unser Tun. Es gibt kein Lebensgebiet, wo das keine Geltung hat.

Wenn wir lernen, mit unserem ganzen Leben Gott zu dienen, entdecken wir, wie vielseitig unser Auftrag ist und wie viele Möglichkeiten wir haben, ihm zu dienen. Es ist eine Herausforderung zu entdecken, wie und wo jeder am besten den Absichten Gottes mit ihm oder ihr entsprechen kann. Wir dürfen unsere Gaben und Talente entfalten und Entscheidungen treffen, die unsere Einzigartigkeit ins Licht rücken; wir dürfen tun, was zu uns passt. Wir dürfen unseren Verstand und unsere Kreativität für den Herrn einsetzen – gehorsam gegenüber unserem großen Auftrag, ihn in allen Aspekten des Lebens zu ehren, ihm zu dienen und so handelnd unseren König und sein Reich (und dessen Prinzipien und Schönheit) sichtbar werden zu lassen. Schön in diesem Zusammenhang ist ein Wort von Lukas über Maria Magdalena, Johanna und Susanna und viele andere Frauen, die alle Jesus unterstützten »mit dem, was sie besaßen« (Lukas 8,2-3). Für die eine bestand dieses Dienen vielleicht darin, ihn und die, die mit ihm waren, gastfreundlich in ihr Haus aufzunehmen. Für die andere, Reiseproviant mit frischem Brot und Obst vorzubereiten oder ein ausgedehntes Essen zu Hause zu machen, Blasen oder Wunden zu versorgen, Geld für Einkäufe zu besorgen oder anderes zu regeln. Wer weiß schon, was in jenen Jahren alles nötig war, als Jesus umherzog – welche Begabungen und Möglichkeiten all diese verschiedenen Menschen besaßen.

Gott dienen mit allem, was wir haben, weist darauf hin, dass unser Dienst ihm gegenüber einzigartig (denn wir sind verschieden) und ganzheitlich ist. Wir dürfen in diesen Dingen kreativ und überschwänglich sein. Ein schön gedeckter Tisch oder ein Gästezimmer, in dem nicht nur das Bett gemacht ist, sondern auch eine kleine Blume oder eine hübsche Karte aufgestellt ist, ist ein Zeichen von Lebensfreude und das Feiern des Lebens. Die Gastgeberin oder der Gastgeber hat mit dieser kleinen Geste etwas sehr Schönes getan. Ein Stadtpark, der ein wenig Ruhe bietet und Menschen einlädt, sich zu entspannen und einander zu begegnen, ist erholsam. Der Landschaftsarchitekt, der ihn entworfen hat, hat damit einen wertvollen Beitrag für die Gemeinschaft geleistet. Der Bildhauer oder der Anstreicher, die beide ein Stück Arbeit abliefern, oder das Mädchen, das im Gottesdienst oder in einem großen Orchester Querflöte spielt – sie alle tragen ihren einzigartigen Teil bei. Ebenso der Lehrer, der seinen Schülern durch seine Haltung und sein Leben neben dem Lehrstoff auch Impulse zum weiteren Nachdenken gibt, oder der Politiker, der für den Schutz und die Einhaltung von Normen und Werten eintritt. Der Geschäftsmann, der seine Geschäfte gut und ehrlich abwickelt. Die Eltern, die ihrem behinderten Kind helfen, ein menschenwürdiges Leben zu führen. Der Arbeitgeber, der ein Auge für das Wohlergehen seiner Arbeitnehmer hat. Es gibt keine Abstufungen im Sinne von besser oder höher. In Kolosser 3,17 heißt es: »Alles, was ihr in Worten und Werken tut, geschehe im Namen Jesu, des Herrn. Durch ihn dankt Gott, dem Vater!«

Es ist wichtig, dass wir uns bewusst machen: *Die Arbeit, die wir verrichten*, ist Teil unserer gesamten Berufung. Ich erwähne das, weil gerade dieses Element unseres Lebens ein Eigenleben entfalten kann. Wir dürfen nicht aus dem Auge verlieren, dass auf jedem Arbeitsgebiet die potentielle Gefahr schlummert, dass Prioritäten verschoben werden und unsere große Sendung dem untergeordnet wird, was wir tun. Diese Gefahr ist wahrscheinlich am größten in unserem Beruf, oder präziser ausgedrückt: in unserer Karriere. Sendung und Karriere brauchen einander nicht prinzipiell auszuschließen, aber sie leben oft auf gespanntem Fuße miteinander. Henri Nouwen sagt: »In einer Welt, in der

Karrierestreben und Laufbahnplanung einen so hohen Stellenwert einnehmen, kommt das Element der Berufung zu kurz und werden Menschen manipuliert, Dinge zu tun, die dem gesellschaftlichen System entsprechen müssen. ... Sobald wir meinen, unsere Karriere sei unsere Berufung, entsteht die Gefahr, dass wir zu den gewohnten Orten zurückkehren, die vom menschlichen Konkurrenzkampf regiert werden, und dass wir unsere Talente gebrauchen, um uns von den anderen abzuheben, statt uns mit ihnen zu einem gemeinschaftlichen Leben zu verbünden. Eine Karriere, die losgelöst ist von einer Berufung, trägt zu einer Trennung bei; eine Karriere, in der wir unserer Berufung Gehör schenken, ist die konkrete Weise, um der Gemeinschaft unsere einzigartigen Talente zur Verfügung zu stellen.«[20]

Hier werden einige Dinge genannt. Zum Ersten: Christen sind in erster Linie darauf bedacht, Gott zu gefallen und nicht einem gesellschaftlichen System zu entsprechen (das eine muss übrigens das andere nicht ausschließen). Zum Zweiten: Unsere Berufung darf nicht unserem Beruf oder unserer Karriere untergeordnet werden. Mit anderen Worten: Es geht darum, dass wir in dem, was wir tun, und in der Art, wie wir arbeiten, unserer großen Berufung Folge leisten, Gott zu dienen und zu ehren und sein Reich auf der Erde sichtbar werden zu lassen. Zum Dritten: Wir wollen unsere Gaben und Talente nicht nur dafür verwenden, dass es uns selbst besser geht und dass wir dadurch reicher werden, sondern sie bewusst einsetzen, um damit (im Gehorsam gegenüber Gott) anderen zu dienen.

In der internationalen Studentenorganisation IFES gibt es viele Beispiele von Personen, die nach dem Abschluss ihres Studiums eine beachtliche Karriere machten, ohne ihre größere Berufung aus dem Auge zu verlieren. Einer von ihnen, Sir Fred Catherwood, hatte lange Jahre eine einflussreiche Position in der internationalen Politik (u.a. als Mitglied der Europäischen Kommission). Er hat diesen Einfluss auch für das Reich Gottes genutzt. So hat er beispielsweise in Russland und Kasachstan Verhandlungen über Religionsfreiheit geführt. Ich habe Sir Fred als einen scharfsinnigen, wahrhaftigen und liebenswerten Menschen kennen gelernt. Er hat eine ganze Reihe von jungen Akademikern inspiriert, ihre Berufung als Christen in dieser Gesellschaft und demnach auch in ihrer Arbeit und Karriere ernst zu nehmen.

Das ist nicht immer leicht. Eine junge Ärztin in Lateinamerika fand eine Anstellung in einer Klinik, in der Korruption und faule Kompromisse an der Tagesordnung waren. Als Christin konnte sie das nicht akzeptieren, und eines Tages bot sie ihre Kündigung an. Es war in ihrer Situation die Konsequenz ihrer persönlichen Integrität. Und es erforderte Mut, diesen Schritt zu tun. Doch das lief ganz anders, als sie erwartet hatte: Man war dermaßen beeindruckt von ihrer Haltung, dass man ihr die Stellung des Ärztlichen Direktors anbot.

Mittlerweile hat sich die Klinik unter ihrer Leitung zu einem der angesehensten Krankenhäuser in ihrem Land entwickelt. Korruption wird nicht länger toleriert; auch auf dem Gebiet der Hygiene, der Achtung vor Frauen und der ethischen Einstellung hat sich ein positiver Wandel vollzogen. Die Treue dieser Ärztin gegenüber Gott hat in ihrer Umgebung etwas Gutes bewirkt.

So kann es gehen, auch in unserem eigenen Land. Auch unter uns gibt es Beispiele von Christen, die eine wichtige Stellung und Einfluss in der Gesellschaft haben. Auch wenn nicht jeder eine Führungsposition erreicht, dürfen wir davon ausgehen, dass engagierte Christen doch einen erheblichen Einfluss in der Gesellschaft haben können. Lindsay Brown, Generalsekretär der IFES, sagt:

»Es ist wichtig, dass Christen in allen Bereichen der Gesellschaft ihren Platz einnehmen wie das Salz, das seinen Geschmack gibt, und das Licht, das leuchtet. Abraham Kuyper erklärte: ›Es gibt in unserer menschlichen Existenz keinen Zentimeter, worauf Christus, der Herr von allem, nicht deutet und sagt: ›Das gehört mir.‹ Wir dürfen uns nicht von der Gesellschaft absondern, sondern müssen versuchen, dauerhaft Einfluss auszuüben. Jemand sagte einmal: ›Evil men try when good men do nothing‹ (Böse Menschen kommen zum Zuge, wenn gute Menschen nichts tun).‹ Und das stimmt!«[21]

Zusammenfassend: Das Leben von Christen ist keine Privatangelegenheit, die nur sie selbst betrifft. Alles, was wir tun und lassen, all unsere Entscheidungen haben Folgen, die weiter reichen, als uns bewusst ist. Ein ehrliches und lauteres Leben in einer gebrochenen, unreinen Welt mag auf den ersten Blick nicht mehr sein als ein Tropfen auf den heißen Stein, doch es ist ein Tropfen, der haarfeine Spuren hinterlässt. Ein Mensch allein kann nicht viel bewirken, aber ein Mensch, der mit Gott lebt – das ist etwas ganz anderes! Ein Leben, inspiriert vom Heiligen Geist, bewirkt etwas in der Welt, es ist wie das kleine Senfkorn, aus dem ein Baum wird, oder wie der Sauerteig, der den ganzen Teig verändert (vgl. Lukas 13,21).

Der diakonische Auftrag: »Gute Werke«

In Matthäus 11,12 wird uns mitgeteilt, dass Johannes der Täufer Jesus fragen lässt, ob er wirklich der erwartete Messias sei. Darauf sagt Jesus: »Geht und berichtet Johannes, was ihr hört und seht.«

Was gibt es zu hören und zu sehen? Zeichen des Reiches Gottes! Wunder, Heilungen, Menschen, die vom Tod auferweckt werden, böse Geister, die ausgetrieben werden. Vor allem aber: ein Mensch, der Gottes Herz offenbart. Ein Mensch, der ein Auge für seine Mitmenschen hat und ihnen Gutes tut. Petrus fasst das in Apostelgeschichte 10,38 in Worte, wo er berichtet, dass Jesus während seines Lebens auf Erden »umherzog und Gutes tat«. Der Schreiber des Hebräerbriefs richtet einen eindringlichen Appell an die Christen, sich ebenso zu verhalten: »Lasst uns aufeinander achten und uns zur Liebe und zu guten Taten anspornen« (10,24).

»Gute Werke« oder Wohltätigkeit sind vieldeutige Begriffe. Ich beschränke mich im Folgenden auf einige Aspekte, die die praktische Sorge für andere betreffen, auch »Werke der Barmherzigkeit« genannt. Die Kinder Gottes erkennt man an der Nächstenliebe, und dazu gehört auch die Barmherzigkeit. Ein hebräisches Wort für »Barmherzigkeit« kommt von der Wurzel »Mutterschoß«, ein wunderschönes Sinnbild. Es ist der sicherste Ort für ein ungeborenes Kind; darin erfährt es Schutz, Wärme und Nahrung, alles, was es braucht! Eine solche schützende

Barmherzigkeit ist ein Kennzeichen unseres himmlischen Vaters (siehe 2. Mose 34,6). Sie ist auch unser Auftrag: »Seid barmherzig, wie es auch euer Vater ist!« (Lukas 6,36)

Das Alte Testament nennt namentlich den Fremden, die Witwe oder das Waisenkind als Menschen, die Anspruch auf unsere Aufmerksamkeit und Unterstützung haben. Ihre Situation machte sie verletzbar, was bis auf den heutigen Tag gilt. Im Neuen Testament sehen wir Jesus, der sich um Einsame, Ausgestoßene, Kranke oder Arme kümmert. Er lässt sich von einem blinden Bettler aufhalten und kümmert sich um eine Frau, die schon seit 18 Jahren gekrümmt durchs Leben geht (Markus 10,46-52 und Lukas 13,10-17). Er zieht sich nicht schnell aus der Affäre, indem er nur für das Notwendigste sorgt. Er ist weitherzig, wie der Samariter in seinem Gleichnis. Der versorgt und verbindet die Wunden des unbekannten Reisenden, bringt ihn an einen Ort, wo er sicher untergebracht ist und weiter betreut wird, und ist bereit, das Ganze aus eigener Tasche zu bezahlen. Obendrein verspricht er dem Inhaber der Herberge, eventuelle unerwartete Kosten später auch zu begleichen.

Gutes tun betrifft auch das *Geben von Almosen,* ein Wort, das vom griechischen Wort für Mitleid oder Wohltätigkeit abgeleitet ist. Tabita aus Joppe ist in die Geschichte eingegangen als eine Frau, die »viele gute Werke tat und reichlich Almosen gab« (Apostelgeschichte 9,36). *Reichlich* deutet auf Weitherzigkeit und Freigebigkeit. Tabita stellte ihre Zeit, ihre Talente und ihr Geld großzügig für andere zur Verfügung. Sie war enorm geschickt im Nähen und hatte offenbar so manches Kleidungsstück für Witwen angefertigt. Als Petrus nach Tabitas Tod den Raum betrat, wo man sie aufgebahrt hatte, traten all die Witwen »zu ihm, sie weinten und zeigten ihm die Röcke und Mäntel, die Tabita gemacht hatte, als sie noch bei ihnen war« (Apostelgeschichte 9,36+39). Freigebig und großherzig war auch jene arme Witwe, die zwei kleine Münzen in den Opferkasten warf. Sie gab damit ihren Lebensunterhalt weg. Jesus lobte sie, weil sie nicht etwas von ihrem Überfluss hineinwarf, sondern trotz ihrer eigenen Armut reichlich gab, nämlich alles, was sie hatte (Markus 12,41-44).

Gastfreundschaft ist eine weitere Form von Barmherzigkeit. Auch darin sollten sich Christen auszeichnen, denken wir beispielsweise an die Stelle in Römer 12,13 (»Gewährt jederzeit Gastfreundschaft!«) oder in Hebräer 13,2 (»Vergesst die Gastfreundschaft nicht!«). Es geht dabei nicht nur um Menschen, die uns lieb sind, sondern auch um Unbekannte, einschließlich Personen am Rande der Gesellschaft. In Lukas 14,13 heißt es: »Wenn du ein Essen gibst, dann lade Arme, Krüppel, Lahme und Blinde ein.«

Im 8. Kapitel haben wir bereits erwähnt: Paulus betont, dass wir als Erstes den Glaubensgefährten etwas Gutes tun sollen. Wenn die Gemeinde Christi wachsen und stark werden will, müssen wir sie bzw. einander stärken. Das ist kein Selbstzweck, sondern trägt dazu bei, dass wir unsererseits ein besserer Ort der Geborgenheit werden und Menschen Hilfe anbieten können, die (noch) draußen stehen.

Für die ersten Christen war das tatkräftige Füreinander-Einstehen eine Selbstverständlichkeit. Sie hatten alles gemeinsam, »jedem wurde so viel zugeteilt, wie er nötig hatte« (siehe Apostelgeschichte 4,34-35). Das fiel übrigens nicht jedem leicht (Apostelgeschichte 5,1-11). Auch dort gab es gelegentlich Probleme, aber an den Schwachstellen wurde gearbeitet: In Apostelgeschichte 6 werden extra sieben Personen eingestellt, weil die griechisch sprechenden Witwen in der Gemeinde bei der Versorgung übersehen wurden (siehe Verse 1-6).

Schon weiter oben habe ich erwähnt, dass Paulus als umherziehender Verkünder des Evangeliums mehr als einmal dankbar Gebrauch – nie Missbrauch![22] – von der Hilfe und Gastfreundschaft von Geschwistern machte. Eine von ihnen war die Geschäftsfrau Lydia, die ihr Haus für ihn und seine Mitarbeiter öffnete (siehe Apostelgeschichte 16,14-15). Es wird vermutet, dass sie allein stehend war, möglicherweise war sie Witwe. Sie wird viel zu tun gehabt haben mit ihrem Exportbetrieb von Textilien und mit der Verwaltung ihres Haushalts. Sie wird zweifellos einen übervollen Terminkalender gehabt und ziemlich viele schöne Dinge besessen haben, doch das alles hielt sie nicht davon ab, Gott auf diese Weise zu dienen und zum Verkünder des Evangeliums zu sagen: »Komm nur herein, nimm dir eine Cola aus dem Kühlschrank oder nutze die Dusche und fühl dich frei, das Wohnzimmer für eure Zusammenkünfte zu nutzen.« Ihre Gastfreundschaft versetzte Paulus und dessen Mitarbeiter in die Lage, sich ganz ihrem Dienst zu widmen.

Schließlich dürfen wir nicht die Worte Jesu übersehen: »Denn ich war hungrig, und ihr habt mir zu essen gegeben; ich war durstig, und ihr habt mir zu trinken gegeben; ich war fremd und obdachlos, und ihr habt mich aufgenommen; ich war nackt, und ihr habt mir Kleidung gegeben; ich war krank, und ihr habt mich besucht; ich war im Gefängnis, und ihr seid zu mir gekommen« (Matthäus 25, 35-36). Meist geht man davon aus, Jesu Worte hätten alle Hungrigen, Durstigen, Fremden, Nackten, Kranken und Gefangenen betroffen. Vers 40 (»Was ihr für einen meiner geringsten Brüder getan habt, das habt ihr mir getan«) deutet jedoch auf etwas anderes: »Meine geringsten Brüder« erinnert an Matthäus 10,42, womit die Jünger gemeint sind. Erneut also diese Bekräftigung: Denkt vor allem an eure Brüder und Schwestern. Das heißt selbstverständlich nicht, dass nicht jeder Mensch – ob er gläubig ist oder nicht – wertvoll ist und deshalb unserer Fürsorge und Aufmerksamkeit wert ist.

Der missionarische Auftrag: »Verkündigung des Evangeliums«

Jesus zog umher, tat Gutes und heilte, aber er predigte auch: Er verkündete das Evangelium und erklärte es. Er trug seinen Jüngern auf, das Gleiche zu tun – während seines irdischen Lebens und danach. In Matthäus 28,19 ist der bewegende Augenblick beschrieben, wo Jesus seine Jünger aussendet. Sein Sendungsauftrag hat bis auf den heutigen Tag seine Gültigkeit: »Geht zu allen Völkern, und macht alle Menschen zu meinen Jüngern ...«

Es waren einfache Christen, die in Apostelgeschichte 1,8 beauftragt wurden, das Evangelium zu verbreiten in Jerusalem (also in ihrer Heimat, vor Ort), in ganz Judäa und Samarien (in der weiteren Umgebung, regional) und bis an die Grenzen der Erde (weltweit). Einige von ihnen wurden als Boten ausgesandt, aber die meisten gaben spontan ein Zeugnis von Gott in ihrer eigenen Umgebung. Ein Ehepaar wie Priszilla und Aquila lud Menschen zu sich ins Haus, mit der Absicht, ihnen das Evangelium (eingehender) zu erklären. Andere kamen ins Gespräch am Waschplatz, auf dem Markt beim Einkaufen und wo immer sie sich gerade aufhielten. Ihre Begeisterung für Gott war echt und ansteckend, sie waren so erfüllt von der frohen Botschaft, dass sie darüber sprechen mussten.

Die Verbreitung des Evangeliums bekam einen enormen Impuls, als die Christen nach dem Märtyrertod des Stephanus durch Verfolgungen vertrieben und zerstreut wurden. In Apostelgeschichte 8,1 ist beschrieben, was in Kapitel 1,8 erwähnt wird: »Alle wurden in die Gegenden von Judäa und Samarien zerstreut«, und Apostelgeschichte 8,4 zeigt, welche Folgen diese Zerstreuung hatte: »Die Gläubigen, die zerstreut worden waren, zogen umher und verkündeten das Wort.«

Viele Christen überlassen ihren Auftrag, von Gott zu erzählen, buchstäblich ruhigen Herzens »professionellen Verkündigern«, wie Pfarrern, Predigern, Gemeindeleitern und Missionaren. Sie sind die Berufenen. Sie sind diejenigen unter unseren Freunden oder Bekannten, die sich dafür entschieden haben, Theologie zu studieren oder eine Bibelschule zu besuchen, um sich zu Verkündigern des Wortes ausbilden zu lassen. Sie, und nicht wir, sind dazu fähig. Warum bringt viele von uns allein schon der Gedanke ans Weitergeben des Evangeliums ins Schwitzen? Warum schämen wir uns fast, irgendetwas über Jesus zu sagen? Warum kostet uns das jedes Mal solche Überwindung? Ist es Unwille oder eine Frage von Unvermögen, scheuen wir Unannehmlichkeiten oder fühlen wir uns unbehaglich beim Reden über Jesus? Wissen wir nicht so recht, wie wir das Evangelium auslegen müssen? Fürchten wir uns vor der Reaktion des anderen?

Es gibt Menschen, die frank und frei über Gott sprechen, und wiederum andere, denen allein schon der Gedanke daran feuchte Hände verursacht und die Kehle zuschnürt. Es gibt Menschen, die dafür beten, eine Gelegenheit zum Zeugnis zu bekommen, wie eine ältere Frau aus meiner Gemeinde. Wenn sie in einen Bus oder Zug steigt, betet sie immer, sie möge jemandem begegnen, mit dem sie über den Herrn sprechen kann. Es gibt andere, die darum beten, dass nie jemand etwas fragen möge.

Der Herr kommt auch ohne uns aus, da können wir sicher sein. Doch er möchte es mit uns! Er wird uns nie überfordern, denn er weiß, wie es um uns bestellt ist. Aber er fordert uns heraus, etwas ganz Besonderes zu tun: der Welt die beste Nachricht mitzuteilen, die es gibt! Das ist nichts, wofür wir uns schämen müssen, es ist die Botschaft, auf die die Menschen warten, auch wenn sich nicht jeder dessen bewusst ist. Jesus Christus ist nicht einer von vielen Propheten oder Gurus, er ist der einzige Weg zu Gott! Das heißt, dass jeder Mensch ihn braucht, will er nicht an seinen eigenen Sünden zugrunde gehen. Dürfen wir anderen diese Nachricht vorenthalten?

In all diesen Dingen können wir viel von Jesus lernen, sowohl von seinem Umgang mit Menschen wie von der Art, wie er mit ihnen spricht. Jesus war ein liebenswürdiger und barmherziger Mensch, der seinem Nächsten ganz nahe war. Seine liebevolle Haltung hat Menschen entwaffnet. Aber auch von seiner Art und vom Inhalt seiner Gespräche können wir lernen. Jesus wusste immer wieder einen Anknüpfungspunkt zu finden im eigenen Leben eines Menschen oder in seinen Sorgen, wodurch sich die Menschen nicht nur persönlich angesprochen fühlten, sondern sich nicht selten wie eine Muschel öffneten. Jesus verstand sich darauf, Menschen auch mit seinen Gleichnissen und Beispielen aus dem Alltag zu faszinieren. Seiner Art zu erzählen konnte man nicht widerstehen. Und es ging immer ums Evangelium.

Lass dein Leben sprechen!

Das Zeugnis von Jesus bedarf nicht immer (vieler) Worte, es ist oft das Leben, das Bände spricht! Das ist eine Form des Zeugnisses, die ganz zeitgemäß ist. Wo die große Geschichte, die universelle Wahrheit den meisten Menschen nichts mehr sagt, sind kleine Geschichten wichtig geworden. Mit anderen Worten:

Es sind persönliche Lebenserfahrungen, die sprechen müssen. Mehr als je zuvor sind Menschen auf der Suche nach authentischen Erfahrungen. Wir sollten die Kraft und die Botschaft, die von einem Leben ausgehen, in dem Gott das Sagen hat, nicht unterschätzen. Auf Christen wird geschaut, auch wenn wir denken, dass dem nicht so ist! Die Menschen, die uns beobachten, sind nicht selten ganz in unserer Nähe. Es können unsere Nachbarn sein oder ein Kollege. Es kann ein Kranker sein, den wir pflegen, ein Kunde, den wir am Schalter bedienen oder einer, mit dem wir geschäftlich zu tun haben. Es können die Eltern der Freunde Ihrer Kinder sein. In all diesen Situationen gilt, was Petrus so treffend sagt: »Haltet in eurem Herzen Christus, den Herrn, heilig! Seid stets bereit, jedem Rede und Antwort zu stehen, der nach der Hoffnung fragt, die euch erfüllt« (1. Petrus 3,15).

Bei meiner eigenen Bekehrung hat das Zeugnis einer gleichaltrigen behinderten jungen Frau (wir waren beide 19) eine wichtige Rolle gespielt. Wir teilten während einer Konferenz ein Zimmer und sie war jemand, der mich neugierig machte. Ich wusste es nicht genau zu orten, aber ich vermutete, dass hinter ihrem Alltagsleben eine größere Wirklichkeit stand, die sie inspirierte. Ich wusste, dass sie gläubig war, was mir nicht viel sagte. Ich beobachtete sie aber genau und achtete auf ihr Leben und Verhalten. Sie beeindruckte mich mit ihrer freudigen Lebenseinstellung und mit der Art, wie sie ihre Behinderung annahm. Sie war nicht jemand, der das Evangelium mit lauter Stimme verkündete, aber ihr Leben war so aussagestark, dass bei mir Fragen aufkamen, denen sie ihrerseits nicht auswich. Sie hat nie erfahren, dass ihr Leben mich berührt hat, und schon gar nicht, dass Gott sie gebraucht hat, um mich zu sich zu ziehen.

Bei derselben Konferenz war ein Referent, der mit Begeisterung von der Heiligen Schrift redete und einem die Menschen aus der Bibel ganz nahe brachte. Seine Beschreibungen von ihrer Begegnung mit Jesus waren faszinierend, seine Erklärungen des Evangeliums so einleuchtend, dass ich richtig gepackt war. Dieser Mann, dem ich viel zu verdanken habe, war einer, der das Alltägliche mit dem Ewigen zu verbinden wusste, der

Jesus und seine Botschaft in einer zeitgemäßen und brillanten Weise darbieten konnte, ohne irgendwelche Abstriche am Evangelium zu machen. Es war mehr als »Es war einmal ...«, es war: »Das ist die Geschichte und mehr als das, es ist die Wahrheit, die Konsequenzen für dein Leben hat.« Eine Wahrheit, aus der dieser Mann selbst auch lebte, das war überzeugend klar. Obwohl ich noch nicht glaubte, war seine vorgelebte wie auch seine in Worte gefasste Geschichte überraschend anziehend für mich.

Bei meiner Bekehrung bediente sich der Herr zweier Menschen, die jeder auf seine Weise Zeugen waren. Die eine war stiller, der andere ausgesprochen extrovertiert. Aber beide waren bereit, von ihrer Hoffnung zu erzählen. Beide wollten nicht über das schweigen, was wesentlich ist. Sie hatten ihre göttliche Sendung nicht nur verstanden, sie hatte in ihrem Herzen einen Platz gefunden. Oder vielleicht ist es besser zu sagen: Der Herr selbst hatte in ihrem Herzen Platz genommen und dort ein Lied entstehen lassen, das für die anderen in ihrer Umgebung hörbar war.

Zum Schluss

Unsere Berufung ist vielseitig, aber auch ganz persönlich. Gott hat seine eigenen Gedanken für jeden von uns. Er hat uns spezielle Begabungen und Talente gegeben, die er für sein Reich nutzbar machen möchte. Meist geht es um Aufgaben, die wir »mitten im Leben« verrichten. Wir tun das, was zu uns passt oder worin wir »gut« sind, und folgen in diesem Handeln unserer Berufung. Eine Mutter, die für ihre Kinder sorgt, oder ein Mann oder eine Frau, die als Arzt bzw. Ärztin tätig sind, tun ihre Arbeit zur Ehre Gottes, wenn sie diese mit dem Herzen tun, in dem Wissen: »Das hat mir Gott gegeben und darin will ich treu sein.« Es gibt eine Menge Beispiele von Menschen in der Heiligen Schrift, die auf diese Weise eigentlich »normal« ihren Weg mit Gott gegangen sind und darin Segen erfahren haben.

Die Kraft der Urgemeinde lag in ihrer innigen Verbindung mit Christus und in der Treue zu seinem großen Auftrag. In allem, was sie taten, waren sie von seiner Liebe getrieben. Sie verrichteten ihre Arbeit und hatten genug zu schaffen mit den gewöhnlichen Alltagsdingen, die auch uns vertraut sind. Doch dabei gingen sie nicht einfach an den Wochentagen ganz im römischen Alltagslebens auf und reservierten für die Hausgemeinde einen kleinen Platz am Wochenende. Glaube und Gemeinde-Sein war für sie nicht eine kleine Schublade in einem größeren Ganzen, sondern gehörte zu ihrem Leben. Da gab es keine Stückelung, der Glaube war ihr Leben! Die ersten Christen waren, ebenso wie ihr Meister, Menschen, die sich ihrer einzigartigen Identität und Sendung bewusst waren. Das Bewusstsein ihrer Berufung hatte starke Auswirkungen in ihrem persönlichen Leben, im Leben der Gemeinde Christi und in der Welt.

Es kommt vor, dass der Herr für jemanden eine ganz besondere Aufgabe vorgesehen hat. In dem Fall macht er das in einem bestimmten Moment überdeutlich durch eine Sehnsucht oder Überzeugung, die ins Herz dringt (und nicht verschwindet), durch eine Bestätigung aus seinem Wort oder durch andere Menschen, durch die Situation usw.

Ich bin immer sehr beeindruckt von der Überzeugung des Paulus, dass der Herr bereits vor seiner Geburt einen Plan mit ihm hatte. Paulus schreibt: Der Herr hat »mich schon im Mutterleib auserwählt und durch seine Gnade berufen« (Galater 1,15). Gottes Plan mit diesem Kind bestand darin, dass es als erwachsener Mann sein besonderer Gesandter für die Heiden werden sollte (siehe Vers 16). Lange Zeit sah es danach aus, dass sich dies nicht verwirklichen würde, denn Paulus war mit ganz anderen Dingen beschäftigt. Schließlich wurde er vom Herrn selbst gleichsam am Kragen gepackt und auf den rechten Weg gebracht.

Auch für Mose gilt, dass Gott einen speziellen Plan mit ihm hatte. In einer schweren Zeit, in der alle neugeborenen jüdischen Jungen sogleich getötet werden mussten, überlebte der Säugling Mose durch das mutige Verhalten seiner Mutter und Schwester. Er genoss eine hervorragende Ausbildung am ägyptischen Hof und später noch eine besondere jahrelange Nachschulung als Schafhirte in der Wüste.

Dann wurde er für die spezifische Aufgabe gerufen, worauf er in all den Jahren vorbereitet worden war: Führer des Gottesvolkes zu werden.

Seit einigen Jahren bin ich im Kontakt mit einer jungen Frau, der in der Wirtschaft durchaus eine glänzende Karriere offen gestanden hätte. Zweifellos hätte der Herr sie auch in der Geschäftswelt gebrauchen können, aber diese junge Frau spürte in ihrem Herzen eine Sehnsucht, die sich nicht so leicht auslöschen ließ: Ihr Herz drängte sie zu den Kindern, die in der Prostitution gefangen sind. Sie wartete einige Jahre, um sicher zu sein, dass dies Gottes Weg für sie war. Sie schloss ihr Universitätsstudium ab, suchte sich eine Arbeit und nahm in dieser Stellung an verschiedenen Fortbildungen und einem Managementkurs teil. Tatsächlich war sie auf dem Weg zu einer hohen Position in der Wirtschaft. Als aber der Traum, ihre Begabungen und Talente für arme und missbrauchte Kinder einzusetzen, nicht aus ihrem Herzen weichen wollte, folgte sie ihrer besonderen Berufung und ging diesen anderen Weg.

13. Jesus, ein besonderer Mensch

(Thema: Lebensstil)

In den beiden vorigen Kapiteln haben wir uns mit zwei Dingen beschäftigt, die Jesus als Mann Gottes auszeichneten: 1. Seine Identität und Geborgenheit gründeten in Gott, und 2. Er war ein Mann, der sich seines göttlichen Auftrags bewusst war. In diesem Kapitel werfen wir einen Blick auf das Leben von Jesus von Nazareth. In welchen Dingen fiel er auf? Worin unterschied er sich von den Menschen seiner Umgebung?

Jesus, unleugbar ... Gott!

Es gibt keine Fotos von Jesus und auch keine detaillierte Beschreibung, wie er aussah. Das einzige Wort in der Heiligen Schrift über sein Äußeres ist nicht gerade ein Kompliment: »Er hatte keine schöne und edle Gestalt, so dass wir ihn anschauen mochten. Er sah nicht so aus, dass wir Gefallen fanden an ihm« (Jesaja 53,2). Jesus von Nazareth ist nicht als auffallend schöne Erscheinung in die Geschichte eingegangen. Er war kein Macho-Typ, stur und von sich eingenommen. Eher unauffällig ging er seine Wege und reiste zu Fuß, abgesehen von dem einen Mal, von dem wir wissen, als er bei seinem Einzug in Jerusalem auf einem Esel ritt.

Dennoch war er ein ausgesprochen auffallender Mensch, der in den Jahren, als er auf Erden lebte, einen tiefen, unverkennbaren Eindruck hinterließ. Natürlich hatte das mit seiner Botschaft und mit den Wundern zu tun. Die Nachrichten darüber setzten Tausende von Menschen in Bewegung. Was sie sahen, ging jedoch viel tiefer als seine Worte und Taten: Sie wurden von ihm als Person ergriffen.

Jesus überragte seine Zeitgenossen durch drei Dinge: *sein Wesen, seinen Lebensstil* und *die Qualität seines Lebens*. Es war

Gottes Herz, das in ihm schlug, und Gottes Wesen, das durch ihn sichtbar wurde. Johannes sagt: »Wir haben seine Herrlichkeit gesehen« (Johannes 1,14) und: »Niemand hat Gott je gesehen. Der Einzige, der Gott ist und am Herzen des Vaters ruht, er hat Kunde gebracht (oder: ihn uns verkündigt)« (Johannes 1,18). Paulus sagt: »Er (Jesus) ist das Ebenbild des unsichtbaren Gottes« (Kolosser 1,15). Im Folgenden betrachten wir einige Dinge, durch die sich Jesus auszeichnete.

Er war wie ein König

Manchmal fällt in einem Wassergraben oder Weiher eine Mandarinente auf; sie gehört da eigentlich gar nicht hin. Ihr Federkleid ist auffällig, sie hat ein besonders farbenprächtiges Aussehen, das sie von den anderen Vögeln unterscheidet. Auch wenn sie mit den anderen dort zusammen schwimmt, auch wenn sie die Nahrung frisst, die ihr zugeworfen wird, und ein Vogel unter vielen anderen ist, kann man sich doch nicht des Gedankens erwehren, dass sie eher auf einem wunderschönen See in der freien, unberührten Natur beheimatet sein müsste als auf einem trüben Wassergraben oder Tümpel. Durch ihre beschränkte Umgebung sind ihr sozusagen die Flügel gestutzt, sie müsste eigentlich frei fliegen, sie ist ... zu erhaben für den Lebensraum, in dem sie sich augenblicklich befindet.

So ist es Jesus ergangen, oder lieber so gesagt: Dafür hat er sich entschieden. Er tauschte sein königliches Dasein bei Gott gegen ein Leben auf der Erde. Jesus wurde ein Mensch unter Menschen, lebte mit ihnen, trug ihre Kleidung und aß ihre Speisen. Aber obwohl er sich »entäußerte« und wie ein Sklave wurde (Philipper 2,5-7), *blieb dennoch seine königliche Würde in seiner Einstellung und in seinem Verhalten sichtbar*. Auch in einer »beschränkten Umgebung« führte er doch ein erfülltes Leben! Er blieb im »Weiher« der Welt, aber ihn lähmte das nicht, im Gegenteil! Der Mensch Jesus fiel durch seine (innere) Schönheit auf, durch seinen »kräftigen Flügelschlag« und seinen freien Flug in einer gebrochenen Welt. Er konnte seine Herkunft nicht verleugnen, Jesus war von Kopf bis Fuß ein Königssohn, der seinem Vater in jeder Hinsicht alle Ehre machte.

Er war demütig

Es erscheint wie ein Gegensatz, ist es aber nicht: Die wahre königliche Haltung äußert sich in der Einfachheit und Demut des Herzens (Matthäus 11,29). Obwohl Jesus der Sohn des großen Königs war, kam er nicht, um zu herrschen, sondern um zu dienen. Statt sich spektakulär in Szene zu setzen, verhielt er sich bescheiden. Statt sich selbst zu erhöhen, kniete er nieder, um seinen Jüngern die Füße zu waschen. Statt seine eigene Vorrangstellung zu unterstreichen, ließ er anderen den Vortritt und entschied sich dafür, sein Leben für diese anderen einzusetzen. Statt menschliche Ehrungen zu erwarten und ein ansehnliches Amt oder eine entsprechende Position für sich zu fordern, wählte er als Diener den letzten Platz. Er nahm sozusagen keine Bahnfahrkarte erster Klasse, sondern reiste wie jeder gewöhnliche Mensch seiner Zeit »zweiter Klasse«: zu Fuß! Dennoch war Jesus kein unterwürfiger Mensch, der alles mit sich machen ließ, im Gegenteil! Seine Einfachheit und Demut machten ihn zu einer starken Persönlichkeit, die Autorität besaß. Demut wirkt weit mehr als aufdringlich sein, sie ist wirksamer als eigenes Wichtigtun.

Was Jesus uns vorlebt, steht in krassem Gegensatz zu unserem heutigen Denken. In unserer Zeit achten wir weit mehr auf uns selbst als auf andere. Unsere Bereitschaft zum Dienen hat enge Grenzen, ja wir erwarten sogar eine Gegenleistung. Das Wort »Opfer« will man in unserer Zeit nicht hören; wer schlau ist, lässt sich von anderen nicht aufhalten. Und dennoch: »Seid untereinander so gesinnt, wie es dem Leben in Christus Jesus entspricht ...« (Philipper 2,5). Auch wenn Sie das Gefühl haben sollten, mit Demut viel zu verlieren, weil die Welt nun einmal Menschen, die ihre Ellbogen gebrauchen, mehr Raum gibt, bleibt Ihre Berufung eindeutig: Folgen Sie Jesus in Ihrem Denken, in Ihrer Einstellung und in Ihrem Verhalten! »Dazu seid ihr berufen worden; denn auch Christus hat für euch gelitten und euch ein Beispiel gegeben, damit ihr seinen Spuren folgt« (1. Petrus 2,21).

Er war barmherzig

Bevor Jesus auf die Erde kam, hatten die Propheten vier Jahrhunderte lang geschwiegen. Die großen Gottesmänner, die im Namen des Herrn zum Volk gesprochen hatten, schienen ausgestorben zu sein. Nach und nach waren die Pharisäer als neue religiöse Führer des Volkes ins Rampenlicht gerückt. Durch ihre starre Betonung des Gesetzes war der Glaube an Gott zu einer Angst vor ihm entartet. Seine Gebote, gemeint als Rahmengesetzgebung für das Leben, wurden als untragbar schweres Joch empfunden, das die Menschen knechtete. Die Religion existierte zwar noch, aber Gott selbst existierte für viele Menschen nur noch am Rande. Was wussten sie, außer Gesetzen, Regeln und strengem Gericht, noch von ihm als Person?

Da sendet Gott seinen Sohn auf die Erde, um sich selbst durch ihn zu offenbaren. Der Mensch Jesus, der sich als Sohn Gottes vorstellt, entspricht in keiner Weise dem Bild, das man sich von Gott gemacht hat. Die Menschen kennen ihn als strengen, urteilenden Gott. So wurde er ihnen präsentiert, zürnend und weit weg. Jetzt kommt er plötzlich persönlich ganz nahe und ist völlig anders, als sie es sich vorgestellt hatten. Mit der Ankunft Jesu werden viele Gottesbilder und selbst gezimmerte Heiligtümer zerstört. Das ist verwirrend, ja für manche geradezu bedrohlich.

Gleichzeitig muss man anerkennen, dass dieser Mensch unglaublich anziehend ist.

Für den, der es sehen will, öffnet sich eine neue Welt; Gottes Gnade wird in und durch einen unvorstellbar barmherzigen Menschen sichtbar. Jesus ist von Gott gekommen, um Leben zu bringen und Menschen vom Joch der Sünde und Sklaverei zu befreien.

Eines der beeindruckendsten Gleichnisse Jesu ist zweifellos das vom barmherzigen Samariter. Dieser, ein Verachteter, und nicht der fromme Priester oder der Levit, hält bei einem Verwundeten an und nimmt einen beachtlichen Umweg auf sich, um diesem unbekannten Nächsten Hilfe zu leisten. Es kostet ihn Zeit, Kraft und Geld, und obendrein läuft der freundliche Samariter Gefahr, selbst Opfer eines Überfalls zu werden, indem er sich verwundbar macht; man kommt nun mal sehr viel weniger leicht und schnell weiter, wenn man einen verwundeten Mann mitnehmen muss, als wenn man selbst schön sicher oben auf seinem Esel sitzt.

Jesus lebte, was er lehrte. Ebenso wie der Samariter in seinem Beispiel konnte auch er nicht an Menschen und ihrer Not vorbeigehen. Er ließ sich buchstäblich an seinem Gewand ziehen und aufhalten, er verweilte bei Menschen mit ihren Problemen oder Leiden und nahm sich die Zeit, ihnen zuzuhören. Manchmal begleitete er jemanden, weil es zu Hause ein Problem gab, oder nahm bewusst einen Umweg auf sich, um jemanden zu treffen, der ihn brauchte. In all diesen Dingen achtete er den anderen weit mehr als sich selbst. Es ist nicht so, dass er nie an sich selbst gedacht hat oder kein Auge hatte für seine eigene notwendige Ruhe (und die seiner Jünger), es ist auch nicht so, dass er nie das Bedürfnis hatte, sich zurückzuziehen (und das auch tat!), aber prinzipiell gingen die anderen bei ihm vor.

Die samaritische Frau beim Brunnen in Sychar war so jemand, für den Jesus gern einen Umweg in Kauf nahm. Statt die bequemere Route von Judäa nach Galiläa zu wählen, entschloss er sich für den Weg über Sychar. Beim alten Jakobsbrunnen angekommen, schickte er seine Jünger fort zum Einkaufen; so schloss er mögliche neugierige Zuhörer aus. Dann wartete er. Die Frau kam nichts ahnend zu dem Brunnen, sie erwartete dort niemanden, stand aber mit einem Male Auge in Auge mit dem Sohn Gottes und seiner Barmherzigkeit. Sie wird sehr erstaunt gewesen sein über seine unbefangene Annäherung, denn sie war eine Frau, eine Samariterin und zudem eine, die nicht gerade einen ausgesprochen guten Ruf hatte. Die Pharisäer wären dieser Frau sicher in einer anderen Weise entgegengetreten (soweit sie sie überhaupt der Mühe eines Gesprächs für wert geachtet hätten). Sie hätten sie vielleicht herablassend behandelt, sie öffentlich und rigoros mit ihrer Sünde konfrontiert. Jesus aber suchte zunächst einen ganz einfachen alltäglichen Anknüpfungspunkt und bat sie an diesem Brunnen um ein Glas Wasser. Danach kam er ganz natürlich und ruhig zum Kern der Sache: »Ich bin das lebendige Wasser. Du versuchst deinen Durst nach Erfüllung mit wechselnden Beziehungen zu stillen, aber das gelingt nicht; dein Durst steckt in deiner Seele. Du brauchst mich als Ausweg aus deinem destruktiven Lebenswandel.« Das ist Barmherzigkeit!

Es kam wegen ihres sündigen Lebenswandels zu keiner Verurteilung. Jesus suchte ihr Herz und sah, dass sie an der Leere in ihrem Herzen litt, die sie auf falsche Weise zu füllen suchte. Er bot ihr an, diesen brennenden inneren Durst für immer zu löschen. Das Gespräch war so offen, dass die Frau selbst entdeckte, was in ihrem Leben verkehrt war, und später ihren Mitbewohnern im Dorf unbefangen sagte: »Hier ist jemand, der alles von mir weiß.« Bis zu dem Zeitpunkt war sie anderen Menschen aus dem Weg gegangen, weil sie sich vor deren Urteil fürchtete. Jetzt wagte sie ans Licht zu treten, sie war frei. Ich bin überzeugt, dass die Begegnung mit Jesus nicht nur ihr Leben, sondern auch ihren Lebensstil einschneidend veränderte (siehe Johannes 4,1-42).

Barmherzigkeit ist eine Grundhaltung, die in Verhalten übersetzt wird: Wer barmherzig ist, kommt dem anderen mit einem weiten und vergebenden Herzen entgegen und sucht den anderen auf, indem er sich konkret um ihn kümmert. So ist unser Gott: »Jahwe ist ein barmherziger und gnädiger Gott, langmütig, reich an Huld und Treue« (2. Mose 34,6). Jesus ist nicht anders. Es gibt wiederholt Momente, wo einem der Gedanke kommt: Lieber Herr Jesus, du hättest das größte Recht, diesen Menschen gründlich zurechtzuweisen oder es ihm in einer Situation der Ungerechtigkeit mit gleicher Münze heimzuzahlen! Und immer wieder ... tut er das gerade nicht. Er ist Menschen mit Herz und Seele zugetan und darauf aus, ihnen Gutes zu tun. Immer wieder lässt er sich aufhalten von Menschen, die ihn brauchen, manchmal macht er wegen eines Nächsten einen Umweg. Nie geht er achtlos auf der anderen Straßenseite an ihm vorüber!

Wie steht es um unsere Barmherzigkeit anderen gegenüber? Wie sieht es aus mit meiner Liebe zum Nächsten, mit meiner Versöhnungsbereitschaft und Geduld, mit meinem Erbarmen (was man auch im Sinne von Sanftmut und Wohlwollen deuten kann) und mit meiner Treue? Wenn ich Lukas 6,27-38 lese, das konkrete »Gesetz der Liebe«, dann ist da noch viel zu verbessern. Wenn ich 1. Korinther 13,4-7 lese und das Wort »Liebe« durch meinen Namen ersetze, treibt es mir die Schamröte ins Gesicht. Ich möchte es zwar, aber es gelingt mir längst nicht immer richtig.

Es mag uns trösten und uns Mut machen, dass Gott selbst durch seinen Geist in uns seine Liebe und Barmherzigkeit entfalten will. Wir müssen uns darum bemühen, aber dürfen mit Gottes Kraft rechnen. Paulus sagt, dass Gott aufgrund der Macht, die in uns wirkt, unendlich viel mehr tun kann, als wir erbitten oder uns ausdenken können. Gleich danach ermahnt er uns, »ein Leben zu führen, das des Rufes würdig ist, der an euch erging. Seid demütig, friedfertig und geduldig, ertragt einander in Liebe ...« (Epheser 3,20-4,2)

Er war untadelig

Jesus war unbestechlich, ein Mann mit untadeligem Verhalten. Es war nicht so, dass er keine Versuchungen kannte, nichts Menschliches war ihm fremd. Der Verfasser des Hebräerbriefs sagt sogar, dass er in *allem wie wir* in Versuchung geführt worden ist (4,15). Mit einem riesigen Unterschied: Jesus hat sich nie dazu verleiten lassen, auch nur einen Millimeter von dem abzuweichen, was Gottes Weg war. Er ging nicht auf etwas ein, was Gott verdrießen und ihn von seinem himmlischen Vater entfremden konnte. Jesus war fest entschlossen, immer Gottes Willen zu tun, wie viel ihn das auch persönlich kosten mochte. Er gab nicht nach, als der Teufel ihn kurz vor Beginn seines öffentlichen Wirkens in einer verwundbaren Situation (einsam und hungrig) dazu zu bringen versuchte, Dinge zu tun, die nicht im Einklang mit dem Wort Gottes waren.

Drei Jahre später hatte sich daran nichts geändert. Jesus hielt an seiner Entscheidung fest, Gott Gehorsam zu leisten, auch als ihm das Wasser bis zum Hals stand und er die Schritte seines Verräters nahen hörte. Statt einen anderen, bequemeren Weg zu gehen, rang er sich im Gebet zu der Entscheidung durch, Gott bis an sein Lebensende bedingungslos zu folgen. Danach stand er auf, um seinem Tod entgegenzugehen. »Sein Leben war das eines Menschen; er erniedrigte sich und war gehorsam bis zum Tod, bis zum Tod am Kreuz«, sagt Paulus in Philipper 2,7-8. Anschließend spornt Paulus die Philipper dazu an, dass sie an dem Gehorsam festhalten, den sie bisher gezeigt haben.

Nicht nur Gott hatte nichts an Jesus auszusetzen – die Menschen in seiner Umgebung hatten das auch nicht. Als seine Gegner nach Vergehen zu suchen begannen, mit denen sie ihn hätten überführen können, fanden sie nichts, was gegen ihn sprach. Matthäus berichtet, dass die Hohenpriester und der ganze Hohe Rat ein negatives Zeugnis gegen Jesus suchten, um ihn hinrichten zu können, aber sie erreichten – trotz falscher Zeugen! – nichts (26,59-60). Pilatus kam nach einem langen Verhör zu dem Schluss, dass es für eine Anklage gegen Jesus keinen Grund gab (»Ich finde keinen Grund, ihn zu verurteilen« – Johannes 18,38). Das ist schon sehr eindrucksvoll, wenn so etwas von jemandem gesagt werden kann!

Über den Auftrag an die Christen, ein untadeliges Leben zu führen, haben wir schon weiter oben in diesem Buch gesprochen. Petrus sagt in seinem ersten Brief: »Da ihr Fremde und Gäste seid in dieser Welt, ermahne ich euch: ... Führt unter den Heiden ein rechtschaffenes Leben ...« (1. Petrus 2,11-12). Kurz darauf weist er darauf hin, dass wir dem guten Beispiel Jesu folgen und in seine Fußstapfen treten sollen, auch wenn das unangenehm ist, auch wenn es persönliches Leid mit sich bringt (Verse 20-21). Wer Christus in seinem Herzen als Herrn heiligt (und das bedeutet sehr viel; siehe 1. Petrus 3,15-16), wird das in seinem Lebensstil sichtbar werden lassen; ein heiliges Herz bringt ein heiliges und untadeliges Verhalten hervor. Er wird das auch spüren, denn die Konsequenzen eines aufrichtigen Lebenswandels sind nicht selten lästig und unangenehm; persönliche Wahrhaftigkeit wird einem nicht immer mit Dank vergolten. Das kann es bisweilen noch schwieriger machen, untadelig zu *bleiben*, als es ohnehin schon ist. Es bleibt eine Versuchung, vom Weg Gottes abzuweichen. Und manchmal tun wir es! Wir sind unter Umständen bereit, einen kleinen Kompromiss einzugehen, und wissen es oft mit Ausreden zu beschönigen. Aber solche Kompromisse bleiben ein Akt, in dem man einen Teil seiner Grundsätze preisgibt. In der Welt ist es normal, dass man tut, was einem das Herz und das Gefühl eingeben. Für Gott aber ist es normal, dass wir tun, was er uns eingibt, und dass wir uns an sein Wort halten.

Er war authentisch

»Ich kenne nur wenige berühmte Menschen«, sagte einmal jemand zu mir, »die einem immer lieber werden, je besser man sie kennen lernt. Meistens erkennt man früher oder später, dass sie dem schönen Bild, das man sich von ihnen gemacht hat, nicht entsprechen; sie haben ihre negativen Seiten verborgen.« Eigentlich sollte uns das nicht wundern, denn dasselbe gilt für uns. Wir zeigen uns lieber von der so genannten Schokoladenseite, als wie wir in Wirklichkeit sind, weil wir geliebt, akzeptiert und geschätzt werden wollen. Wir geben uns alle Mühe, nur die schönen Seiten zu zeigen und die weniger angenehmen Charakterzüge oder unser negatives Verhalten zu verbergen. Manchmal zeigen wir ein chamäleonartiges Verhalten und passen uns fortwährend an, nur um dazuzugehören und akzeptiert zu werden; manchmal gebrauchen wir auch Masken, um uns zu verstecken. Wir haben uns richtig darauf spezialisiert, uns anders zu geben, als wir in Wirklichkeit sind; das kann zu einer solchen Gewohnheit werden, dass wir uns dessen bisweilen gar nicht mehr bewusst sind.

Jesus war heilig, nicht scheinheilig. Seine Außenseite stimmte völlig mit seiner Innenseite überein, seine Lehre war sein Leben. Es gab bei ihm keine Doppeldeutigkeiten oder schönen Schein, zwischen seinen Worten und seinem Verhalten konnte man keine Widersprüche entdecken. Er gab nicht vor, jemand zu sein, der er nicht war. Seine Wahrhaftigkeit war der Grund, weshalb er transparent sein konnte wie ein offenes Buch. Er konnte es sich erlauben, sein Leben bloßzulegen vor den zwölf Männern, die buchstäblich 24 Stunden am Tag mit ihm unterwegs waren. Er hatte nichts zu verbergen, keine Sünden, keine geheimen Pläne. Ob er nun von einer riesigen Menschenmenge umringt war oder sich im intimen Kreis seiner nächsten Freunde befand – er blieb er selbst.

Jesus war ein authentischer, echter Mensch mit eigener Individualität. Sie machte ihn jedoch nicht zu einem Individualisten, der nur seine eigenen Wege geht und sich nicht um andere kümmert, sondern gab ihm eine ganz eigene Prägung, durch die er sich von anderen unterschied. Er war ein origineller und einzigartiger Mensch, der seine Selbstachtung aus seiner einzigartigen Beziehung zu Gott bezog. Darin liegt eine wichtige Wahrheit: Wir dürfen sein, wer wir sind, und unsere Einzigartigkeit und Eigenheit hochhalten, aber immer in der Beziehung zu unserem Schöpfer.

Er lebte als Mensch seiner Zeit

In manchen Momenten versuche ich mir auszumalen, wie Jesus in unserer Zeit und Kultur leben würde. Würde er zum Beispiel öffentliche Verkehrsmittel benutzen, mit dem Rad fahren oder Inliner oder gar ein Streetboard benutzen? Würde er einen Rucksack tragen oder eine Gucci-Aktentasche? Bequeme Sportschuhe oder auf Hochglanz polierte Schuhe mit feinem Lochmuster? Freizeitkleidung oder einen adretten Anzug? Ich weiß es nicht, aber all diese Dinge sind im Prinzip möglich, weil Jesus ein Mensch seiner Zeit war, der wie die Menschen seiner Zeit lebte. Er kannte die Umgangsformen, die sozialen, kulturellen, wirtschaftlichen und religiösen Strukturen und Probleme; er war informiert über aktuelle Ereignisse, über gesellschaftliche und politische Entwicklungen. Er wusste, was vor sich ging, und ging darauf ein. In Diskussionen war er scharfsinnig und auch immer persönlich. Sehr auffällig ist, dass er in Gesprächen auf eine ganz natürliche Weise eine Verbindung zu Gott und seiner Frohen Botschaft herzustellen wusste. Dabei war er nie aufdringlich, sondern immer einladend und sachlich. Er lockte Menschen aus der Reserve und weckte Fragen durch die aktuellen ansprechenden Beispiele oder Vergleiche, die er gebrauchte.

Würde Jesus heute in Mitteleuropa leben, so würde er – da bin ich mir ganz sicher – gelegentlich eine Cola oder ein Bier trinken oder sich ein Fußballspiel anschauen. Er würde auf die Einladung des Ministerpräsidenten eingehen, im Reichstag eine Tasse Kaffee zu trinken, und interessiert den Debatten im Parlament folgen. Er würde mit gleicher Selbstverständlichkeit ein Gespräch mit einem Drogensüchtigen in der Innenstadt anknüpfen wie mit einem jungen, agilen Karrieremenschen, mit einem Asylbewerber, Studenten oder führenden Industriellen. Er wüsste die Orte zu finden, wo Jugendliche sich gerne treffen, ebenso wie die Diskos oder Internetcafés. Er wäre informiert über den Zwiespalt junger Doppelverdiener, die Karriere, Ehe und Familie zu kombinieren versuchen, und würde sich auskennen mit Individualismus, Postmodernismus, Pluralismus, Materialismus und alle anderen »Ismen« unserer Kultur. Kurz: Er wäre Mensch seiner Zeit. Und weit darüber hinaus; denn Jesus war in vielem äußerst progressiv.

Das kam nicht immer gut an, und sicher nicht bei den religiösen Führern, die sehr genau wussten, was erlaubt war und was nicht. Die auf das Gesetz fixierten Pharisäer waren immer wieder entsetzt über das Verhalten Jesu und vor allem über seinen freien, unbefangenen Umgang mit Menschen verschiedenster Art. Sie konnten ihn absolut nicht einordnen; er war ebenso überraschend, wie sie vorhersehbar waren. Jedes Mal machte er es doch gerade anders, als sie erwarteten.

Er störte die Sabbatruhe, indem er Menschen heilte, und er erlaubte sogar seinen Jüngern, an dem Tag Ähren zu pflücken und zu essen. Das war doch unmöglich! Als die Schriftgelehrten Jesus darauf ansprachen, bemerkte er ganz ruhig, die Jünger hätten eben Hunger gehabt. Als er auch noch ein alttestamentliches Beispiel einer vergleichbaren Situation aufführte, fiel ihnen nichts mehr ein (Lukas 6,1-5)! Immer wieder hatte er eine Antwort parat, der sie nichts entgegensetzen konnten.

Auch sein Umgang mit Frauen war ihnen ein Dorn im Auge. Er saß am Rand eines Brunnens und redete unbefangen mit dieser samaritischen Frau, die wegen ihrer ständig wechselnden Beziehungen nicht gerade in gutem Ruf stand. Er ließ sich von einer Prostituierten berühren und salben. Er ließ Unreinheit an sich heran durch eine Frau, die an Blutfluss litt! Er berührte auch selbst Leprakranke, ja sogar Verstorbene! Dieser Mann konnte kein Mann Gottes sein! Doch er war es. Ganz gelassen und unbefangen durchbrach Jesus eine ganze Reihe von kulturellen, sozialen und religiösen Schranken. Er zeigte überdeutlich, dass der Glaube mehr ist als Formen und Regeln, und wies die Menschen auf einen lebendigen Gott hin, der sie aus ganzem Herzen liebt.

Ein Christ ist ein Fremder, ohne weltfremd zu sein. Nirgendwo in der Heiligen Schrift wird uns gesagt, dass wir in unserem Anderssein gerufen sind, zwischen uns selbst und dem Rest der Welt eine Mauer zu errichten, durch unsere negative Haltung aufzufallen, durch Argwohn und Ablehnung von (fast) allem, was »die Welt« denkt oder tut, unzugänglich und für normale Menschen unverständlich zu sein. Es ist absolut nicht Gottes Absicht, dass Christen eine eigene Subkultur schaffen und sich von der »Welt außerhalb ihrer eigenen Welt« abschotten. Wenn wir den Eindruck erwecken, dass wir uns in gar keinem Punkt mehr mit den Menschen in unserer Umgebung identifizieren können, entsprechen wir nicht unserer Berufung! Wenn wir uns andererseits der Welt um uns anpassen, um für die Welt attraktiv zu sein, dann liegen wir ebenfalls daneben, denn damit ist niemandem gedient.

Wir tun dem Herrn keinen Gefallen mit einer auf Gesetze fixierten, starren und weltfremden Einstellung einerseits oder mit einem gesetzlosen und ganz weltlich orientierten Verhalten andererseits. Was Jesus uns vorlebt, ist ein normales Leben, das gleichzeitig doch auch etwas Besonderes ist. Er war einfach

Mensch unter den Menschen, aber als Mann Gottes doch ein besonderer Mensch. Er war faszinierend und unergründlich, ein »Mysterium«, das Menschen zu denken gab und in ihnen Fragen aufkommen ließ. Jesus war kein seltsamer Kauz, der anderen ein Schmunzeln entlockte, kein weltfremder Mensch, der sie abstieß. Er war ein überraschender Mensch, der positiv auffiel.

Er war unbefangen im Umgang mit anderen

In Matthäus 9 begegnen wir dem Zöllner Matthäus (bei Markus und Lukas wird er Levi genannt), der an seinem Zollhaus von Jesus angesprochen wurde, sofort aufstand und ihm folgte. Matthäus war Zollbeamter im Grenzort Kapernaum. Die Tatsache, dass Jesus diesen Mann ansprach und auch an einem Mahl teilnahm, zu dem viele Zöllner und Sünder gekommen waren, war den Pharisäern ein Dorn im Auge. Zöllner waren nicht nur wegen ihrer finanziellen Ausbeutung von Menschen verhasst; sie waren auch religiös und politisch gebrandmarkt, weil sie als Kollaborateure der heidnischen römischen Regierung angesehen wurden. Ein frommer Jude konnte sich nach Auffassung der Pharisäer wirklich nicht mit solchen Leuten an einen Tisch setzen.

Als die Geistlichen ihre Missbilligung gegenüber den Jüngern Jesu äußern (»Wie kann euer Meister zusammen mit Zöllnern und Sündern essen?« – Vers 11), erwidert er ihnen, ein Arzt müsse bereit sein, sich die Hände schmutzig zu machen. Anders gesagt: Man kann keine Sünder retten, wenn man ihre Gesellschaft meidet und in sicherem Abstand in einem heiligen Bunker sitzen bleibt. Man muss eben zu den Orten gehen, wo sie sich aufhalten, oder sie zu sich einladen. Dass Letzteres in der Praxis geschah, geht aus Lukas 15 hervor: »Alle Zöllner und Sünder kamen zu ihm, um ihn zu hören.« Auch an der Stelle ist eine Ablehnung der Pharisäer und Schriftgelehrten zu hören: »Er gibt sich mit Sündern ab und isst sogar mit ihnen« (Verse 1-2). Jesus antwortet darauf mit dem Gleichnis vom verlorenen Schaf, nach dem der Hirte sucht, und von der Frau, die ihren

234

verlorenen Groschen sucht. Wer Sünder erreichen will, muss aktiv nach ihnen suchen. »Ich bin«, so sagt Jesus, »gekommen, um die Sünder zur Umkehr zu rufen, nicht die Gerechten« (Lukas 5,32). Genau dies, das Heil der Verlorenen, war der Grund, weshalb er ein Freund der Prostituierten und Zöllner war; darum suchte er sie in ihren Häusern auf, aß und trank mit ihnen. Ihm lagen diese Menschen übrigens ganz aufrichtig am Herzen, für ihn waren sie kein »Evangelisationsobjekt«.

Die religiösen Führer verfolgten Jesus mit ihrer Kritik. Was er tat, war unmöglich und durfte nicht sein. Ihr eigenes Gesetzbuch mit all ihren eigenen Vorschriften war schon ganz schmuddelig vom vielen Nachschlagen. Einmal aß Jesus im Hause eines Sünders, ein anderes Mal saß er unbefangen da und unterhielt sich mit einer Prostituierten, dann wieder ... Das war doch alles sehr verwerflich.

Die Kaltherzigkeit dieser religiösen Menschen steht in scharfem Kontrast zur Wärme Jesu. Ihr Urteil steht seiner Liebe gegenüber, ihre Engherzigkeit seiner Herzlichkeit, ihre sture Gesetzlichkeit seiner liebevollen Unbefangenheit. Während sie sich in ihren Häusern Gedanken über sein ablehnungswürdiges Verhalten machten, war Jesus unter den Menschen. Er kam in ihre Häuser und saß mit ihnen bei Tisch. Immer wieder lud er sie dazu ein, ins Reich Gottes einzutreten und Anteil daran zu haben.

Jesus lebte in der Welt, aber er war nicht von der Welt. Gott hat ihn abgesondert, aber nicht in dem Sinn, dass er den Kontakt mit der Welt aufgekündigt hätte. Er nahm teil am Leben, ohne sich am Falschen zu beteiligen. In allen Situationen blieb er er selbst und unberührt von dem, was unrein war.

Er war großzügig

In Johannes 10,10 sagt Jesus, er sei gekommen, um uns Leben zu geben, und zwar in Fülle. Diese Fülle verweist nicht auf finanziellen Wohlstand, auch wenn das manchmal gesagt (und erhofft!) wird und auch wenn manche Christen finanziell und materiell reich gesegnet sind. Die »Fülle« eines Lebens mit Jesus weist auf all das, was wir durch ihn und in ihm empfangen: Gnade und Barmherzigkeit, Vergebung und Frieden, Freude und Hoffnung. Und alles in Fülle! Wir dürfen entdecken, dass wir mehr empfangen als das äußerst Notwendige; wir brauchen nicht zu knausern, sondern dürfen austeilen. Wir dürfen Gottes Liebe und seinen Segen ausbreiten, die Gaben und Talente, die er uns schenkt, nutzen – nicht nur für uns selbst, sondern auch für andere.

Wer Jesus kennen lernt, gewinnt für sein Leben eine besondere Dimension. Gottes Gegenwart verleiht dem Leben Wert und Glanz. Ein Christ ist ein Sohn oder eine Tochter des Ewigen und damit ein Mensch der Ewigkeit. Wir wissen, dass es mehr gibt als das Hier und Heute; wir wissen auch, dass unser Leben nicht endet, wenn wir sterben. Wir wissen, dass Jesus wiederkommen wird und dass Gott einen neuen Himmel und eine neue Erde vorgesehen hat. Diese Tatsachen heben uns aus der Mittelmäßigkeit und Endlichkeit irdischen Lebens heraus. Es geht alles viel tiefer und weiter, als unser bloßes Auge sehen und unser beschränktes Gehirn erfassen kann. Das ist Fülle!

Die Jünger bekamen mehr als einmal Anschauungsunterricht, was Gottes Fülle bedeutet. Als über 5000 Menschen essen mussten und ein kleiner Junge seine zwei Fische und fünf Gerstenbrote abgab, wurden seine Gaben so vervielfacht, dass mehr als genug da war für die Menschenmenge (Johannes 6,1-15). Der kleine Junge gab übrigens auch in Fülle, denn er gab alles, was er hatte! Als Petrus und einige seiner Gefährten eine ganze Nacht gefischt hatten, ohne auch nur einen Fisch zu fangen, und sie auf die Anweisung Jesu erneut die Netze auswarfen, war ihr Fang so übergroß, dass ihre Schiffe fast untergingen (Lukas 5,1-11).

Die Gäste einer Hochzeit in Kana bekamen ebenfalls solchen Anschauungsunterricht. Sie waren Zeugen des ersten Wunders Jesu, das einen enormen Eindruck machte. Als der Wein ausging, beschloss er, die großen leeren Krüge (mit einem Fassungsvermögen von 450 Litern!) mit Wein bester Qualität zu füllen. Ich denke, dass mancher Christ nicht so handeln würde wie er, denn es war mittlerweile bereits eine Menge Wein ausgeschenkt und getrunken worden. Vielleicht hätte es näher gelegen zu sagen: »Das war aber jetzt genug! Es gibt nur noch reines Brunnenwasser, sonst schlagt ihr über die Stränge!« Überraschenderweise reagierte Jesus anders. Er ließ die Fässer zwar mit Wasser füllen, aber als der Bräutigam einen Schluck kostete, verschluckte sich der arme Mann fast vor Begeisterung über die Qualität des Wunderweins Jesu. Diese Freude aus tiefstem Herzen gönnte ihm Jesus, er gönnte ihm sein Hochzeitsfest, er wünschte ihm das Beste! Aber wohlgemerkt: Jesus sagt keineswegs, dass Trunkenheit und Essgelage in Ordnung seien. Er zeigt jedoch, dass man genießen darf (Johannes 2,1-11).

Was Jesus uns beibringen möchte, ist eine Lektion des Vertrauens. Nicht nur ein bisschen, sondern in großem Maßstab, weil der, auf den wir unser Vertrauen setzen, selbst großzügig ist. Er will, dass wir ein erfülltes Leben führen, nicht engherzig und ängstlich, sondern mit einem unbefangenen und unbeschränkten Vertrauen in ihn – und mit Freude.

Er war einladend

»Ich wünsche mir: Unsere Ehe und unsere Familie soll stark genug sein, dass wir Platz für andere haben. Wir waren uns immer einig: Unsere Familie soll offen sein, damit andere an unserem Leben teilhaben können.« Diese Worte stammen von guten Freunden von mir, die schon vor ihrer Heirat verabredeten, dass ihr Herz und ihr Haus immer für andere offen stehen sollten. Es ist nicht nur bei einer guten Absicht geblieben, denn ihr Haus ist tatsächlich ein Ort, den Menschen gern aufsuchen. Es ist fast eine Seltenheit, dass nicht jemand am Tisch mitisst oder zum Übernachten bleibt, und die Selbstverständlichkeit, mit der das geschieht, ist beeindruckend. Es ist klar, dass es nicht um gelegentliche Ereignisse geht, es ist ein Lebensstil, eine Art zu leben, die Früchte trägt.

Andere herzlich willkommen heißen – diese Haltung hat Jesus uns vorgelebt. Es war ein »weites« Willkommen, denn es galt jedem Menschen. Jesus zog zwar mit einer kleinen Gruppe von Menschen umher, die er selbst ausgewählt hatte, aber das war keineswegs ein geschlossener Kreis. Es war nicht so, dass er vorzugsweise »unter seinen eigenen Leuten« war und sich von anderen abkapselte; Cliquenbildung oder christlicher Gemeindeklüngel waren ihm fremd. Die Gemeinschaft war offen, Jesus und die Seinen waren zugänglich. Sie gingen auf Besuch und wurden besucht, jeder durfte kommen. Jesus und seine Leute zogen Menschenmengen an, wie Honig einen Bienenschwarm anzieht. Dasselbe geschah übrigens später bei der ersten Christengemeinde, über die gesagt wird, dass der Herr täglich ihrem Kreis weitere hinzufügte, die gerettet werden sollten (Apostelgeschichte 2,47).

Er hatte Autorität

»Wer ist dieser Mann?« Mehr als einmal wird so getuschelt, wenn Menschen Jesus sehen und hören. Als er in seinem Heimatort Nazareth in der Synagoge lehrt, macht es schnell die Runde: »Woher hat er das alles? Was ist das für eine Weisheit, die ihm gegeben ist?« (Markus 6,2). In Kapernaum passiert dasselbe: »Die Menschen waren sehr betroffen von seiner Lehre; denn er lehrte sie wie einer, der (göttliche) Vollmacht hat, nicht wie die Schriftgelehrten« (Markus 1,22). Auch Lukas kommentiert das gleiche Ereignis mit den Worten: »Er redete mit (göttlicher) Vollmacht« (4,32). Wenn Jesus zu den Menschenmengen spricht, reagieren diese ebenso: »Die Menge war sehr betroffen von seiner Lehre; denn er lehrte sie wie einer, der (göttliche) Vollmacht hat, und nicht wie ihre Schriftgelehrten« (Matthäus 7,29).

Worin lag der Unterschied zwischen Jesus und den Geistlichen seiner Zeit? Beide verfügten über ein großes Wissen und kannten Gottes Wort von A bis Z. Aber wo die Schriftgelehrten sich auf ihr Wissen beriefen, da hatte ihnen Jesus eine persönliche Kenntnis Gottes voraus. Er war kein Vertreter einer Religion, er war ein Mensch, der aus einer persönlichen Beziehung mit Gott lebte. Er sprach über Dinge, die er nicht nur vom Kopf her wusste, sondern von innen heraus kannte. Er sprach nicht über Gott, er sprach von Gott. Er sprach nicht in seinem eigenen Namen, sondern im Namen Gottes des Vaters. Das gab ihm eine außerordentliche Autorität und seinen Worten (Aussage-)Kraft. Jedes Wort, das Jesus sprach, entsprang der Verbundenheit und Einheit im Denken zwischen seinem Vater und ihm. Er sagte es selbst: »Meine Lehre stammt nicht von mir, sondern von dem, der mich gesandt hat« (Johannes 7,16).

Es gibt geistliche Leiter, die Menschen abstoßen, weil ihre Lehre hochtrabend und schwer zu verstehen ist. Es gibt führende Personen in der Kirche, für die das Urteil schwerer wiegt als die Gnade, für die Wissen wichtiger ist als Erkenntnis. Diese Menschen haben sich weit von den anderen entfremdet. Es gibt aber auch geistliche Leiter, die Menschen anziehen und einen unauslöschlichen Eindruck bei ihnen hinterlassen. Die Ersten sind vor allem Wichtigtuer; die Ehrfurcht, die sie erregen, liegt nahe bei der Angst. Die Letzten sind gewöhnliche Menschen, die mit außergewöhnlicher Autorität sprechen. Sie sind Gott und den Menschen nahe.

Autorität kann man nicht kaufen, sie wird verliehen und ist in diesem Sinne eine Überraschung. Jesus besaß sie, weil er, Gottes Sohn, all das, was hier aufgelistet ist, verkörperte: Er war demütig, barmherzig, untadelig, authentisch, unbefangen, im Umgang großzügig usw. Der König, der zum Knecht wurde, um den Menschen zu dienen – das nötigte Respekt ab. Demut will dienen. Hochmut sucht Autorität, da geht es um Wichtigtuerei. Das eine spricht, das andere brüllt; das eine lädt ein, das andere stößt ab.

Er erregte Widerstand

Wenn man all diese Dinge nebeneinander stellt, sieht man einen sehr liebenswürdigen, anziehenden und auch beeindruckenden Menschen. Es ist deshalb auch nicht verwunderlich, dass Jesus Menschen faszinierte und gewann; er zeigte Gottes Vaterherz und lud ein. Wer eine Antenne dafür hatte, folgte ihm unbefangen. Wer innerlich verhärtet war und Gottes Wahrheit nicht sehen wollte, verabscheute ihn. Einerseits gab es eine große Offenheit ihm gegenüber, andererseits scharfe Ablehnung. Es gab Menschen, die alles aufgaben, um ihm zu folgen, aber es gab auch welche, denen alles daran gelegen war, ihn aus dem Weg zu räumen. Für die einen war er anziehend, für die anderen abstoßend.

Das Unangenehme, das Menschen erfuhren, lag nicht in der Person Jesu, sondern in seiner Botschaft. Unbequem war, dass das eine nicht vom anderen zu lösen war. Jesus war Gottes Botschaft, daran gab es gar nichts zu deuteln. Er verkörperte Gottes Gnade, aber zugleich Gottes Urteil über Menschen, die in ihren Sünden verharrten. Sein Aufruf zur Bekehrung bzw. zur Erkenntnis und zum Verzicht auf eigene Gerechtigkeit und Hochmut machten ihn unbeliebt, ja sogar verhasst. Es gab Menschen, die sich bedroht fühlten und ihn zum Schweigen bringen wollten. Wenn Jesus tatsächlich geschwiegen hätte, wäre sein Leben ein Stück bequemer gewesen. Wenn er im Blick auf die Sünden ringsum ein Auge zugedrückt hätte, hätte niemand sich von ihm belästigt gefühlt. Wenn er weniger radikal gewesen wäre, ja dann ... Dann hätte er niemanden aufgeregt und ein ruhiges, unbekümmertes Leben führen können.

Aber das konnte er nicht! Weil Jesus gekommen war, um mit der Finsternis abzurechnen, musste er im Blick auf »falsche Dinge« ausgesprochen deutlich sein. Er war ein liebenswürdiger und gütiger Mensch, aber nicht bereit zu irgendwelchen Kompromissen.

Das Schöne in unserer Zeit ist: Man kann ruhig äußern, dass man gläubig ist. Religiöse Themen sind ein gefragter Gesprächsgegenstand, man ist interessiert und äußerst tolerant. Letzteres ist sowohl positiv als auch negativ. Das Positive liegt darin, dass es uns Gelegenheit gibt, über Dinge des Glaubens zu sprechen. Es ist negativ, wenn wir als Christen in dieser Toleranz mitgehen und die Einzigartigkeit der Botschaft Jesu abschwächen oder trüben, um nicht lästig oder arrogant zu wirken.

Solange wir an der Oberfläche bleiben und in allgemeinen Begriffen über den Glauben reden, bleiben uns allzu heftige Diskussionen erspart. Es ist jedoch nicht ehrlich, so zu handeln. Unverändert bleibt, dass unser Gott allmächtig und Jesus die einzige Antwort ist für eine Welt, die hoffnungslos verloren ist. Unverändert bleibt, dass es so etwas wie Sünde gibt und dass der Mensch dafür keine Lösung hat. Mit anderen Worten: Gottes Botschaft ist und bleibt schwarz-weiß. Deshalb ist sie längst nicht immer angenehm zu hören.

Es ist gravierend, wenn Christen beliebt sind, weil sie Gottes Evangelium nicht mehr so eindeutig verkündigen oder ihren Lebensstil dem der Menschen in ihrer Umgebung angepasst haben. Wer deutlich vom Evangelium spricht, wird früher oder später erfahren, dass diese Botschaft ihm nicht überall mit Dank abgenommen wird. Jesus ist für Ungläubige ein Stein des Anstoßes geworden, ein Felsen, an dem man zu Fall kommt (1. Petrus 2,7). Dennoch muss über ihn gesprochen werden, und zwar nicht als einer von vielen guten Propheten aus der Geschichte, auch nicht als einer der besseren unter ihnen. Er ist weit mehr als das: Jesus ist der Sohn Gottes und der Einzige, durch den ein Mensch mit Gott versöhnt werden kann (Johannes 14,6). Wenn wir diesen Anspruch etwas relativieren, um einer Konfrontation aus dem Wege zu gehen, dann versagen wir dem anderen die Wahrheit. Wenn wir die Wahrheit jedoch aussprechen, ist es unvermeidlich, dass einige uns für rechthaberisch oder arrogant halten werden. Sie fragen sich irritiert, wie wir zu behaupten wagen, dass Jesus der einzige Weg zu Gott sei. Manchmal ist eine Konfrontation unvermeidlich. Einstehen für das Gute geht nicht selten Hand in Hand mit persönlichem Leid. Auch das hat Jesus uns vorgelebt, auch darauf weist Paulus hin. Wenn niemand uns einen Stein in den Weg legt, sollten wir uns schon einmal fragen, ob wir klar genug Gottes Botschaft ausdrücken. Wenn wir es wagen, deutlich zu sein, zeigen wir: Uns ist mehr daran gelegen, Gott zu dienen als den Menschen. Jesaja sagt: »Den Herrn der Heere sollt ihr heilig halten; vor ihm sollt ihr euch fürchten, vor ihm sollt ihr erschrecken« (Jesaja 8,13-14).

Die Kunst besteht darin, als Person und im Verhalten keinen Anstoß zu geben, sondern den anderen durch Aufrichtigkeit zu gewinnen. Wer sich Respekt erwirbt, der gewinnt meist auch das Recht zu sprechen: »... haltet in eurem Herzen Christus, den Herrn, heilig! Seid stets bereit, jedem Rede und Antwort zu stehen, der nach der Hoffnung fragt, die euch erfüllt; aber antwortet bescheiden und ehrfürchtig, denn ihr habt ein reines Gewissen. Dann werden die, die euch beschimpfen, weil ihr in Christus ein rechtschaffenes Leben führt, sich wegen ihrer Verleumdungen schämen müssen« (1. Petrus 3,15-16).

14. Weltstar oder Stern Gottes

Im 1. Kapitel dieses Buches haben wir kurz über das Vorbildsein gesprochen, das zur Berufung des Christen gehört. Christen stehen vor der Herausforderung, in der Welt in diesem Sinne aufzufallen – vielleicht kann man auch sagen: sich so auszuzeichnen –, dass andere dadurch inspiriert und angespornt werden. Es braucht, wie Paulus sagt, Lichter, die in der Welt leuchten, Vorbilder, an denen man sich orientieren kann. Dabei geht es nicht so sehr um Menschen, die besondere Leistungen vollbracht haben, oder um große Persönlichkeiten, sondern in erster Linie um Menschen, die sich durch ihren Charakter und ihren Lebensstil auszeichnen. Menschen mit der Gesinnung Christi und mit einem lauteren und gottesfürchtigen Lebenswandel (Philipper 2,5 und 1. Petrus 3,2). Solche Menschen sind sehr wohltuend in einer orientierungslosen Welt. Sie leisten ebenso einen ganz wichtigen Beitrag für die Gemeinde Gottes, denn auch diese braucht starke Vorbilder, die zur Treue und Radikalität in der Liebe zu Jesus ermutigen.

Sei ein Vorbild

Paulus' erstem Brief an die Gemeinde in Thessalonich ist zu entnehmen, dass diese Gemeinde in der weiteren Umgebung eine Vorbildfunktion erfüllte. Thessalonich war eine Stadt in Mazedonien. Die junge Gemeinde dort bestand aus einer kleinen Gruppe von Gläubigen, die trotz erheblicher Bedrängnis standhielten. Sie hatten sich bekehrt, und die Folgen dieser radikalen Bekehrung waren sichtbar. Sie dienten dem Herrn und hatten ihren Götzen abgeschworen. Sie waren noch jung in ihrem Glauben, aber ihre Haltung und ihr Leben sprachen eine deutliche Sprache. Gläubige in Mazedonien wie in Achaia betrachteten sie mit Hochachtung und nahmen sich ein Beispiel an ihnen: Ihr wurdet »ein Vorbild für alle Gläubigen in Mazedonien und in Achaia«, sagt Paulus in 1. Thessalonicher 1,7-10, »überall ist euer Glaube an Gott bekannt geworden ... und wie ihr euch von den Götzen zu Gott bekehrt habt, um dem lebendigen und wahren Gott zu dienen und seinen Sohn vom Himmel her zu erwarten«.

Die Gemeinde von Thessalonich selbst hatte Paulus als Vorbild. Er war ihr geistlicher Vater, der ihnen nicht nur das Evangelium verkündet, sondern ihnen auch einen christlichen Lebenswandel vorgelebt hatte. In 1. Thessalonicher 2,5-10 heißt es: »Nie haben wir (das heißt: Paulus und seine Mitarbeiter) mit unseren Worten zu schmeicheln versucht, das wisst ihr, und nie haben wir aus versteckter Habgier gehandelt, dafür ist Gott Zeuge. Wir haben auch keine Ehre bei den Menschen gesucht, weder bei euch noch bei anderen. ... Im Gegenteil: Wir sind euch freundlich begegnet: Wie eine Mutter für ihre Kinder sorgt. ... Ihr seid Zeugen, und auch Gott ist Zeuge, wie gottgefällig, gerecht und untadelig wir uns euch, den Gläubigen, gegenüber verhalten haben.«

Paulus verkündete Gottes Wort, aber er tat mehr. Er bekräftigte Gottes Wahrheit durch sein eigenes Leben. Er tat das in erster Linie aus Liebe zu Gott, aber auch aus Liebe zu seinen geistlichen »Kindern« und Mitchristen, denen er ganz bewusst ein Vorbild sein wollte. Seine väterliche Haltung wird auch an anderer Stelle sichtbar, beispielsweise in 1. Korinther 4,15, wo er schreibt: »... ihr habt nicht viele Väter. Denn in Christus Jesus bin ich durch das Evangelium euer Vater geworden. Darum ermahne ich euch: Haltet euch an mein Vorbild!«

Es ist kein Hochmut, der Paulus so reden lässt; er kennt durchaus seine eigenen Schwächen. Aber er will trotzdem so vor Gott leben, dass er für die Christen in seiner Umgebung zu einem Ansporn wird, den Herrn mehr zu lieben und ihm konsequenter zu folgen. Man beachte die Nuancierung: »Nehmt mich zum Vorbild, *wie ich Christus zum Vorbild nehme*« (1. Korinther 11,1). Weil es um das Letztere geht, kann er auch auf andere verweisen: »Ahmt auch ihr mich nach, Brüder, und *achtet auf jene, die nach dem Vorbild leben*, das ihr an uns habt« (Philipper 3,17). »Jene, die nach dem Vorbild leben«, das sind Menschen, die ebenso wie Paulus ihr Leben mit Gott ernst nehmen. Nicht ihr Alter, ihre Ausbildung oder ihre Lebenserfahrungen sind ausschlaggebend für ihr Vorbildsein; es geht um ihre Liebe zu Jesus Christus. Als Paulus seinen Schüler, den jungen Timotheus, ermutigt, im Glauben standzuhalten und darauf zu achten, die Gemeinde zu leiten, fügt er hinzu: »Niemand soll dich wegen deiner Jugend gering schätzen. Sei den Gläubigen ein Vorbild in deinen Worten, in deinem Lebenswandel, in der Liebe, im Glauben, in der Lauterkeit« (siehe 1. Timotheus 4,11-15).

Geistliche Leitung

Aus seinen Briefen an Timotheus geht hervor, dass Paulus nicht nur ein Vorbild, sondern gelegentlich auch ein persönlicher *geistlicher Mentor* war. Wie Jesus seinerzeit zwölf Männer mitnahm und ihnen drei Jahre Anschauungsunterricht gab, nahm Paulus den jungen Timotheus in seine Obhut, um ihn zu unterweisen und zu einem Mann Gottes zu erziehen. Das macht seine beiden Briefe an Timotheus zu wichtigen Dokumenten und zu einer Anleitung für Menschen, die andere auf solche Weise begleiten wollen.

Auch ich habe Christen gefunden, die mich im Glauben begleitet haben. Einer von ihnen, David, hat seit meiner Bekehrung über viele Jahre Kontakt gehalten, um mich auf meinem Weg mit Gott zu bestärken – Gottes Plänen mit mir treu zu sein und die Gaben und Talente, die Gott mir geschenkt hat, zu entwickeln. Dieser Engländer, der altersmäßig mein Vater hätte sein können, wurde für mich zu einem geistlichen Vater. Jahrelang schrieb er mir mindestens zweimal im Monat einen Brief, und ich war regelmäßig bei ihm und seiner Familie zu Besuch. Unser Kontakt war immer von viel Freude geprägt, vor allem aber waren es geistliche Eindrücke und Lektionen, die ich nie vergessen habe. Dieser Mann war für mich ein großes Vorbild. Er hat mich in der Liebe zum Herrn und zu seinem Wort inspiriert und den Wunsch nach einem Leben, das damit im Einklang ist, in mir geweckt. David und seine Frau waren zu Hause keine anderen Menschen als in der Öffentlichkeit. Ich erinnere mich an ihre tiefe innere Verbundenheit mit Gott und das eindrucksvolle Vorbild ihrer Ehe, die von Liebe und gegenseitigem Respekt geprägt war. Auch an ihre Bescheidenheit erinnere ich mich und daran, wie sie aufrichtig und einfühlsam am Leben anderer Anteil nahmen. Diesen Menschen habe ich viel zu verdanken. Die Kraft, die von einem aufrechten Leben mit Gott ausgeht, ist enorm; das gilt auch für geistliche Begleitung.

»Gib Acht, dass du nicht fällst ...«

In den vergangenen Jahren ist der Name der Gemeinde Christi immer wieder durch Skandale in den Schmutz gezogen worden. Nachdem Amerika durch Veröffentlichungen über das Privatleben einiger Fernsehprediger aufgeschreckt worden war, kam auch in meiner Heimat einiges ans Licht. Manchmal scheint der eine Bericht den anderen nach sich zu ziehen, und so entsteht der Eindruck, da öffne sich eine Kloake, in der viel mehr Dreck steckt, als man je vermutet hat. Dieser Schmutz macht uns alle betroffen; die größte Enttäuschung aber liegt in der Tatsache, dass Menschen, denen geistliche Leitung anvertraut ist, nicht leben, wofür sie eintreten und was sie propagieren, und dass sie manchmal ihre Position missbrauchen. Damit ziehen sie nicht nur Gottes Namen in den Schmutz, darunter leidet auch das Vertrauen vieler Christen zu ihren Leitern und letztlich vielleicht auch zu Gott.

Wie ist es möglich, dass so geachtete Menschen ein Doppelleben führten? Jener Prediger, der so viel Autorität ausstrahlte? Jener Jugendleiter, der Held der meisten Jugendlichen in der Gemeinde? Jener Älteste, der als Inbegriff der Wahrhaftigkeit galt? Wenn geistliche Leiter vom Sockel fallen, entsteht großer Schaden, nicht nur in der Gemeinde, sondern auch für ihr Zeugnis nach außen.

Es ist traurig, dass ein Journalist einer säkularen amerikanischen Zeitung feststellen musste: Nur wenige bekannte Männer

Gottes verhalten sich rechtschaffen. Der Journalist, der dies äußerte, wusste genau zu berichten, wie viele bekannte christliche Leiter sich auf sexuellem oder finanziellem Gebiet etwas hatten zuschulden kommen lassen. Er konnte ihre Vergehen ganz präzis nennen, was beweist, dass die Welt genau hinschaut, wie Christen leben. Gott sei Dank fand er auch jemanden, bei dem man keinen Grund zur Anklage finden konnte. War es Bedauern oder Bewunderung, was mitschwang bei seiner Feststellung, es sei niemandem gelungen, Billy Graham eines Vergehens wie Ehebruch oder Betrug zu überführen? Es war vielleicht ein bisschen bedauerlich für ihn, dass seine Argumentation über die prinzipielle Korruptheit christlicher Führer nicht wasserdicht hinzukriegen war. Zwischen den Zeilen aber konnte man auch seine Bewunderung heraushören für Wahrhaftigkeit und Rechtschaffenheit in einer Welt, in der diese Eigenschaften ziemlich rar geworden sind.

Gott sei Dank bedeutet »einwandfreier Lebenswandel« nicht, dass jemand keine Fehler machen darf. Kein Mensch ist vollkommen, darin ist die Bibel sehr deutlich und offen. Auch große biblische Gestalten hatten ihre Momente der Schwäche. »Wer also zu stehen meint, der gebe Acht, dass er nicht fällt«, sagt Paulus in 1. Korinther 10,12. Dieser Gottesmann ist sich seiner eigenen Schwachheit durchaus bewusst. Er äußert sie offen und ehrlich: Obwohl er weiß, wie er handeln müsste, tut er doch nicht immer wirklich das Gute. Das Wollen ist vorhanden, aber es läuft gelegentlich jämmerlich anders. Kein Mensch kann sagen: »Mir kann man hundertprozentig vertrauen«, oder: »Ich rede nie schlecht über andere.« Wir können höchstens sagen, dass wir uns um das Gute bemühen.

Ja, es beeindruckt, wenn Christen zugeben, dass Gottes Heilige gewöhnliche Menschen sind. Mit einem Unterschied: Sie haben einen Beistand, der ihnen Kraft gibt, das Gute zu tun. »Der Herr steht mir bei wie ein gewaltiger Held«, sagt Jeremia im gleichnamigen Buch 20,11. Allein aus diesem Grunde wagt es Paulus, uns zu einem heiligen Lebenswandel anzuspornen; wir stehen nicht allein vor dieser Aufgabe. Es gibt jemanden, der uns im Streben nach einem heiligen Leben zur Seite stehen will.

In diesen Dingen sind gesunder Realismus und ein Stück Selbstschutz wesentlich. So weiß man von Billy Graham, dass er sich selbst einige Regeln auferlegt hat, von denen er nie abweicht. Um sich nicht selbst einer Versuchung auszusetzen (oder Anlass zu schlechtem Gerede zu geben), hat er mit seiner Frau und ein paar guten Freunden einige Absprachen getroffen. Sie dürfen ihn daraufhin befragen und ihn daran erinnern. Graham reist beispielsweise nie allein mit einer anderen Frau als seiner eigenen, nicht einmal ein paar Stunden im Auto. Das mag vielleicht übertrieben erscheinen, aber er hat sich zur Sicherheit für diese Disziplin entschieden.

Es ist durchaus möglich, dass derartige Überlegungen auch bei Daniels Beschluss mitgespielt haben, nicht an der königlichen Tafel am babylonischen Hof zu speisen. In seiner Entscheidung, sich das zu versagen, was am Hof absolut normal war, schwingt wahrscheinlich auch mit, dass Daniel sich selbst deutliche Grenzen setzte. Daniel entschied sich für ein einfaches Essen, statt es sich bei den opulenten Mahlzeiten am Hofe gut gehen zu lassen. Ein anderer hätte das vielleicht nicht gescheut, aber Daniel sah das für sich selbst anders. Er wollte nicht gegen Gottes Reinheitsvorschriften verstoßen oder an der königlichen Tafel Fleisch aus Götzenopfern essen müssen. Vielleicht fürchtete er aber auch, dass das Platznehmen an den übervollen Tischen ein erster Schritt in sein Leben sein könnte, in dem er, nach und nach vereinnahmt durch den Luxus und die Dekadenz um ihn herum, in seiner Liebe zu Gott schwach würde. Seine Entscheidung nötigt Respekt ab, ebenso wie sein späterer Beschluss, sich nicht von seiner guten Gewohnheit, sich regelmäßig für eine persönliche Gebetszeit zurückzuziehen, abbringen zu lassen. Daniel war für seine drei Freunde ein starkes Vorbild; er scheint der Wortführer der Gruppe gewesen zu sein. Obendrein war er ein außergewöhnliches Vorbild in der heidnischen Welt, in der sie lebten. Seine Art zu leben fiel anderen auf und verschaffte ihm Respekt.

Eine Warnung ist hier angebracht: Es ist gut, dass es Menschen gibt, die Vorbilder sind und uns herausfordern. Christen wie Nichtchristen brauchen Vorbilder für ihre jeweiligen Aufgaben, und positive Beispiele werden nachgeahmt. Aber es ist nicht gut, andere auf einen Sockel zu heben und zu idealisieren. Wenn man zu sehr zu jemandem aufschaut und nur Gutes erwartet, werden Enttäuschungen nicht ausbleiben. Außerdem legt ein blind verehrendes Aufsehen zum anderen einen großen Druck auf diesen Menschen, dem Bild zu entsprechen, das man von ihm hat. Er läuft Gefahr, seine Schwächen verbergen und sich anders geben zu wollen, als er ist. Fassaden und schöner Schein (auch bei uns selbst) führen zu einem Doppelleben, das wir früher oder später bereuen, mit allen Folgen für uns und andere, die sich daraus ergeben.

Extravaganz oder Klasse

Wer sind solche Vorbilder in unserer Zeit? Wer sind zum Beispiel die Helden unserer Kinder? Wer sind die Menschen, denen man in dieser Welt den Status eines Stars zuerkennt?

Ich denke, wir können davon ausgehen, dass die Leute, die man als Stars betrachtet, fast ausnahmslos entweder Talente sind, die wegen ihrer Leistungen auf einem bestimmten Gebiet auffallen (denken wir an Sportler, Film- oder Popstars), oder Berühmtheiten, die nichts geleistet haben müssen, sondern den Ruhm ihrem Reichtum verdanken oder der Tatsache, dass sie sich (oft dank ihres Geldes) in bestimmten Kreisen bewegen. Diesen extrem Reichen, die sich alles erlauben können, wird von der großen Masse ein fast königlicher Status zuerkannt; von einigen werden sie als die neuen Royals bezeichnet, und die Aufmerksamkeit, die man ihnen schenkt, ist enorm.

»Menschen verehren berühmte Personen, und unbedeutende Menschen werden wie eine Rakete hochgeschossen, damit wir sie bewundern und beneiden können«, sagt der Amerikaner Dick Keyes.[23] Auffallend ist: Es kommt zu keiner moralischen Bewertung dessen, was diese Menschen wirklich mit ihrem Leben gemacht haben. Dass das Privatleben nicht nur wenig königlich, sondern oft ziemlich chaotisch und unmoralisch ist, tut nichts oder kaum etwas zur Sache. Wenn ein populärer Fußballstar sein x-tes Verhältnis eingeht, lässt das die meisten seiner Fans völlig unberührt. Wenn sich ein großer Tennisstar als notorischer Steuerhinterzieher entpuppt oder ein Pop- oder Filmstar betrunken am Steuer erwischt wird, mag das anfänglich eine Enttäuschung sein. Wenn aber diese Dinge bei so vielen »Helden« vorkommen, dann denkt man nach und nach: »Ach, das gehört nun mal dazu.« Was man sieht, ist das Abenteuer, der Luxus, alles tun zu können, worauf man Lust hat, das schnelle, rauschende Leben, das den Alltagstrott durchbricht. Dieser Starkult gibt nicht nur ein dürftiges Vorbild, sondern ist für die Beteiligten selbst ungesund und schädlich.

Diese Entwicklungen hängen eng mit dem Verlust von Idealen zusammen. Ideale sind sinnlos geworden in einer Welt, wo unter dem Einfluss postmodernen Denkens der Glaube an den universellen Sinn des Lebens ausgedient hat. Übrig bleibt, dass jeder nach seiner eigenen Fasson glücklich oder selig wird. Wir müssen es selbst machen und viele machen es, so sagt Keyes, indem sie »ein problemloses Leben führen, mit möglichst wenig Frustrationen und vielen Reizen, alles so bequem wie möglich ..., immer mehr Geld und keine Probleme«. Es geht uns gut in unserer westlichen Wohlstandswelt, aber eigentlich sind wir arm. Die immer größer werdende Vormachtstellung der Ökonomie hat einen schrittweisen Verlust in der Bewertung des Menschen zur Folge; ein Mensch wird nach dem beurteilt, was er erreicht hat oder besitzt. Die Tatsache, dass die finanziell Erfolgreichen die Helden vieler Zeitgenossen sind, spiegelt wider, dass persönlicher Reichtum als selig machendes Ziel betrachtet wird.

Ein junger Arzt, der in der Fachausbildung zum Orthopäden steht, antwortete vor einigen Jahren unbefangen auf meine Frage, warum er dieses Fachgebiet gewählt habe: »Weil ich da am meisten verdiene, natürlich.« Er ist ein Kind seiner Zeit und betrachtet »sein Ideal« (so schnell wie möglich reich zu werden) als völlig normal und schlichtweg vernünftig. Wenn alles nach seinen Plänen läuft, kann er sich innerhalb von ein paar Jahren das Leben erlauben, das ihm vorschwebt. Dann hat er sein Apartment gegen eine Doppelhaushälfte eingetauscht und befindet sich auf dem Weg zum frei stehenden Einfamilienhaus. Wiederum einige Jahre später wird er sich damit begnügen können, nur noch halbtags zu arbeiten. Das ist doch prima geregelt, oder?

Was würde passieren, wenn dieser junge Mann ein oder zwei gute Freunde oder Kollegen hätte, die anders über diese Dinge denken und das auch durch ihr Leben zeigen würden? Würde ihn das nachdenklich machen? Was dachten seinerzeit die Kollegen der niederländischen Kinderärztin Diny van Bruggen, die ihre Praxis aufgab, um einige Jahre in Flüchtlingslagern zu arbeiten? Was denken ihre heutigen Kollegen über ihre Entscheidung für eine Teilzeitbeschäftigung in einem Krankenhaus, weil sie Zeit freihalten möchte – nicht für sich selbst, sondern für Hilfeleistungen in Kambodscha? Vielleicht gibt es Leute, die sie für verrückt erklären. Das ist möglich. Sicher ist, dass ihr Beispiel auch Bewunderung und Respekt bei Menschen hervorgerufen hat.

Hollywood oder Jerusalem?

Als Prinzessin Diana starb, rührte das Millionen Menschen in einer Art Massentrauer. Diana, die seit ihrer Verlobung mit Prinz Charles von Journalisten verfolgt wurde und deren Leben bis in die Details öffentlich bekannt war, wurde nach ihrem Tod praktisch zu einer Heiligen gemacht.

Woran lag es, dass ihr Tod so viele Menschen bewegte? Worauf war die kollektive Heldenverehrung zurückzuführen? Manche Psychologen sind der Auffassung, dass Dianas Tod den Menschen gleichsam ein Ventil für ihre eigene individuelle Trauer bot. Es brauchte jemanden, der die angesammelten Tränen zum Strömen brachte und die aufgestauten Gefühle von Millionen nach außen kommen ließ.

Auch wenn in dieser psychologischen Deutung ein Kern an Wahrheit stecken mag – sie erklärt nicht die wirklich außergewöhnliche, fast abgöttische Verehrung, die Diana entgegengebracht wurde. Was war so außergewöhnlich an ihr? Die ehemals unschuldige, reine Prinzessin, die von Popstar Elton John nach ihrem Tod zur *Rose of England* erhoben wurde, hatte ebenso wie ihr Prinzgemahl Ehebruch begangen. Ihr Lebensstil kostete einen Haufen Geld. Sie war zutiefst unsicher und hatte mit Depressionen, Essstörungen und gelegentlichem Jähzorn zu kämpfen. Sie war immens reich, eine Frau des Jetsets und eine echte Prinzessin, die obendrein auch noch ausgesprochen schön war. Diana vertrat sowohl die harte Realität des Alltagslebens mit seinen Problemen und seinen Auseinandersetzungen, als auch die Märchenwelt des Lebens einer Prinzessin. Beides hatte Anziehungskraft, und so wurde Diana zur Heldin für Millionen von Frauen.

Diana, über die in der Woche ihres Sterbens und ihrer Beerdigung fast ausschließlich schöne Worte gesagt wurden, war in mancher Hinsicht erwachsen, aber im Innersten sehr unreif. Zu ihren eigenen Helden gehörte der vorhin genannte Sänger Elton John. Aber auch Mutter Teresa soll einen besonderen Platz in ihrem Herzen gehabt haben. Es war dieselbe Mutter Teresa, die fast unbemerkt aus dem Leben schied, weil ihr Tod gerade in die Zeit des Diana-Fiebers fiel.

In ein und derselben Woche des Jahres 1997 starben zwei Stars, deren Welten meilenweit auseinander lagen. Die eine lebte in der Welt des Glamours und Geldes; die andere war in die Elendsviertel von Kalkutta gezogen, wo sie ihr Leben den Ärmsten der Armen widmete. Die eine hatte voll gestopfte Kleiderschränke, während die andere sich mit einem einfachen weißen Habit begnügte. Die eine hatte Ehebruch begangen, die andere hatte sich für ein Leben des Zölibats entschieden. Die eine stand wegen ihres turbulenten Lebens regelmäßig auf den Titelseiten der Weltpresse, die andere war vor allem wegen ihres einfachen Lebens bekannt. Die eine war reich, die andere arm. Sie waren beide Stars, aber verkörperten zwei Welten. Keyes nennt das eine Hollywood-Heldentum und das andere Jerusalem-Heldentum; das eine ist ausschweifend, das andere außergewöhnlich. Das eine zeichnet sich aus durch Extravaganz, das andere durch Klasse. Das eine sucht das Rampenlicht und fällt auf, das andere ist bescheiden und hat eine besondere Ausstrahlung.

Die »Stärke« des Hollywood-Starkults liegt in der übermäßigen, fast magnetischen Anziehungskraft eines Lebens, das weit aus dem Mittelmäßigen herausragt und der drohenden Routine entkommen konnte. Mit den Kameras, die jede Bewegung des internationalen Jetset bis an den Rand der privaten Swimmingpools gnadenlos registrieren, folgt eine breite Öffentlichkeit diesen Menschen auf Schritt und Tritt.

Die Stärke der »Jerusalem-Stars« liegt darin, dass sie einfach und lauter sind. Das wird zumeist nicht von Kameras eingefangen und ist auch schwer ins Bild zu bringen. Es ist nicht von Glamour umgeben. Der Schmuck dieser Menschen ist unvergänglich und liegt vor allem in ihrem Inneren. Er verlangt nicht nach Aufmerksamkeit, sondern schenkt Aufmerksamkeit. Es ist das sanfte und ruhige Wesen, das Wert hat in den Augen Gottes – und das in dieser Welt auffällt.

Sterne Gottes

Auch wenn uns mit dem heutigen Zynismus vorgehalten wird, Ideale seien sinnlos und wir könnten eigentlich vergessen, dass wir noch jemals jemandem begegnen, dessen Beispiel wir folgen möchten, bleibt doch das Bedürfnis nach Vorbildern oder beispielhaft gelebtem Leben bestehen. »Wir wollen weiterhin glauben können, dass es noch immer große Menschlichkeit gibt«, sagt Keyes, und »hoffen, in den anderen etwas Heroisches zu finden, um dadurch inspiriert zu werden. In dieser Zeit, in der sich Normen und Werte verflüchtigen, werden auch mit erneutem Ernst gute Fragen gestellt.« Ja, und deshalb ist es noch immer und aufs Neue von großer Bedeutung, dass in dieser Welt Sterne Gottes aufgehen! Menschen, die auffallen, weil sie die Eigenschaften seines Königreiches verkörpern.

Was verleiht diesen Sternen Gottes ihren Glanz? Mein Nachdenken hierüber führte zu einer Auflistung einiger Merkmale. Die Liste ist unvollständig, und es wäre eine nette Übung, sich selbst Menschen zu überlegen, auf die diese Eigenschaften zutreffen, oder Männer und Frauen aus der Bibel zu nennen und konkret zu umschreiben, wodurch sie sich auszeichneten.

Hoffnung – das ist das, was mir als 19-Jährige bei meiner Zimmerkollegin auf jener christlichen Studentenkonferenz in Österreich auffiel, wo ich zum Glauben kam. Gott gebrauchte Melody für meine Bekehrung. Ich wunderte mich über ihre Lebensfreude, denn sie war körperlich behindert. Meiner Meinung nach passte das nicht: Wie kann man mit einer so schweren körperlichen Behinderung froh und glücklich sein? Sie war es aber und war zudem verlobt mit einem Theologiestudenten; sie wollten später als Pastoren-Ehepaar in einer Gemeinde tätig sein. Unglaublich! Ich zeigte es nicht, aber ich war von ihrer Lebenseinstellung und ihren Zielen zutiefst beeindruckt. Und – auch das wusste sie nicht – ich beobachtete sie.

Hoffnung zeigt auch Joni Eareckson. Seit mehr als 35 Jahren ist sie durch einen Badeunfall gelähmt. Ihre Geschichte ist bekannt, denn diese Frau, die so viel verloren hat, ist selbst in ihrem Rollstuhl »auf den Beinen« geblieben. Sie ist keine Superfrau, sie hat ihre Hochs und weiß von tiefen Tälern; aber trotz allem hat sie ihre Hoffnung nicht verloren. Joni führt ein erfülltes Leben und ist vielen zum Vorbild und Segen geworden.

Dasselbe gilt für viele andere – manche davon in unserer direkten Umgebung –, die trotz schwerer Umstände ihre Hoffnung nicht verloren haben. Es gilt für die allein stehende Frau in meiner Gemeinde, die trotz Altersbeschwerden immer ein ermutigendes Wort für andere hat; für die Eltern, die mit (zu) wenig Geld auskommen müssen und trotzdem viel aus ihrem Leben machen; oder die allein stehende Mutter, die mutig anfasst und ihren Kindern Geborgenheit und Freude schenkt. Die Hoffnung dieser Menschen ist nicht abhängig von ihren Umständen, sie ist in Gott gegründet.

Von dieser Hoffnung schreibt Paulus in Römer 15,13: »Der Gott der Hoffnung erfülle euch mit aller Freude und mit allem Frieden im Glauben, damit ihr reich gesegnet werdet an Hoffnung in der Kraft des Heiligen Geistes.«

Ein Charakter, der die Gesinnung Christi widerspiegelt

Vielleicht ist das nirgendwo so auffallend wie dort, wo man Hass und Verbitterung erwartet und stattdessen Vergebung und Frieden sieht. Ich denke an jene Frau, die ich in Nordirland traf. Bei einem Bombenattentat der IRA war ihr Mann einer der Schwerstverletzten. Er fiel ins Koma, woraus er nie mehr erwachte. Dreizehn lange Jahre lebte er noch und seine Frau saß täglich stundenlang an seinem Bett, las ihm vor, redete über die Kinder und Enkelkinder, sagte ihm, was sie beschäftigte, und betete mit ihm. In der Zeit bat sie auch für die Täter. Zuerst wohl darum, dass Gott seine Gerechtigkeit zeigen möge. Später aber veränderten sich ihre Gebete in Fürbitte für diese Männer und dann auch für die Gefängnisseelsorger, die mit solchen Menschen zu tun haben.

Als ich diese Frau fragte, wie sie Bitterkeit, Wut und Rachegefühle bewältigt hatte, antwortete sie: »Ich brauchte nach dem Bombenanschlag alle Kräfte, um auf den Beinen zu bleiben und für meinen Mann zu sorgen. Mir war klar, dass ich dabei keine Bitterkeit gebrauchen konnte, weil das eine schwere Belastung gewesen wäre. Außerdem wusste ich, dass Verbitterung meiner Beziehung zum Herrn im Wege stehen würde, und ich war ja so darauf angewiesen, von ihm getragen zu werden.« Sie traf eine bewusste Entscheidung gegen Bitterkeit und sie schaffte es mit Gottes Hilfe, zu vergeben statt zu hassen.

Ganz auffallend ist: Als der Mann dieser Frau starb und die Zeitungen anlässlich seines Todes wieder das damalige Attentat schilderten, widmeten fast alle Journalisten mehrere Zeilen der Haltung der Frau. Mehr als den Fakten über den schrecklichen Vorfall oder die andauernde Unruhe in Nordirland galt ihre Aufmerksamkeit der Einstellung dieser Frau, ihrer Liebe und Treue zu ihrem Mann und ihrer Güte und dem Fehlen von Hass. Ich vermute, dass sie selbst sich nicht der starken Botschaft bewusst war, die sie weitergab. Die Haltung dieser Frau, die keine Verbitterung zulässt und eine großartige Einstellung gegen jene Menschen hat, die ihr und ihrer Familie so unbeschreibliches Leid zugefügt haben, ist zutiefst beeindruckend.

Paulus schreibt in Römer 12,19 und 21: »*Rächt euch nicht selber, liebe Brüder. ... Lass dich nicht vom Bösen besiegen, sondern besiege das Böse durch das Gute!*« Und in Matthäus 5,44 lesen wir: »*Liebt eure Feinde und betet für die, die euch verfolgen, damit ihr Kinder eures Vaters im Himmel werdet.*«

Ein lauteres Leben

Das zeigt sich in den verschiedensten Bereichen und ist nicht immer leicht aufrechtzuerhalten, vor allem, wie wir oben schon feststellten, auf sexuellem Gebiet. Wir leben eben in einer Welt, wo Sex frei erhältlich ist und Lockerheit auf diesem Gebiet für viele wichtiger bzw. verlockender ist als Treue in der Ehe.

Ich denke an das junge Mädchen, das mich besuchte und erzählte, dass sie als Einzige in ihrer christlichen (!) Studentengruppe noch Jungfrau ist. Sie kommt sich langsam fast komisch oder altmodisch vor, weil sie mit dem Geschlechtsverkehr warten will, bis sie verheiratet ist. Oder an den Mann, der in einer Zeit großer Einsamkeit in seiner Ehe (seine Frau war schwer depressiv) von einer Kollegin gedrängt wurde, er solle mit ihr ausgehen. Die Kollegin war eine reizende junge Frau, mit der er sich gerne unterhielt. Er hätte sich leicht in sie verlieben und Ehebruch begehen können. Das wäre nicht nur einfach gewesen, sondern auch nicht ungewöhnlich in der Welt, wo er arbeitete. Aber er ließ es nicht so weit kommen! Statt den so anziehenden Schritt zu tun, suchte er einen älteren Bruder in seiner Gemeinde auf und erzählte ihm offen von seinen Problemen. Sie verabredeten, dass er ihn in den Augenblicken anrufen würde, wenn er sich der Versuchung nicht gewachsen fühlte.

Ich erinnere mich an eine junge Frau, die mit lesbischen Gefühlen kämpft. Sie äußerte, es sei sehr schwer und auch enttäuschend für sie, dass nicht nur ungläubige Menschen, sondern auch Christen ihr raten, ihren Gefühlen nachzugeben und eine lesbische Beziehung mit einer Freundin einzugehen. »Du tust damit niemand weh«, lautet ihr Argument, »warum solltest du es dir selbst unnötig schwer machen?« Nun, sie hat sich für einen schwierigen Weg entschieden, weil sie Gott gehorchen will. Indem sie offen über ihre Mühen und ihre klare Entscheidung für sexuelle Reinheit spricht, macht sie Menschen Mut, die sich in einer ähnlichen Situation befinden, wie auch heterosexuellen Alleinstehenden, für die Enthaltsamkeit schwierig ist.

Ein reines Leben auf sexuellem Gebiet, wie die Bibel es beschreibt, ist längst nicht mehr selbstverständlich, selbst unter Christen nicht. Aber Gott sei Dank gibt es noch Männer und Frauen, die vorleben, dass es auch anders möglich ist, wie schwierig es auch sein mag! Dazu Römer 12,1-2: *»Angesichts des Erbarmens Gottes ermahne ich euch, meine Brüder, euch selbst* (Luther: *eure Leiber) als lebendiges und heiliges Opfer darzubringen, das Gott gefällt. ... Gleicht euch nicht dieser Welt an ...«* Und 1. Korinther 6,15: *»Wisst ihr nicht, dass eure Leiber Glieder Christi sind? Sollte ich nun die Glieder Christi nehmen und Hurenglieder daraus machen? Das sei ferne!«*

Persönliche Wahrhaftigkeit

Wie leicht ist es, im alltäglichen Leben immer wieder kleine Kompromisse zu schließen! Wir haben alle unsere persönlichen Scheuklappen, die uns helfen, Schlechtes zu übersehen. Warum sollten wir uns Kopfschmerzen machen wegen Sachen, die in den Augen unserer Umgebung völlig normal und akzeptiert sind? Warum sollten wir nicht auch lügen, wenn es uns hilft; warum nicht schwarzarbeiten, damit wir unsere finanziellen Ziele etwas schneller erreichen? Warum in öffentlichen Verkehrsmitteln nicht schwarzfahren und damit einiges sparen? Ein Portemonnaie auf der Straße finden und das Geld in die eigene Tasche stecken, warum nicht? Zu viel Wechselgeld herausbekommen und darüber schweigen, warum nicht? Das ist doch einfach Glück haben! Warum sollten wir unser Haus nicht doch ausbauen, obwohl uns die Behörden keine Genehmigung gegeben haben? Das merkt doch niemand! Und warum sollten wir nicht ein bisschen mit Zahlen in unserer Steuererklärung jonglieren?

Eine junge Frau konnte das Letztere nicht. Sie arbeitete seit ihrer Heirat in der Gastwirtschaft ihres Mannes mit. Allmählich wurde ihr klar, dass mit der Buchführung einiges nicht stimmte. Manche Abrechnungen erfolgten in bar, ohne durch die Bücher zu laufen, und im Betrieb waren immer wieder Arbeitnehmer illegal beschäftigt. Es spricht für diese Frau, dass sie damit nicht leben konnte. Eines Tages sprach sie darüber mit ihrem Mann. Er reagierte heftig, zornig, abweisend. Sie sei unpraktisch (»Wir brauchen das Geld«), ein Spielverderber (»Es läuft ja alles gut und jetzt willst du ...!«). Nach dieser Konfrontation schwieg sie eine Zeit, aber sie fand keine Ruhe. Sie kämpfte mit Schlaflosigkeit, ihr Gewissen redete laut und klar. Dann sprach sie die Sache wieder an, und wieder ... Schließlich drohte ihr Mann mit Scheidung.

Persönliche Wahrhaftigkeit und Ehrlichkeit gehen – nach menschlichem Ermessen – nicht immer gut aus: Wer Spielverderber ist, muss oft dafür bezahlen. Das empfand auch Paul van Buitenen, ein EU-Beamter in Brüssel. Als er von finanziellen Unregelmäßigkeiten in der Europäischen Kommission erfuhr, ging er der Sache nach und brachte anschließend einiges ans Licht. Die Folgen waren beachtlich. Er bekam nicht nur keine Antwort auf seine Anfragen, sondern seine Ehrlichkeit kam ihn teuer zu stehen. Van Buitenen wurde von Brüssel nach Luxemburg versetzt.[24] Interessant aber ist, dass seine Ehrlichkeit doch Weiteres bewirkte: Die EU-Kommission musste zurücktreten! (In der Folge hat im Holländischen sogar der Begriff »Glockenlauter« eine neue Bedeutung bekommen, für Menschen, die Unregelmäßigkeiten zum Beispiel in Betrieben ans Licht bringen. Man arbeitet jetzt an einem Gesetz, wie solche Leute in der Zukunft vor Degradierung oder Entlassung geschützt werden können.)

Paulus bestärkt uns in Römer 16,19: *»Euer Gehorsam ist allen bekannt; daher freue ich mich über euch und wünsche nur, dass ihr verständig bleibt, offen für das Gute, unzugänglich für das Böse.«* Und in Epheser 5,8-11: *»Lebt als Kinder des Lichts! Das Licht bringt lauter Güte, Gerechtigkeit und Wahrheit her-*

vor. Prüft, was dem Herrn gefällt, und habt nichts gemein mit den Werken der Finsternis ..., sondern deckt sie auf.«

Van Buitenen war übrigens kein engagierter Christ, als er Protest gegen das erhob, was in der Europäischen Kommission vor sich ging; er wurde es in der Zeit. Ich sage das, weil es unrecht wäre, davon auszugehen, dass nur Christen Licht verbreiten. Es gibt nicht wenige Nichtgläubige, die so leben, dass sich Christen davon eine gewaltige Scheibe abschneiden könnten!

Eine starke Moral

Vor einigen Jahren trat der damalige belgische König Baudouin zeitweise vom Thron zurück, weil er als Christ nicht bereit war, ein Gesetz zu unterschreiben, das Abtreibung erlaubte. Leider hielt sein mutiger Schritt dieses Gesetz nicht auf. Dennoch setzte der König mit seinem Thronverzicht (mit dem er ein großes persönliches Risiko einging) ein Zeichen, das nicht so schnell vergessen sein wird. Als er öffentlich bekundete, was ihm persönlich der Schutz des Lebens wert war, entsprach er seiner Berufung: einzustehen für Gottes Wahrheit und Gerechtigkeit und in dieser Weise ein Licht Gottes zu sein. Dazu Apostelgeschichte 5,29: *»Man muss Gott mehr gehorchen als den Menschen.«*

Rut, ein Gottesstern aus dem Lande Moab

Als ich überlegte, welche Menschen solche »Gottessterne« für mich sind, kamen mir auch eine Reihe biblischer Personen in den Sinn, eine von ihnen ist Rut. Es ist verblüffend, dass sie die meisten Eigenschaften und Haltungen verkörpert, die ich erwähnt habe. Und das Verwunderlichste: Sie war eine einfache junge Frau, die in einer heidnischen Umgebung aufwuchs und erst als Erwachsene den Herrn kennen lernte. Rut war eine bescheidene Frau. Sie verkörperte das »sanfte und ruhige

Wesen«, das Petrus in einem seiner Briefe als eine Eigenschaft nennt, die einen Menschen ziert. Rut ragte nicht aufgrund einer wichtigen Position oder eines Amtes heraus, sondern weil sie positiv anders war als die meisten Leute ihrer Zeit. Sie lebte, als Israel von Richtern regiert wurde (siehe Rut 1,1). In Richter 21,25 heißt es unumwunden: »Jeder tat, was ihm gefiel.« In einer Welt, in der Normen nichts galten, zeichnete sich diese junge, aus dem Heidentum bekehrte Frau durch ihre bedingungslose Treue und Liebe zu Gott und zu ihrer jüdischen Schwiegermutter aus. Beeindruckend ist auch ihr Elan, mit dem sie beiden gerecht zu werden versuchte. Dazu fiel ihre Lauterkeit auf. Sie wäre nicht die erste junge Witwe in ihrer Umgebung gewesen, die sich auf wechselnde sexuelle Beziehungen eingelassen hätte. Stattdessen ging sie ruhig und vertrauend ihren Weg und – fiel in ihrer weiteren Umgebung auf. Die Schnitter auf dem Feld sahen ihren Eifer und ihre harte Arbeit: »So kam sie zu uns und hielt aus vom Morgen bis jetzt und gönnte sich kaum Ruhe«, und: »So sammelte sie auf dem Feld bis zum Abend« (Rut 2,7+17).

Boas kam zu Ohren, wie andere von ihrer Zuneigung und Treue zu ihrer Schwiegermutter beeindruckt waren: »Mir wurde alles berichtet, was du nach dem Tod deines Mannes für deine Schwiegermutter getan hast« (Rut 2,11). Er selbst war von ihrer Lauterkeit tief beeindruckt: »Du bist nicht den jungen Männern, ob arm oder reich, nachgelaufen« und: »Jeder in diesen Mauern weiß, dass du eine tüchtige Frau bist« (Rut 3,10-11). Das ist ein beredtes Zeugnis. Rut war eine positive Ausnahme, ein Licht Gottes in einer unmoralischen und von Gott wegdriftenden Welt. Sie ging einfach ihren Weg, aber sie ging ihn in Abhängigkeit von Gott und im Gehorsam. Und das fällt auf.

Echte Heiligkeit beeindruckt. Nicht immer ist das offensichtlich, manchmal aber hat sie sichtbare Auswirkungen. Im Sommer 2000 fand in Amsterdam ein internationaler Kongress von Evangelisten statt, an dem über 10.000 Menschen teilnahmen. Während eines freien Tages wurden einige Evangelisten aus Afrika bei einer Stadtbesichtigung mit einer Demonstration von

Homosexuellen konfrontiert. Zutiefst entsetzt über das perverse Spektakel fragten sie einen Zuschauer, was das alles zu bedeuten habe. Dieser Mann sah ihre Betroffenheit und lud die Evangelisten auf eine Tasse Kaffee zu sich nach Hause ein. Selbst fand er wahrscheinlich an diesem Happening, das in Amsterdam eine jährliche Tradition geworden ist, nichts Besonderes mehr. Gewöhnung kann abstumpfen, wir sind nicht mehr so schnell schockiert. Die Afrikaner waren es aber. Ihr Entsetzen rührte aus ihrer persönlichen Heiligkeit. Sie sahen diese schamlose Demonstration mit Gottes Augen. Das hatte Auswirkung auf den Mann, der sie mit nach Hause nahm. Er bat später um ein seelsorgerliches Gespräch mit einem Mitarbeiter des Evangelisten-Kongresses.

Was hatten diese afrikanischen Christen getan? Waren sie gut ausgebildet in Apologetik und hatten sie mit Worten zu überzeugen gewusst? Nein, und darum ging es ihnen auch gar nicht! Es war die Lauterkeit, die aus ihrem aufrichtigen und tiefen Entsetzen sprach. Vielen Menschen fällt Perversität schon längst nicht mehr auf. Die schamlose Nacktheit und das Verhalten der Demonstranten hatten diese Evangelisten aber in ihrer Seele verletzt und zu Tränen bewegt. Sie wussten von Gottes Zorn über die Sünde und sein Mitfühlen mit Sündern. Dies berührte eine Saite in dem Mann, der sie einlud, und ließ ihn verstehen, wie Gott die Dinge sieht.

Ausblick

Wir sahen schon weiter oben, dass mangelnder Glaube an universelle Wahrheit und Werte vielen Menschen ihre Ideale genommen hat. Immer mehr Menschen sind ganz auf das Hier und Jetzt orientiert und versuchen, so viel wie möglich aus ihrem Leben herauszuholen. Da kommt der Gedanke an Jesaja, der Jerusalem Leichtsinn vorwirft: »Doch was sieht man: Freude und Frohsinn, Rindertöten und Schafeschlachten, Fleischessen und Weintrinken, (und ihr sagt:) Lasst uns essen und trinken, denn morgen sind wir tot« (22,13).

Kann es Angst sein vor der scheinbaren Mittelmäßigkeit und der Routine des Lebens, die den heutigen Menschen so nach dem »schnellen Leben« jagen lässt? Wer nicht über das Alltägliche hinausschaut, erschrickt vor dem Teufelskreis: geboren werden und sterben, aufstehen und schlafen gehen, zur Arbeit hetzen und nach Hause zurückkehren, Kinder bekommen, Kinder erziehen und sie wieder loslassen, Geld verdienen und Geld ausgeben, Kleidung waschen und neue Schmutzwäsche finden. ... Wenn das nun alles sein sollte? Ja, wenn das alles ist, dann muss man sich auf die Suche machen nach etwas, was diese tödliche Mittelmäßigkeit aufhebt. Dann muss man ständig nach neuen Reizen suchen und sich bemühen, aus der kurzen Lebenszeit alles herauszuholen. Man muss rennen und hetzen, um so schnell wie möglich möglichst groß herauszukommen, um so reich wie möglich zu werden und möglichst viel zu genießen.

In der Bibel fallen Gottes Kinder als Menschen auf, die nicht hinter diesen Dingen herjagten. Sie hatten keine Eile, sie waren nicht »müde und erschöpft wie Schafe, die keinen Hirten haben« (Matthäus 9,36). Sie waren Menschen, die – wie es im Prediger so treffend beschrieben ist – die Ewigkeit in ihrem Herzen hatten. Sie hatten Einblick bekommen in eine andere Wirklichkeit, sie sahen über den menschlichen Horizont hinaus, oder in neutestamentlichen Worten ausgedrückt: Sie suchten die Dinge des Himmels (siehe Kolosser 3,1-2 und Philipper 3,20). Als Konsequenz daraus hatten sie Ideale, für die sie viel auf sich nahmen, selbst Spott und Hohn aus ihrer Umgebung, ja sogar den Tod. Diese Menschen wurden durch ihren Glauben aus dem Hier und Jetzt herausgehoben, weil sie aus einer Perspektive des Himmels auf Erden lebten. Sie setzten auf die Allmacht Gottes, sie wussten und bekannten, dass ihr irdisches Leben nicht mehr (und nicht weniger) war als eine Vorbereitung auf die letztendliche Erfüllung. Ihre Sichtweise fiel auf, ihre Lebenseinstellung ebenso. Ihr Leben war anziehend. Unterschätzen Sie nicht die Kraft, die von einem gläubigen Leben ausgeht, im Vertrauen auf den lebendigen Gott!

Wie wird man ein Stern Gottes?

Was macht einen Menschen zu einem Licht Gottes? Die Antwort lautet: *Er* macht uns. Die biblischen »Sterne« oder Helden (denken wir an Hebräer 11) hatten eines gemeinsam: Sie hatten ihr Vertrauen auf den Herrn gesetzt. Sie zählten nicht auf eigene Schlauheit oder Kraft, sie bauten nicht auf vergängliche Dinge wie äußere Schönheit, Beredsamkeit, Geld oder Besitz, Status oder Popularität. Aus sich heraus waren sie keine Helden – ihr Geheimnis lag in der Tatsache, dass ihnen ein starker Held zur Seite stand!

Wenn Jesus in unserem Leben das Sagen bekommt, wird sich unser Leben ändern. Wenn sein Heiliger Geist in uns wirken kann, werden wir selbst zu anderen Menschen. In Johannes 15 verspricht uns Jesus Früchte, die unlösbar mit dem Bleiben in ihm verbunden sind: »Bleibt in mir, dann bleibe ich in euch. Wie die Rebe aus sich keine Frucht bringen kann, sondern nur, wenn sie am Weinstock bleibt, so könnt auch ihr keine Frucht bringen, wenn ihr nicht in mir bleibt. Ich bin der Weinstock, ihr seid die Reben. Wer in mir bleibt und in wem ich bleibe, der bringt reiche Frucht; denn getrennt von mir könnt ihr nichts vollbringen. (...) Mein Vater wird dadurch verherrlicht, dass ihr reiche Frucht bringt und meine Jünger werdet« (Verse 4-5 und 8). Eine dieser Früchte besteht darin, dass wir uns schrittweise nach dem Bild Jesu verändern und so etwas von der Herrlichkeit Gottes widerspiegeln (siehe Römer 8,29 und 2. Korinther 3,18).

Ein Licht Gottes strahlt nicht aus sich selbst heraus. Wir brauchen nicht uns selbst zu beweisen und uns auf unser eigenes Können zu verlassen; von uns ist lediglich gefordert, dass wir auf unseren Schöpfer zählen. Wir brauchen nicht vollkommen zu sein, der Vollkommene lebt in uns. Wir sind nur wie ein Spiegel, der sein Abbild reflektieren darf. Wir brauchen uns nicht zu profilieren oder größer zu erscheinen, als wir sind; wir dürfen den Weg mit dem Herrn gehen und unseren Blick auf sein Werk in unserem Leben und durch unser Leben richten.

15. Ihr seid das Licht der Welt

Am Ende dieses Buches verweilen wir erneut bei Abraham, dessen Gestalt in den ersten Kapiteln im Vordergrund stand. Schon weiter oben habe ich die Frage gestellt, was Abraham sehen würde, wenn er heute aus dem Himmel auf unsere Erde blicken könnte. In seinem Erdenleben zeigte Gott ihm einen funkelnden Sternenhimmel und sagte: »Schau mal nach oben und sieh dir diese Pracht an! So wird deine Nachkommenschaft sein!« Mit etwas Phantasie stelle ich mir diesen alten Freund Gottes heute erneut vor, aber jetzt »oben«, und höre Gottes Worte: »Abraham, schau mal nach unten! Siehst du, wie meine Sterne auf der finsteren Erde leuchten? Sie sind deine geistliche Nachkommenschaft, Menschen aus allen Völkern, die durch den Glauben an meinen Sohn zu meinem Volk hinzugekommen sind!«

Die Welt, in der wir leben

Im 21. Jahrhundert weist unsere Erdkugel dunkle und helle Flecken auf. In manchen Gebieten der Welt wächst die Gemeinde Christi wie nie zuvor. Millionen Menschen kommen hinzu und bezeugen eindrucksvoll, dass Gott unter ihnen wirkt. In anderen Gebieten, darunter Teile Europas, scheint es dunkler zu werden. Trotz der Tatsache, dass auch unter uns sehr positive Dinge geschehen, gibt es begründete Sorgen um das geistliche Klima Europas. Dort, wo sich einst das Evangelium wie ein Lauffeuer verbreitete, ist die Entchristlichung heute offensichtlich. In den Niederlanden ist das christliche Erbe innerhalb einiger Jahre fast ganz verschwunden. Unser Land ist in vieler Hinsicht mit der fruchtbaren Jordangegend zu vergleichen, auf die Lot seinen Blick richtete: Der Wohlstand ist groß, die Regale in den Geschäften sind üppig gefüllt, es fehlt uns an nichts.

Und wie in Sodom und Gomorra gibt es unter uns immer mehr Menschen, die völlig mit ihrem eigenen Leben beschäftigt sind. Für den Gott der Bibel ist nicht mehr viel Platz. Tolerant, wie wir sind, haben wir verschiedenen Religionen in unserer Gesellschaft einen Platz eingeräumt. Außerdem ist zu beobachten, dass verschiedene heidnische Bräuche durch das gegenwärtige Interesse für Spirituelles fröhliche Urständ feiern. Es ist eine Art modernes Heidentum. Diese Situation betrifft nicht nur die Niederlande. Es sind Entwicklungen, die sich europaweit vollziehen. Mit anderen Worten: Vieles deutet darauf hin, dass das Heidentum erneut einen Platz in Europa findet, wo einst das Licht Christi so stark leuchtete!

Viele Götter und Herren

Manche Länder Westeuropas haben sich zu pluralistischen Gesellschaften entwickelt. Zu unserer Bevölkerung gehören Menschen mit ganz unterschiedlichem kulturellem und religiösem Hintergrund. Für die Stellung des christlichen Glaubens hat das weit reichende Folgen. Der Islam, aber auch der Hinduismus und der Buddhismus – Religionen aus dem Fernen Osten – haben unter Ausnutzung der in unserer Verfassung garantierten Möglichkeiten ihre Moscheen und Zentren errichtet. Diese Religionen wirken missionarisch. Ihr Gedankengut hat auch in so mancher christlichen Gemeinde und Schule Eingang gefunden.

An dem Punkt religiöser Toleranz, der Akzeptanz vieler Abstufungen von Recht und Wahrheit, unterschiedlichster Lebensstile und auseinander driftender Verhaltensnormen haben wir uns gefährlich der Situation genähert, die der Apostel in 1. Korinther 8,5 beschreibt: Dass es *viele Götter und Herren* gibt. Das Korinth in den Tagen des Paulus war eine wichtige und wohlhabende Handelsstadt mit einer reichen Kultur und verschiedenen Gottheiten, darunter Aphrodite, die mit der Liebe und Tempelprostitution in Verbindung gebracht wurde. In dieser Situation (und allgemein in der pluralistischen Gesellschaft, die das Römische Reich seinerzeit war) mussten Christen unverkürzt an der Einzigartigkeit Christi festhalten. In unserer pluralistischen Gesellschaft besteht dieser Auftrag unverändert: Es gibt für Christen nur einen Gott, nämlich den Vater, und einen Herrn, Jesus Christus (Vers 6).

Die Stärke anderer Religionen in Westeuropa ist nicht losgelöst zu sehen von der fatalen Schwäche von Christen, die weder den Standpunkt der Bibel vertreten, noch deren Ethik, noch kundzutun wagen, dass hier die *Wahrheit* zu finden ist. Der holländische Pastor und Autor Pieter van Kampen sagt dazu: »Wenn wir auf die christliche Kirche in unserem Land schauen, sind die Schwäche und Kompromissbereitschaft vieler heutiger Kirchenführer und Kirchenmitglieder, wenn es um die Wahrheit Christi geht, ausgesprochen beunruhigend. Bei vielen Christen zeigt sich eine unvergleichliche Schwäche bei Themen wie der Autorität der Heiligen Schrift und der Zuverlässigkeit des apostolischen Zeugnisses über Menschwerdung, Leiden und Auferstehung Christi. Diese Schwäche hat maßgeblich zur gewachsenen Annahme und weit gehenden Integration anderer Glaubensüberzeugungen in unserer Gesellschaft beigetragen.«

Wenn Paulus heute einen Brief schriebe an »die Christen in den Niederlanden«, würde er uns zweifellos auf unsere persönliche Loyalität zu Christus ansprechen, im Leben und im Reden (»Es ist uns Menschen kein anderer Name unter dem Himmel gegeben, durch den wir gerettet werden sollen« – Apostelgeschichte 4,12). Wenn wir uns nicht klar sind über den Weg, die Wahrheit und das Leben (Johannes 14,6), dann bleiben wir unseren andersgläubigen Mitbürgern das Zeugnis schuldig.

Modernes Heidentum

In unserer materialistischen westlichen Welt besteht ein auffallender Hunger nach Spiritualität. Das Interesse am Übernatürlichen in unterschiedlichsten Formen ist groß, denken wir beispielsweise an fernöstliche Meditation, Philosophie, Astrologie und paranormale Phänomene wie »Aura-Lesen«, Hellseherei, Kommunikation mit dem Jenseits und Aberglaube. Die okkulte finstere Welt (man denke auch an den populären Begriff »esoterisch«, was »nur für Eingeweihte einsichtig« bedeutet) erfreut sich eines breiten Interesses. Magie und Hexerei, ja selbst Satanismus werden in unserer Gesellschaft praktiziert. Es ist nicht verwunderlich, dass verniedlichende Formen von Magie und Hexerei auf dem Buchmarkt unglaubliche Erfolge erringen, darunter ein scheinbar unschuldiges Kinderbuch wie Harry Potter. Und es ist wirklich bitter, dass sich eine Kirche wie die Amsterdamer Westerkerk Ende des Jahres 2000 anlässlich des Erscheinens des vierten Bandes von Harry Potter für ein Hexenfest hergab.

Einst wurde Europa aus dem Heidentum bekehrt. Ebenso wie Abraham, der in einer animistischen, heidnischen Kultur lebte, als Gott ihn rief, haben auch unsere Vorfahren vor der Entscheidung gestanden, gegen die Götter ihrer Kultur Stellung zu beziehen und heidnischen Praktiken radikal abzuschwören. Diese Entscheidung ist im postchristlichen Europa wieder neu aktuell.

Dekadenz

Die biblische Geschichte zeigt, dass eine Gesellschaft ohne Gottesbewusstsein Gefahr läuft, dekadent zu werden. Dekadenz ist ein Sammelbegriff für schrittweisen Verfall, moralisches Absinken und Rückschritt. Diese negative Entwicklung erleben wir sowohl in der Öffentlichkeit wie im privaten Bereich. Ich sagte oben, dass in den Niederlanden das christliche Erbe großenteils verschwunden ist; zwei Legislaturperioden sozialliberaler Regierung haben in der Hinsicht gründlich das Ihre dazu beigetragen. Auf ihr Konto geht die Aufhebung des Bordellverbots, der Erlass eines Gesetzes, in dem Euthanasie gebilligt wird, sowie die Zulassung standesamtlicher Heirat für gleichgeschlechtliche Paare. Es war sogar ein Vorschlag im Gespräch, die Bestimmung, dass Eheleute zu gegenseitiger Treue verpflichtet sind, aus dem Bürgerlichen Gesetzbuch zu streichen, weil Treue in der Praxis nicht zu verwirklichen sei und die Interpretation des Begriffs Ehe eine persönliche Angelegenheit sei, in die sich der Staat nicht einzumischen habe. In Italien beschäftigt sich derzeit ein Arzt mit der Vorbereitung einer Weltpremiere: Im Jahre 2003 etwa hofft er den ersten geklonten Menschen zur Welt zu bringen.

Ich erinnere mich an die Antwort des früheren Amsterdamer Bürgermeisters Patijn in einer Fernsehrunde, der auf die Frage, was er als Höhepunkt seiner Karriere betrachte, ohne zu zögern sagte: »Die Gay Games« (riesige Sportfestspiele von Homosexuellen). Ich erinnere mich auch an die Worte des neuen Amsterdamer Bürgermeisters Job Cohen bei der Heirat der ersten vier Homopaare Anfang 2001: »Wir sind ein Vorbild für die Welt«, sagte er stolz. Dieselben Worte waren ein paar Monate später von der niederländischen Gynäkologin zu hören, die sich mit einem Abtreibungsschiff in Richtung Irland aufmachte. Ein Höhepunkt? Ein Vorbild? Oder Tiefpunk?

Dekadenz deutet auch auf eine übertriebene Sucht nach Genuss, die sich im gegenwärtigen Hedonismus bemerkbar macht.[25] In unserer Wohlstandsgesellschaft ist Genuss für viele heute zu einer Lebenseinstellung geworden. Die Botschaft, dass wir uns selbst nichts versagen dürfen, hat zu einem extremen Konsumrausch und dem zwanghaften Verlangen nach immer mehr beigetragen. Was früher als Luxus galt, gehört für viele längst zu den Lebensbedürfnissen. Die Tourismusbranche, die selbstverständlich die Nachfrage nach immer kostspieligeren Urlaubreisen begrüßt, äußerte kürzlich: »Genießen und Komfort, darum geht's.« Aber wenn es schon darum geht – diese Dinge sind relativ. Weil es keine Sättigung gibt, kennt die Hetze nach Geld und Genuss kein Ende.

Interessant in diesem Zusammenhang sind die Worte in Prediger 2,25: »Wer kann fröhlich essen und genießen, ohne ihn (Gott)?«, und 5,9: »Wer das Geld liebt, bekommt vom Geld nie genug; wer den Luxus liebt, hat nie genug Einnahmen.« Das sind aussagekräftige Worte aus dem Munde Salomos, der zweifellos wusste, was Reichtum und Genuss bedeutet, aber von Gott die Weisheit und Einsicht bekam, diese Dinge auf ihren tatsächlichen Wert hin zu beurteilen. Auch Daniel, der als Bürger am dekadenten babylonischen Hof Zeugnis von seinem

Glauben an den Allmächtigen und von einer starken Moral gab, wusste das. Er distanzierte sich bewusst von der Gottlosigkeit und Dekadenz rings umher und war eine wohltuende Ausnahme in jener Welt, die in vielerlei Hinsicht der unsrigen ähnelte.

Durch unkritisches Tolerieren eines ungebremsten Pluralismus, die Duldung einer ethischen Beliebigkeit oder weitgehender Dekadenz kann enormer Schaden für das soziale und religiöse Klima entstehen. Im letzten halben Jahrhundert sind wir in den Niederlanden ein komplett anderes Volk geworden, das in hohem Maße den Gott der Bibel nicht mehr fürchtet und unweigerlich andere ethische Entscheidungen trifft, sich andere Ziele setzt und sich im Handeln an einem völlig anderen Menschenbild orientiert. Beispiele aus der Heiligen Schrift selbst wie auch aus früheren Zivilisationen legen die Vermutung sehr nahe, dass eine Entwicklung wie diese nicht ungestraft geschieht. Wenn die Pfeiler unter einer Brücke wegbrechen, stürzt sie ein. Sobald ein Volk keine Orientierung mehr hat, wird seine Kraft untergraben. Und wenn Gottes Volk nicht mehr für die Wahrheit einsteht, im Sprechen und im Leben, wenn es nicht mehr »ganz anders« ist, weil es Christus kennen gelernt hat, wird es zur Verantwortung gezogen.

»Kehrt um!«

In der Geschichte des Gottesvolkes sehen wir immer wieder Wellenbewegungen von Abfall und Umkehr. Wiederholt erheben sich Propheten, um die Menschen ernsthaft zu ermahnen und zur Umkehr aufzurufen. Wenn sie nicht demütig werden und nicht umkehren, werden sie Gottes Zorn erfahren. Es ist ernüchternd, dass sich diese ernste Warnung nicht an Außenstehende richtet, sondern an Gottes Kinder! Sie werden angesprochen auf Götzendienst, auf die Missachtung der Gebote, darauf, dass sie »nichtigen Göttern« nachliefen und die Völker ihrer Umgebung nachahmten, auf Wahrsagerei und Zauberei (siehe 2. Könige 17,15-18). »So verehrten sie den Herrn und dienten daneben ihren Göttern nach den Bräuchen der Völker, aus denen man sie weggeführt hatte«, heißt es in 2. Könige 17,33. Und:

»Bis zum heutigen Tag handeln sie nach ihren früheren Bräuchen. Sie fürchten den Herrn nicht.«

Immer wieder hören wir ernste Warnungen aus dem Munde der Propheten. Sie drängen die Menschen, umzukehren und sich zu ändern, und bitten bei Gott um Barmherzigkeit für sein Volk. Ermahnung und Fürbitte gehen Hand in Hand.

Auch wenn wir die positiven Entwicklungen bei uns erkennen, geht es in dieser Zeit darum, demütig vor Gott zu werden. Wir müssen ihm den Platz (zurück-)geben, der ihm zukommt. Ebenso wie beim Volk Gottes in der damaligen Zeit muss auch unter Christen heute der Laxheit und Bereitschaft zu faulen Kompromissen abgeschworen und müssen die Götzen rigoros aus unserem persönlichen Leben entfernt werden. Ebenso wie in der damaligen Zeit ist das Flirten mit okkulten Dingen tabu.

Josua, der Nachfolger des Mose, stellt das Volk Israel wiederholt vor die Wahl: »Entscheidet euch heute, wem ihr dienen wollt: den Göttern, denen eure Väter jenseits des Flusses dienten (damit ist das Gebiet gemeint, wo Abraham ursprünglich wohnte – Anm. der Autorin), oder den Göttern der Amoriter, in deren Land ihr wohnt« (Josua 24,15). Und: »Schafft also jetzt die fremden Götter ab, die noch bei euch sind, und neigt eure Herzen dem Herrn zu, dem Gott Israels!« (Vers 23)

»Neigt eure Herzen dem Herrn zu« ist eine wunderschöne, starke Aussage. »Neigen« ist ein altes Wort für Verbeugen, ein Zeichen des Respekts und der Ehrerbietung. Nun ist es ohne weiteres möglich, dass wir uns vor jemandem verbeugen, während wir in unserem Herzen kein Fünkchen Respekt für diese Person haben. Von solchen Äußerlichkeiten will der Herr nichts wissen; er sucht nicht das Oberflächliche, sondern ein Herz, das sich vor ihm verneigt.

Gottes Kinder: ruhig und gerüstet

Wer dem Herrn folgen will, begibt sich in den Kampf zwischen Licht und Finsternis, der seit Adams und Evas Sündenfall tobt. In all den Jahrhunderten hat Gottes Widersacher noch nie

Urlaub genommen; sein Bemühen, Menschen auf seine Seite zu ziehen, dauert unvermindert an. Wir wissen davon, weil Jesus sich dazu geäußert hat; weil die Heilige Schrift uns immer wieder vor Satans Versuchungen warnt und uns ermahnt, wachsam zu sein und von der Rüstung Gottes Gebrauch zu machen. Dennoch wird dieser Streit zwischen Licht und Finsternis bisweilen unterschätzt.

»Der Gottesfürchtige hat feste Zuversicht«, sagt Salomo in Sprüche 14,26. Gottes Kinder brauchen sich keine Sorgen zu machen, weil sie wissen, dass der Herr für sie sorgt. Wer Gott fürchtet, kann sich entspannen; er braucht nichts zu fürchten!

So dachte David und ihm wurde das zum Verhängnis, denn seine Sorglosigkeit führte ihn zu einem gewissen Übermut bzw. zu einer Nachlässigkeit, wodurch er unaufmerksam wurde. Während der Krieg wütete, tauschte er seinen Waffenrock gegen einen bequemen Schlafrock. Während seine Männer in den Schützengräben kämpften, lag er, überzeugt von seinem Sieg, entspannt auf seinem Bett. Er brauchte sich über nichts Sorgen zu machen; sein Herr war stark und seine eigene Position sicher, so dachte er zumindest! Aber aufgepasst: Wenn unsere Sorglosigkeit in eine Laxheit mündet, begeben wir uns in eine Gefahrenzone. Sofa-Christen sind für den Widersacher Gottes eine leichte Beute. Eine falsche Sorglosigkeit (»Was kann mir schon passieren?«) ist eine riesige Chance für den Satan, Menschen Gottes zu Fall zu bringen, und somit das Vorspiel zu geistlichem und moralischem Scheitern. Davids Laxheit führte zum Ehebruch mit der Frau eines seiner treuesten Untertanen. Seine Tat richtete großen Schaden an, sie hinterließ nicht nur Spuren in seinem Privatleben, sondern hatte auch Folgen für sein Volk.

Einmal entkamen aus einem Zirkus in den Niederlanden zwei Löwen. Sogleich wurden alle alarmiert und alle möglichen Mittel eingesetzt, um die Tiere aufzuspüren und einzufangen. Ich bin davon überzeugt, dass die Bewohner der betreffenden Umgebung noch nie so wachsam waren wie in den Stunden, als sie wussten, dass in ihrer Nachbarschaft Löwen frei herumliefen. Solche Wachsamkeit müsste Christen im Blick auf den Teufel auszeichnen, der »umhergeht wie ein brüllender Löwe und sucht, wen er verschlingen kann« (1. Petrus 5,8). Auch wenn wir wissen, dass Jesus den Sieg errungen hat – solange die Anwesenheit des Feindes noch Realität bleibt, ist Wachsamkeit geboten. Starke Aufrufe in der Bibel wie: »Seid nüchtern und wachsam!« (Vers 8) und: »Leistet ihm Widerstand!« (Vers 9) sollten die Gemeinde Christi aus dem Schlaf der allzu Ruhigen holen. Es ist höchste Zeit, dass wir unseren Schlafrock gegen die Rüstung Gottes eintauschen: »Darum legt die Rüstung Gottes an, damit ihr am Tag des Unheils standhalten (...) und den Kampf bestehen könnt« (Epheser 6,13).

Paulus spricht eine klare Sprache. Er spricht von einem Kampf »gegen die Fürsten und Gewalten, gegen die Beherrscher dieser finsteren Welt, gegen die bösen Geister des himmlischen Bereichs«. Er verweist die Christen auf die Rüstung Gottes, die jeder Christ braucht, um den Versuchungen des Teufels widerstehen zu können. Dann sagt er: »Seid also standhaft ...« (Epheser 6,10-14). Es bleibt offensichtlich keine Wahl; ein Kind Gottes kann sich nicht heraushalten, es muss sich in den Kampf begeben. Die Botschaft der Heiligen Schrift lautet, dass Christen als Licht mutig und tatkräftig leben und gegen die Finsternis auftreten sollen – in der Kraft Gottes, nicht ängstlich, sondern ruhig, nicht ungeschützt, sondern gerüstet. Mit den Waffen, die uns bereitgestellt werden, können wir in den Kampf gehen.

»Ich bin dein Schild«

In Anmerkung 8 habe ich die verschiedenen Gottesnamen bzw. Umschreibungen genannt, die Abraham in seinem Leben hörte und verstehen lernte. In 1. Mose 15,1 findet sich das »Ich bin dein Schild«. Dieses Wort entstammt einem ganz wesentlichen Moment im Leben Abrahams, und zwar einer Zeit, als in seinem Lebensgebäude Risse entstanden sind, Risse, durch die Enttäuschung und Unfriede wie Durchzug wehen. Abraham leidet unter seiner Kinderlosigkeit, er ist entmutigt, das Leben fällt ihm schwer. Die Entmutigung zehrt auch an seinem Glauben. Ehrlich gesagt, weiß er nicht genau, wie es weitergehen soll. All diese Dinge machen ihn verwundbar für die Pfeile des Satans. Und dann spricht Gott. Seine Worte trösten und richten auf: »Fürchte dich nicht, Abram.« Darauf folgt die Beruhigung: »Ich bin dein Schild« (Schutz) und schließlich eine Verheißung: »Dein Lohn wird sehr groß sein.« Eigentlich sagt der Herr: »Halte stand aus dem Wissen heraus, dass ich bei dir bin, dass ich dich beschützen und segnen werde.« Es ist nicht irgendwer, der das sagt, und darum kann Abram beruhigt sein, selbst unter diesen Umständen, die menschlich gesehen nicht viel Hoffnung bieten. Gott ist sein Schild – und nicht nur für ihn, sondern für jeden Menschen, der sich bei ihm birgt (Sprüche 30,5).

Ein »Schild« ist ein aussagestarkes Bild für Abschirmung und Schutz, ein wichtiger Teil der Rüstung Gottes für uns (Epheser 6). Es ist eine Waffe, die sowohl bei der Verteidigung wie auch beim Angriff eine wichtige Rolle spielt. In der römischen Zeit verwendete man Schilde, die aus Leder und Haut gefertigt waren. Wir müssen uns dabei eine flache oder leicht gekrümmte Platte vorstellen. Indem man eine aneinander gereihte Front bildete, entstand eine Mauer, hinter der die Mannschaften Deckung finden konnten. Einige Kämpfer hielten ihren Schild über den Kopf, wodurch zugleich eine Art Dach entstand. Das Ganze bildete eine schützende Umhüllung, die der Feind nicht durchdringen konnte. Die Verwendung von Leder war übrigens wohl überlegt: Bevor die Schilde verwendet wurden, legte man sie lange in Wasser, so dass die Feuerpfeile, die sie trafen, schnell erloschen. Darauf spricht Paulus in Epheser 6,16 an: »Vor allem greift zum Schild des Glaubens! Mit ihm könnt ihr alle feurigen Geschosse des Bösen auslöschen.« *Alle* Pfeile, und deren gibt es sehr viele, denn Satans Rüstung ist sehr facettenreich: Die Pfeile, die er auf seinem Bogen hat, beziehen sich auf fortdauernde persönliche Versuchungen zur Sünde, auf welchem Gebiet auch immer; Versuchungen zu Feigheit, Bitterkeit, Bosheit und Parteiung, die die Einheit der Gemeinde Christi untergraben oder brechen, sowie direkte okkulte Angriffe oder Nachstellungen des Teufels.

Jeder von uns kennt das Bild einer Gruppe aggressiver Demonstranten, die man auseinander zu bringen sucht. Meist kommen dabei Elite-Einheiten zum Einsatz, die dafür speziell ausgebildet wurden. Sie sind fähig und gewandt, aber – kommen nicht ohne Schild aus. Wenn sie mit Steinen oder anderen Gegenständen beworfen werden, brauchen sie nicht zurückzuweichen. Durch ihren Schild gesichert, *laufen sie vorwärts* und drängen die Demonstranten zurück. Das Gleiche gilt auch für den geistlichen Kampf: Wir können den Feind besiegen, wenn wir den Schild des Glaubens festhalten und auf Gottes Kraft vertrauen. Denken wir an Davids Worte in Psalm 18,30: »Mit dir erstürme ich Wälle, mit meinem Gott überspringe ich Mauern.« Denken wir auch an das Zeugnis über die Helden des Glaubens in Hebräer 11: »... Sie sind stark geworden, als sie schwach waren ... haben feindliche Heere in die Flucht geschlagen« (Verse 33-34).

Mit dieser Wahrheit kommen wir einen Schritt weiter. Es geht um weit mehr als dass sich Christen in dieser Welt noch so eben über Wasser halten. Es geht um weit mehr als das Überleben; es geht um das Leben! Auge in Auge mit dem Feind brauchen wir uns nicht ängstlich zu verkriechen oder uns in den sicheren Schutz der Arme Gottes zurückzuziehen, nein, wir können mutig und stark vorwärtsgehen. Die Finsternis ist in unserer Welt auf dem Vormarsch, aber statt uns einschüchtern zu lassen, können wir uns ihr widersetzen und sie zurückdrängen. Es ist übrigens wichtig, vor Augen zu haben, dass die Rüstung an der Vorderseite Schutz bietet und keine Rückendeckung gewährt: Wir sind optimal geschützt, wenn wir dem Feind entgegentreten, aber nicht, wenn wir ängstlich davonlaufen. Es ist ebenfalls wichtig, vor Augen zu haben, dass wir nicht allein aufmarschieren, sondern als Heer, in festen Kampfverbänden; wir müssen darauf achten, dass unsere Einheit in Christus nicht untergraben wird. Denken wir an die Worte des Paulus: »Seid untereinander eines Sinnes. ... Haltet euch nicht selbst für weise!« (Römer 12,16). Die Einheit unter Christen ist wesentlich, man denke an Jesu Gebet in Johannes 17. Und die Bibel betont nicht umsonst die Kraft des einmütigen Gebets. Wenn einer nicht richtig mitzieht oder in die Irre geht oder wenn unter uns geistlich gesehen Lahme sind (vgl. Hebräer 12,13), dann sind wir weniger stark.

»Es steht geschrieben«

Neben dem »Schild des Glaubens«, das heißt neben einem unerschütterlichen Vertrauen auf Gott möchte ich noch einen Bestandteil der Rüstung nennen: das »Schwert des Geistes«, das heißt das Wort Gottes (Epheser 6,17).

Als Jesus in der Wüste versucht wurde, war Gottes Wort seine stärkste Waffe. Dem Teufel ging es darum, den Glauben Jesu und sein Vertrauen auf Gott zu erschüttern und ihn auf seine Seite zu ziehen, was ihm übrigens nicht gelang. Fest entschlossen verwies Jesus ihn an seinen Platz, indem er jedes Wort von ihm mit ebenso starken Worten parierte: »Es steht geschrieben«. Jesus gebrauchte das Wort Gottes, denn er wusste, dass es Autorität hat und stark genug ist, um selbst den Teufel und seine finsteren Mächte zurückzuweisen. Letzteres geschah: Als der Teufel »ausgeredet« hatte, ließ er von Jesus ab (Lukas 4,13).

Die Vorschläge des Satans dürften in den Ohren Jesu sehr verlockend geklungen haben. Wir dürfen nicht vergessen, dass er sich in der Wüste befand und 40 Tage Fasten hinter sich hatte. Eine Wüste ist keineswegs ein heimeliger Ort; es ist ein Ort der Dornen, Skorpione und Giftschlangen, eine ausgedehnte Ebene mit heißem Sand, der an den Fußsohlen brennt. Die Tage sind sengend heiß, die Nächte kalt. Wenn man dort 40 Tage allein und ohne Essen verbracht hat, sehnt man sich wahrscheinlich nach etwas anderem. Nun, eine solche Alternative bot der Satan Jesus an. Er verwendete eine verführerische Sprache, aber dennoch brachten seine Eingebungen Jesus nicht zu Fall, weil er es besser wusste! In dem Moment, wenn der Satan etwas vorschlug, kam Gottes Wort in die Gedanken Jesu und er erkannte die Falschheit und Nichtigkeit der Worte Satans.

Jesus kannte Gottes Wort. Er brauchte keine Konkordanz, um einen passenden Text zu finden, mit dem er Satan parieren konnte. Er hatte Gottes Wort parat, weil es in seinem Herzen und Denken gespeichert war. Es war ein Teil von ihm und als solcher gegen Versuchungen eine starke Waffe, die er immer bei sich trug. So wie es Psalm 119,11 beschreibt: »Ich berge dein Wort in meinem Herzen, damit ich gegen dich nicht sündige.«

Jesus zitierte nicht nur das Wort seines Vaters; er war von dessen Wahrheit und Kraft überzeugt. Und er wusste, welches Wort in der gegebenen Situation angemessen war. Seine Worte waren keine »Platzpatronen«, sondern gezielte Pfeile, die den Satan schmerzlich trafen, weil dieser sie als Worte Gottes erkannte.

Matthäus schließt seinen Bericht über die Versuchung Jesu in der Wüste mit den Worten: »Darauf ließ der Teufel von ihm ab« (4,11). Klar, ein Sieg war errungen; aber das bedeutete nicht, dass der Teufel in der Zukunft nie mehr von sich hören ließ! Lukas sagt, dass er für eine gewisse Zeit von Jesus abließ. Er zog sich zurück, um seine Wunden zu lecken und neue Listen zu erdenken. Jesus aber folgte ungebrochen seinem Weg. Gestärkt von Engeln, kehrte er in der Kraft des Geistes zurück nach Galiläa (Matthäus 4,11; Lukas 4,14).

»Hört nicht auf zu beten ...«

Beim Lesen von Epheser 6,10-20 sollten wir besonders auf die ersten Worte achten: »Werdet stark durch die Kraft und Macht des Herrn!« (Vers 10). Eine Waffenrüstung, Schuhe, ein Helm und ein Schwert – wie wichtig sie auch sein mögen – können aus sich selbst heraus nichts tun; sie können nicht von sich aus in den Kampf ziehen, sondern müssen von einer kräftigen Person getragen und gelenkt werden. Aus uns selbst heraus sind wir das nicht, auch wenn wir manchmal wohl davon überzeugt sind – wir sind stark *im Herrn* und in der Stärke *seiner* Macht.

»Getrennt von mir könnt ihr nichts vollbringen«, sagt Jesus in Johannes 15,5. Ohne ihn sind wir ebenso hilflos wie Goliat mit seinem beeindruckenden Bizeps und seinen Schultern, die so breit waren wie eine Tür. Er war darüber hinaus bis an die Zähne bewaffnet, aber wurde von einem Heranwachsenden mit einer Schleuder und ein paar Steinen besiegt. Der Unterschied zwischen beiden lag darin, dass der eine glaubte, er sei aus sich heraus stark, während der andere auf Gottes Kraft setzte.

Wenn wir nicht mit der Quelle des Lebens verbunden sind, dann sind wir kraft- und hilflos; selbst wenn wir uns mit Gottes

Rüstung bekleidet haben, sind wir immer noch völlig von Gott abhängig. Das ist die Lektion von Epheser 6,18: »Hört nicht auf zu beten und zu flehen! Betet jederzeit im Geist!« Bete jederzeit! Bete bei jeder Gelegenheit! Sei dir deiner totalen Abhängigkeit von Gott bewusst.

Das Gebet hat einen zentralen Platz im Leben der Christen. Es ist unsere stärkste Waffe im Kampf, aber auch eine Waffe, die wir nicht immer voll ausnutzen, wahrscheinlich weil wir ihre Kraft unterschätzen. Gebet ist harte Arbeit und etwas, in dem Christen wachsen. Unser Beten ändert sich in dem Maße, wie wir geistlich reifer werden. Wie ein Kind zunächst brabbelt, dann Worte und später Sätze bildet, und wenn es älter wird, ein Gespräch führen kann, so entwickelt sich auch unser Sprechen mit Gott und der Inhalt oder die Richtung unserer Gespräche. Vielleicht dreht es sich zunächst vorrangig um uns selbst, wie ein Kind anfänglich stark ich-orientiert ist. Aber in dem Maße, wie wir den Herrn mehr entdecken, wird der Lobpreis einen immer größeren Platz in unserem Gebet einnehmen. Und in dem Maße, in dem wir den geistlichen Kampf entdecken, wird unser Gebet zunehmend auch bewusst darauf gerichtet sein und wir erfahren allmählich, was »Kampf im Gebet« heißt – und was er kostet! Unverändert aktuell bleibt die Bitte der Jünger: »Herr, lehre uns beten« (Lukas 11,1). Es ist Gottes Geist, der uns in diesen Dingen zu Hilfe kommt und der selbst für uns betet (Römer 8,26).

Christen sind gerufen zu einem mutigen Werk des Gebets. Wo wir das tun, kann unterschiedlich sein. Die Herausforderung bleibt jedoch unverändert: »Hört nicht auf, zu beten und zu flehen! Betet jederzeit im Geiste; seid wachsam, harrt aus und bittet für alle Heiligen« (Epheser 6,18). Ähnliche Worte finden wir in 1. Thessalonicher 5,17: »Betet ohne Unterlass!« Wir sehen das in der Praxis des Lebens Jesu, denn er war ein Mann leidenschaftlichen Gebets. Im Lukasevangelium sehen wir etwas von seinem Kampf im Gebet, der ihn Blut, Schweiß und Tränen kostet. Seine Jünger sind in der Nähe, aber können nicht mit ihm wachen; selbst in den Stunden heftigen Kampfes werden sie immer wieder müde und vom Schlaf überwältigt. Wir hören

Jesu Worte: »Wie könnt ihr schlafen? Steht auf und betet, damit ihr nicht in Versuchung geratet« (Lukas 22,46). Von seinem innigen Gebet für seine Jünger, kurz vor seiner Gefangennahme, können wir sehr viel lernen (Johannes 17,1-25).

Seid wachsam und betet ... Wir können es uns nicht erlauben, auf diesem Gebiet einzuschlafen und nachlässig zu werden: Jederzeit zu beten ist wesentlich, damit unsere Beziehung zu Jesus lebendig bleibt und der Teufel in unserem Leben nicht Fuß fassen kann (siehe Epheser 4,27). »Das Ende aller Dinge ist nahe«, sagt Petrus. »Seid also besonnen und nüchtern, und betet!« (1. Petrus 4,7). In allen Jahrhunderten und Zeiten sind Christen gerufen zu einer wachsamen Haltung und einem starken persönlichen Gebetsleben.

Dein Licht soll leuchten!

Am Ende dieses Buches kommen wir zurück zum Titel »Durch euch wird es heller in der Welt«. Der Herr hat uns sein Evangelium anvertraut, um es zu bewahren und in Wort und Tat zu verkündigen. »Ihr seid das Salz der Erde«, sagt Jesus, und: »Ihr seid das Licht der Welt« (Matthäus 5,13-14). Er fügt dem hinzu: »Sorgt dafür, dass das Salz nicht seinen Geschmack verliert und das Licht hell leuchtet.« Diese Botschaft richtet sich sowohl an die Gemeinde wie an deren einzelne Glieder. Wir haben eine königliche Berufung, ein Brief Christi an diese Welt zu sein, Gottes Licht zu verbreiten an dem Platz, wo wir leben, und die Finsternis zurückzudrängen.

Das Licht, das Christen verbreiten, ist Gottes Licht; unser Auftrag, das Licht der Welt zu sein, steht im Zusammenhang mit Johannes 8,12, wo Jesus sagt, dass er das Licht der Welt ist. Wir können sein Licht nicht größer oder kleiner machen, es ist vollkommen, wie er. Wenn Christen das Licht nicht klar leuchten lassen, liegt das nie am Licht selbst, denn daran ist nichts zu bemängeln. Es liegt an den Dingen, die das Licht trüben; meine Person die sich breit macht, und der Staub oder Dreck der Welt, der sich am Glas unseres Lebens festgesetzt hat. Es ist Gottes

Wunsch, dieses Glas von aller Ungerechtigkeit zu reinigen, damit sein Lichtstrahl ungehindert kraftvoll strahlen kann.

In Matthäus 5,14-15 sagt Jesus, es sei eine Torheit, ein brennendes Licht unter ein Gefäß zu stellen, weil die Lampe auf diese Weise kein Licht verbreiten kann. Wenn ein Auto mit eingeschalteten Scheinwerfern in einer geschlossenen Garage bleibt, ist höchstens ein kleiner Lichtstrahl durch die Spalten des Tors sichtbar, mehr aber nicht. Wie schön und kräftig das Licht auch immer ist – es bleibt für die Umgebung unsichtbar.

Wenn wir unsere von Gott geschenkten Gaben nicht entfalten und nicht lernen, ein erfülltes Leben zu führen, und wenn wir unser Leben in Christus nicht mit Menschen in unserer Umgebung teilen, haben wir Gottes Licht unter den Scheffel gestellt. Wenn unsere Nachbarn nicht mehr von unserem Christsein wissen, als dass wir am Sonntagmorgen früher aufstehen als die übrige Straße und an dem Morgen einige Stunden nicht zu Hause sind, haben wir unseren Auftrag, Licht der Welt zu sein, nicht richtig verstanden. Wenn unsere Kollegen unser Christsein allein aus der Tatsache ableiten, dass wir vor dem Essen in der Kantine beten (oder mit einer hastigen und verschämten Geste über unsere Augen reiben), gilt das Gleiche. Außerdem enthalten wir dann diesen Menschen etwas Wesentliches vor: Gottes Botschaft der Liebe und Erlösung. Deshalb gehört Gottes Licht auf den Leuchter: damit Er nicht verborgen bleibt.

Der europäische Kontinent durchlebt einen Prozess der Entchristlichung. Es wird dunkler, aber das heißt nicht, dass er Gottes Licht entbehren muss. Gottes Kinder wohnen hier und da verstreut, sie sind wie Salzkörner über die Erde gesät, und Tag für Tag wird ihre Menge größer. Es gibt viele ermutigende Berichte, wie beispielsweise über die Frucht der Alpha-Kurse weltweit.[26] In britischen Gefängnissen sind viele Inhaftierte zum Glauben gekommen; der Ombudsmann für die britischen Justizvollzugsanstalten spricht von einer bemerkenswert positiven Veränderung in der Atmosphäre der Gefängnisse!

Ein weiteres Beispiel ist Gottes Wirken in und die geistliche Begleitung durch Frauen, vor Ort, regional, national und europaweit. Sie trägt Früchte in Kirche, Ehe, Familie und Berufsleben. In den vergangenen Jahren haben spezielle Begegnungen stattgefunden zwischen christlichen Frauen aus verschiedenen Teilen Europas, einschließlich der ehemaligen Ostblockländer und Ländern, die unter Kriegsgewalt oder deren Folgen leiden. Ich war Zeugin des Wirkens Gottes bei der Versöhnung zwischen Frauen aus dem früheren Jugoslawien, aus ethnischen Bevölkerungsgruppen, die sich gegenseitig nach dem Leben getrachtet hatten, und habe gesehen, was Gemeinschaft in Christus bewirken kann. Ich bin davon überzeugt, dass das christliche Frauennetzwerk, das im Entstehen ist, große Wirkungsmöglichkeiten hat.

Fruchtbar ist auch die Arbeit unter Jugendlichen. Trotz aller Meldungen, dass sie allein auf persönlichen Wohlstand und Erfolg orientiert seien, gibt es genug gute Ausnahmen. Ich bin ihnen auf Tagungen und in meiner Rolle als Mentorin begegnet. Viele suchen mit neuer Intensität danach, was das Evangelium von Jesus Christus für ihr alltägliches Leben bedeutet und wie sie es dort umsetzen können. Unter ihnen befinden sich zukünftige Leiter.

Das sind nur ein paar Beispiele. Es gibt zahllose persönliche Erfahrungen, wie Gottes erneuernde Kraft in den unterschiedlichsten Situationen wirkt. Es gibt unzählige Berichte von Menschen, deren Leben eine ganz andere Richtung genommen hat, weil sie Gott erfahren haben. Die Entchristlichung Europas beherrscht nicht alles, wenngleich diese Vorgänge sehr gravierend sind. Es gibt Kirchen, die ihre Türen wegen mangelnden Interesses schließen müssen, aber es gibt auch solche, die die »Pflöcke ihres Zeltes weiter stecken müssen«, weil die Zahl der Besucher so schnell ansteigt. Es gibt viel Positives, was geschieht, mehr als wir mit bloßen Augen sehen können. Gottes Reich wächst weiter! Und Gottes Volk breitet sich aus als Erfüllung der alten Verheißung an Abraham vom Segen für die Nationen.

Die Worte, mit denen dieses Buch begann: »Folge mir nach« sind heute noch genauso aktuell wie damals, als Abram sie hörte. Was für ihn galt, das gilt auch für uns: »Ich werde dich segnen. ... Ein Segen sollst du sein« (1. Mose 12,2).

In Gedanken sehe ich Jesus das Haus betreten, in dem sich die Jünger ängstlich zurückgezogen hatten. Noch vor kurzem waren sie die Helden, weil sie zu dem Mann gehörten, der Wunder tat. Jetzt, nach dem Tod Jesu, ist von ihrem Mut nicht viel übrig geblieben. Hinter verschlossenen Türen warten sie gespannt auf das, was geschehen wird. Und da erscheint ihnen der auferstandene Herr. »Friede sei mit euch!« Mit diesen Worten beginnt er und dann: »Wie mich der Vater gesandt hat, so sende ich euch« (Johannes 20,21). Danach haucht er sie an mit den Worten: »Empfangt den Heiligen Geist«.

Die Jünger von damals sind nicht mehr bei uns. Aber sie haben Gottes Licht auch in Europa entzündet und die Fackel an die weitergegeben, die nach ihnen kamen. Bis auf den heutigen Tag ist Gottes Volk berufen, sein Licht unter den Menschen leuchten zu lassen und seine Großtaten zu verkünden (1. Petrus 2,9). Es kommt darauf an, dass Gottes Kinder eine sendungsorientierte Gemeinschaft werden, in der missionarisches Wirken nicht nur ein Tagesordnungspunkt ist, sondern der Mittelpunkt unseres gemeinschaftlichen Lebens. Denn wir haben als Gemeinde den Auftrag, die Kultur unserer Zeit zu verändern. Es ist gleichfalls wesentlich, dass wir uns nicht auf das Bauen unserer persönlichen bequemen und luxuriösen Nester konzentrieren, sondern auf das Mitbauen am Reich Gottes auf dieser Erde. Ja, dass wir uns von Gott gebrauchen lassen als lebendige Steine (1. Petrus 2,5). Alles mit einem Ziel: »... damit sie euren Vater im Himmel preisen« (Matthäus 5,16). Wir, die Kinder Gottes, wollen so leben, wie es der Herr möchte: mit ganzer Hingabe, kompromisslosem Gehorsam und bereit, die Hoffnung, die in uns ist, mit anderen zu teilen, »mitten in einer verdorbenen und verwirrten Generation, unter der ihr als Lichter in der Welt leuchtet« (Philipper 2,15).

Nachwort

An einem Samstagabend war ich mit meiner Arbeit an diesem Buch fertig. Am nächsten Morgen hörte ich in einer Predigt die folgende Geschichte, die der amerikanische Prediger Chuck Swindoll einst erzählte:

In einem großen Konzertsaal irgendwo in Amerika sollte der berühmte polnische Pianist Ignaz Josef Paderewski (1860-1941) auftreten. Der Saal war bis auf den letzten Platz besetzt mit Menschen, die sich in Erwartung des Dirigenten und Solisten ziemlich laut unterhielten.

Im Publikum befand sich eine Mutter mit ihrem etwa achtjährigen Sohn. Der Kleine hatte ganz kurze Zeit Klavierunterricht gehabt, aber keine Lust mehr daran. Seine Mutter hatte ihn in dieses Konzert mitgenommen, in der Hoffnung, dass er durch das Hören und Sehen dieses großen Pianisten motiviert würde, seine Klavierstunden wieder aufzunehmen. Während sie sich mit ihrer Nachbarin unterhielt, verschwand ihr kleiner Sohn unbemerkt vom Stuhl neben ihr.

Groß war das Erstaunen des Publikums, als ein kleiner Junge auf dem Podium erschien, auf den Flügel zulief und auf dem Schemel Platz nahm. Arglos begann er mit zwei Fingern eine bekannte Melodie für Anfänger zu spielen. Der Pianist hörte hinter dem Podium von einem Mitarbeiter, was passierte. Er zögerte keinen Moment, ging nach vorne, stellte sich hinter den kleinen Jungen, beugte sich über ihn und fing an mitzuspielen. Im Saal wurde es mucksmäuschenstill, als die zögerlichen Töne des Jungen zu einem wunderschönen Klavierstück wurden. Nur der Junge hörte, was Paderewski ihm beim Spielen zuflüsterte: »Spiel weiter. Hör nicht auf. Hör mal, wie schön das klingt!«

Der große Pianist ist so wie unser himmlischer Vater. Während wir in aller Gebrechlichkeit unsere Noten spielen, umfängt er uns mit seinen Armen und flüstert: »Weitermachen!« Er umgibt uns mit seiner Liebe und segnet das Werk unserer Hände.

Soest, im Mai 2001

ANMERKUNGEN

[1] Der im 19. Jahrhundert lebende jüdische Schriftgelehrte Rabbi Hirsch sagt über Abrams Berufung: Durch das Wegziehen aus seinem Land gibt Abram seine Volkszugehörigkeit auf. Deshalb macht ihn Gott zum Ahnherrn eines neuen Volkes. Weil er seine Heimat bzw. sein Vaterland aufgibt, schenkt ihm Gott zum Ausgleich ein neues, himmlisches Bürgerrecht (»Ich werde dich segnen«). Weil er seine Familie verlässt und dadurch ein Stück seiner Identität und Ehre preisgibt, wird Gott seinen Namen groß machen bzw. ihm einen neuen Namen mit großer Ehre, eine neue Identität geben (vgl. 1. Mose 17,1-8).

[2] Jurjen Beumer, *Onrustig zoeken naar God. De spiritualiteit van Henri Nouwen*, Verlag Lanno, Tielt.

[3] Gering achten oder hassen bedeutet in diesem Zusammenhang nicht: »Jemanden nicht ausstehen können.« Das wäre dem entgegengesetzt, was Gott von uns will, nämlich dass wir den anderen lieben! Es geht darum, dass wir Jesus mehr lieben als alle anderen. Er hat Vorrang vor unseren Eltern, Kindern, anderen Familienangehörigen und Freunden, kurz: vor jedem, der uns lieb ist.

[4] Peter H. Davids, *IVP New Bible Commentary*, Verlag Inter-Varsity Press, Leicester/England.

[5] Über Josef und Lea habe ich ausführlich geschrieben in meinem Buch: *Wenn du dich nur noch machtlos fühlst*, Hänssler-Verlag, Holzgerlingen 1998.

[6] Die Wahrhaftigkeit gebietet uns zu berücksichtigen, dass Gott selbst zu Abram gesagt hatte, er werde ihn zu einem großen Volk machen. Abram hatte das als eine Zusage des Herrn gedeutet, dass er und Sarai Kinder bekommen würden. Diese spezifische Verheißung bekommt er übrigens erst in 1. Mose 15,5, nachdem er seine tiefe Enttäuschung vor Gott ausgesprochen hat.

[7] Elisabeth Elliot, *Loneliness*, Vine Books, Ann Arbor, Michigan, 2001

[8] *El Shaddaj* ist einer der alten Gottesnamen, die in der Zeit vor Mose verwendet wurden. Andere Namen, denen wir in der Geschichte Abrahams begegnen, sind *El Elion* (der Allerhöchste, in 1. Mose 14,18-20) und El Roi (Gott, der nach mir schaut – in 1. Mose 16,13). In 1. Mose 21,33 wird der Name des Herrn mit der Umschreibung *El Olam* (der Ewige) verbunden. Schließlich ist noch der Moment in 1. Mose 15,1 zu erwähnen, wo der Herr zu Abram sagt, dass er sein »Schild« ist. Erst in der Zeit nach Mose wird der Gottesname Jahwe bekannt (siehe 2. Mose 6,1-2).

[9] J. I. Packer, *A Passion for Holiness* (= *Rediscovering Holiness*), Servant Publication, Ann Arbor, Michigan, 1992

[10] William MacDonald, *Be Holy. The Forgotten Command*, Kilmarnock Ritchie, England, 1993.

[11] Gabriel ist einer der beiden Engel in der Heiligen Schrift, die namentlich genannt werden. Der andere ist Michael (siehe Judas 9). Sein Name bedeutet »Mann Gottes« oder »Gott hat sich stark gezeigt bzw. erwiesen«. Im Alten Testament begegnen wir Gabriel im Buch Daniel (8,16 und 9,21ff). Im Neuen Testament begegnen wir ihm in Lukas 1,19, wo er Zacharias besucht, um die Geburt von Johannes dem Täufer anzukündigen, und in Lukas 1,26-38 besucht er Maria, um die Geburt Jesu anzukündigen.

[12] Josef wird der Zusammenhang zwischen dem, was Maria geschieht, und der Prophezeiung des Jesaja durch einen Engel in einem Traum erklärt (siehe Matthäus 1,19-23).

[13] Es ist nicht ganz klar, worin Ismaels ungehöriges Benehmen bestand. Vermutlich machte sich Ismael über Isaaks Status als Abrahams Erbe lustig. Er machte sich dadurch einer Form der Beleidigung gegen Abraham selbst schuldig, was ein sehr schlimmes Vergehen war, wie 1. Mose 12,3 zu entnehmen ist: »Ich will segnen, die dich segnen; wer dich verwünscht, den will ich verfluchen.«

[14] Gordon J. Wenham, *New Bible Commentary,* 21st Century Edition, Verlag Inter-Varsity Press, Leicester, England.

[15] Diese drei Gottesnamen werden in der Geschichte Abrahams genannt; siehe Anmerkung 8.

[16] Chris Wright, *Knowing Jesus through the Old Testament,* Harper Collins, England.

[17] Es ist im Kontext des universellen Heilsplanes Gottes sehr überraschend, dass die vier Frauen, die Matthäus in diesem Stammbaum erwähnt, alle einen heidnischen Hintergrund haben: Tamar und Rahab waren Kanaaniterinnen (1. Mose 38; Josua 2), Rut war eine Moabiterin (Rut 2) und Batseba, die Frau des Urija, war sehr wahrscheinlich ebenso wie ihr Mann eine Hetiterin (2. Samuel 11). Wright sagt über diese vier »Vormütter«: »Hierdurch unterstreicht Matthäus *die universelle Verheißung Jesu* (Hervorhebung der Autorin), der Abkomme Abrahams war: Jesus der Jude, der jüdische Messias, hat Heiden in seinem Stammbaum.«

[18] »Ich bin« ist die Bedeutung des Gottesnamens Jahwe, der in der Heiligen Schrift über 6.800-mal vorkommt, aber so Ehrfurcht gebietend und heilig ist, dass er nur einmal im Jahr vom Hohenpriester ausgesprochen werden durfte, und zwar am Großen Versöhnungstag im Allerheiligsten. Der Name repräsentiert nicht eine bestimmte Eigenschaft, sondern besagt, dass Gott ewig ist: »Ich bin« umfasst Vergangenheit, Gegenwart und Zukunft. Der Herr war da, er ist da und er wird da sein. Denken wir an die Worte in Offenbarung 1,8: »Ich bin das A und das O, spricht Gott der Herr, der da ist und der da war und der da kommt.«

Im Alten Testament wird das »Ich bin« u.a. in der Geschichte des Mose ausgesprochen. Als er von Gott den Auftrag bekommt, die Israeliten aus Ägypten zu führen, und sich fragt, wie das alles geschehen soll und was er den Israeliten sagen soll, gibt der Herr ihm die größtmögliche Beruhigung: »So sollst du zu den Israeliten sagen: Der ›Ich-bin-da‹ hat mich zu euch gesandt« (2. Mose 3,14). Das gewaltige Unternehmen, vor dem Mose steht, beruht nicht auf menschlichen Überlegungen. Das ist nicht irgendwer, der ihm diesen gigantischen Auftrag erteilt, und auch nicht irgendwer, der ihm verspricht, dass er ihn begleiten wird. Mose geht im Namen des Ewigen und weiß sich vom Ewigen geführt (und begleitet).

Die griechischen Worte *Ego eimi* (Ich bin), die in der Septuaginta (der griechischen Übersetzung des Alten Testaments) verwendet werden, werden im Neuen Testament wieder aufgegriffen. Als die samaritische Frau mit Jesus über den Messias spricht, antwortet er: »Ego eimi« – »Ich bin (es)«, siehe Joh. 4,26. Auch in seinem Streitgespräch mit den Juden in Johannes 8 findet sich das »Ich bin«. In diesem Gespräch wird mehrfach der Name Abraham erwähnt. Schließlich lachen die Juden Jesus aus und sagen: »Du bist noch keine 50 Jahre alt und willst Abraham gesehen haben?« Daraufhin spricht Jesus im V. 58 die gewichtigen Worte: »Noch ehe Abraham wurde, bin ich« (ego eimi), mit denen er aussagt, dass er der Ewige ist, der bereits vor der Grundlegung der Welt da war (siehe auch Joh. 1,10). Die Juden empfanden diese Äußerung als eine solche Anmaßung, dass sie ihn umbringen wollten. Wir hören das »Ich bin« auch in den sieben »Ich-bin«-Äußerungen Jesu, die Johannes in seinem Evangelium aufgezeichnet hat (u.a. »Ich bin der Weg, die Wahrheit und das Leben« – »Ich bin die Auferstehung und das Leben« – »Ich bin der wahre Weinstock« – »Ich bin der gute Hirte«). Jedes Mal verwendet Jesus die Worte Gottes, von dem er nicht zu trennen ist. Auch Jesus war »vom Anfang an«, auch er ist »bis in Ewigkeit« (siehe Hebr. 13,8: »Jesus Christus ist derselbe gestern, heute und in Ewigkeit.«). Und auch wir können uns wie Mose im Frieden auf den Weg machen, weil es der Ewige ist, der uns gesagt hat: »Ich bin bei euch alle Tage bis zum Ende der Welt« (Mt. 28,20). Niemand außer Gott kann uns einen so absoluten Halt geben. Wo Menschenarme oft zu kurz sind, da werden wir von seinen ewigen Armen fest und sicher getragen.

[19] Tom Sine, *Mustard Seed versus McWorld,* Verlag Bakers, Grand Rapids, USA.

[20] Jurjen Beumer, *Onrustig zoeken naar God. De spiritualiteit van Henri Nouwen,* Verlag Lanno NV, Tielt.

[21] Aus einem Interview mit Lindsay Brown, dem Generalsekretär der IFES, in: CV Koers, August 2001.

[22] Paulus war ohne weiteres bereit, selbst die Ärmel aufzukrempeln und sich seinen Lebensunterhalt als Zeltmacher zu verdienen; siehe Apg. 18,3 und 1. Thess. 2,9.

[23] Bei meinen Überlegungen über die Stars war mir Keyes': *True Heroism,* NavPress, Colorado Springs, USA, eine Hilfe.

[24] Die Erfahrungen von Paul van Buitenen sind in seinem Buch beschrieben: *Unbestechlich für Europa. Ein EU-Beamter kämpft gegen Misswirtschaft und Korruption,* Brunnen-Verlag, Basel 2000.

[25] Der Begriff Hedonismus stammt aus der Lehre des antiken griechischen Philosophen Aristippos von Kyrene (435-366 v.Chr.), der behauptete, Genuss und Glück seien oberstes Ziel menschlichen Handelns.

[26] Der Alpha-Kurs, der in einer Gemeinde in London entwickelt wurde, hat sich weltweit verbreitet. Bei diesem Kurs geht es um die Grundlagen des christlichen Glaubens. Sie werden in einer informellen Atmosphäre mit gemeinsamem Essen präsentiert und besprochen. Informationen siehe Homepage: *www.alpha.tcf.de.*